Fernando Pessoa

Poesia Autónima

Fernando Pessoa

Poesia Autónima

VOLUME 2

EDIÇÃO **TERESA RITA LOPES**

global
editora

ITINERÁRIO – ÍNDICE GERAL

AGRADECIMENTOS

Agradeço a todos os editores que antes de mim se consagraram à edição da poesia autónima de Pessoa.

Agradecimentos particulares a Alexandra Lima, que pacientemente digitalizou os numerosos textos que fazem parte deste trabalho, acompanhou o cotejamento com os originais e se encarregou da maquetagem inicial.

Um agradecimento muito especial à minha amiga Clara Seabra, sem a ajuda da qual estes livros não teriam nascido.

SÍMBOLOS, ABREVIATURAS E OUTRAS CONVENÇÕES

□	Espaço em branco deixado pelo autor
[ ]	Intervenção do editor
[?]	Leitura duvidosa
[.]	Palavra não lida – um ponto para cada palavra
Dact.	Dactiloescrito
Ms.	Manuscrito
EBN	Espólio Fernando Pessoa da Biblioteca Nacional.
PPC	*Pessoa por Conhecer* (vol. I e II), Teresa Rita Lopes. Lisboa, Ed. Estampa, 1990.
FPP	*Fernando Pessoa Poesia* (vol. I, II e III), edição de Manuela Parreira da Silva, Ana Maria Freitas e Madalena Dine. Lisboa, Assírio & Alvim, 2006.
P. INED	*Pessoa Inédito*, orientação, coordenação e prefácio de Teresa Rita Lopes. Lisboa, Livros Horizonte, 1993.
EC	*Poemas de Fernando Pessoa*, Edição Crítica de Ivo de Castro. Lisboa, Imprensa Nacional – Casa da Moeda (4 volumes).
PI	*Poesias Inéditas* (1930-1935) de Fernando Pessoa. Lisboa, Ática, 1955.

Nas notas finais indico, entre parênteses rectos, as cotas do Espólio 3 da Biblioteca Nacional em que estão depositados os originais, a partir dos quais fixei estes textos; as indicações abreviadas de «recto» (r) e «verso» (v) visam encaminhar o leitor para essa localização na folha original.

A data do poema, explícita ou deduzida, figura no canto inferior direito, uma espécie de notação diarística que permitirá ao leitor acompanhar o desenvolvimento orgânico da obra (entre parênteses rectos, as deduzidas).

Coloco em rodapé as variantes – alternativas que o autor sugere a si próprio, entre parênteses, por cima, por baixo, ao lado da(s) palavra(s) na linha corrida, sem as riscar – e, em itálico, as palavras do texto a que correspondem.

Como nos volumes anteriores desta série pessoana, actualizei a ortografia, mantendo, embora, alguns traços peculiares a Fernando Pessoa que se afastam da regra seguida, quando a rima ou o ritmo o exigem. Respeitei, naturalmente, os seus neologismos.

Sempre que possível, os fac-símiles surgem ao lado dos textos. Quando não, uma nota de rodapé indica a sua localização. Que seja desculpada a fraca visibilidade de alguns deles, em grande parte, provenientes de manuscritos a lápis.

POEMAS DATADOS

1

Cai amplo o frio e eu durmo na tardança
De adormecer –
Sou, sem lar, nem conforto, nem esperança,
Nem desejo de os ter.

E um choro por meu ser me inunda
A imaginação.
Saudade vaga, anónima, profunda,
Náusea da indecisão.

Frio do inverno duro, não te tira
Agasalho ou amor.
Dentro em meus ossos teu tremor delira.
Cessa, seja eu quem for!

19-1-1931

2

Na orla do vento movem
Seus corpos mortos as folhas.
E ora das árvores chovem,
Ora onde inertes não movem
A chuva de outono molha-as.

Não há no meu pensamento
Vontade com que o pensar,
Não tenho neste momento
Nada no meu pensamento:
Sou como as folhas ao ar.

Mas elas certo não sentem
Esta mágoa inteira e funda
Que meus sentidos consentem.
Nada são e nada sentem
Da minha mágoa profunda.

19-1-1931

3

Gato que brincas na rua
Como se fosse na cama,
Invejo a sorte que é tua
Porque nem sorte se chama.

Bom servo das leis fatais
Que regem pedras e gentes,
Que tens instintos gerais
E sentes só o que sentes,

És feliz porque és assim,
Todo o nada que és é teu.
Eu vejo-me e estou sem mim,
Conheço-me e não sou eu.

Janeiro, 1931 (vinte e tantos)

4

Em segredo, não vá
Qualquer coisa erguer
O vulto de onde está
A esquecer...

Em segredo, não seja
Verdade o mundo, e vão
Tudo quanto deseja
O coração...

Em segredo, em segredo
Que o mais que há seja a alada
Coisa que entre o arvoredo
Não era nada.

29-1-1931

5

No mar alto, no mar largo,
Ou, enfim, num mar qualquer,
Desperto desse letargo
Que decidi ter que ter.

Fiz a grande extravagância
De pensar em ser assim.
Sou constante à inconstância
Que quero fazer de mim.

As laranjas e os limões
São parecidos à pele.
Acabem as confusões
E cada qual seja ele.[1]

30-1-1931

6

Algures no tempo ido,
Num espaço já esquecido,
Tive, guardada não sei
Onde, nem se inda a terei,
Uma pequena porção
De ser feliz sem razão.

É uma espécie de fermento
Que se usa no pensamento
Para fazer bolo doce.
Com uma pequena dose
Consegue-se o que se quer.
O pior de tudo é viver.

Uma mão-cheia é bastante
Para aproveitar o instante

1 Poema dubitado.

E dourá-lo de elegia.
Usa-se com água fria.
Outras é com água quente
(Lágrimas). É indiferente.

30-1-1931

7

Se o rouxinol falasse, não cantava.
    Ah, um bocado de inconsciência!
Meu coração onde é que estava
    Quando eu falava com a ciência?

Não... É escusado o amor...
    Um sentimento...
Qualquer coisa que seja a flor
    De não haver (nenhum)[1] intento...

Qualquer coisa de intervalar;
    Por imprecisa, suave...
Qualquer coisa como aquele ar
    Onde a alma é ave...

Depois, até o regresso à vida
    Tem suavidade – aquela
Que, porque foi sentida,
    É ainda a saudade dela.

Não pensar bem... Ir começando...
    Depois, interromper sorrindo...
Ave que, ainda voando,
    Vem caindo...

Memória do futuro inútil,
    Preciosa a leque e a riso seu...
E o pano apaga o drama inútil
    Que já esqueceu...

5-2-1931

1 Presumivelmente, o parênteses indica que a palavra é opcional.

8

Andavam de noite aos segredos
Só porque era noite...
Os bosques enchiam de medos
Quem quer que se afoite...
Dizem palavras que param
À sombra de alguém...
Ninguém os conhece, e passam...
Não eram ninguém...
Ficou só na aragem e na ânsia
Saudade a fingir...
Foi como se fora a distância...
Eu *quero*[1] dormir.

11-2-1931

9

Parece às vezes que desperto
E me pergunto o que vivi;
Fui claro, fui real, é certo,
Mas como é que cheguei aqui?

A bebedeira às vezes dá
Uma assombrosa lucidez
Em que como outro a gente está.
Estive ébrio sem beber talvez.

E de aí, se pensar, o mundo
Não será feito só de gente
No fundo cheia de este fundo
De existir clara e ebriamente?

---

1 Variante subposta: «torno a».

Entendo, como um *carroussel*,
Giro em meu torno sem me achar...
(Vou escrever isto num papel
Para ninguém *me acreditar*...)[1]

11-2-1931

10

No chão do céu o sol que acaba arde.
Durmo. Haja a vida com ou sem alarde,
Será já tarde quando eu despertar?
Mas que me importa que já seja tarde?[2]

12-2-1931

11

Traz[3] o jornal que ontem morreste.
Sobre os joelhos o[4] deponho
E numa náusea de eu estar triste[5]
Entristeço, relembro, sonho.

As longas noites rememoro
De vãs conversas e ocioso estudo,
E, com minha alma, opresso, choro
O nada temporal de tudo.

Custa a crer que não *hajas*.[6] Vai
Pôr-se entre nós o grande muro
Que como a porta donde se sai
Existe a fazer tudo escuro.

---

1 Variante subposta: «o meditar...)».
2 Variante subposta: «Mas que pode importar que seja tarde?».
3 Variante sobreposta: «Diz».
4 Variante sobreposta: «O Impresso sobre».
5 Verso dubitado.
6 O -s de «hajas» é opcional.

E estes versos são o disfarce
Do egoísmo que me humano faz.
Rimo a dor de que tudo passe,
Sorrio. Já te esqueci, rapaz.

Mas, ah, conheço claro em mim!
Não é a ti que choro,[1] nem
A sorte abstracta que fez fim:
Mas[2] que eu hei-de morrer também.[3]

É medo o que me faz sentir,
É a saudade de quem sou
Que como um farol vem luzir
Na morte para onde vou.

12-2-1931

12

Nos tanques verdes por cima
Quando uma brisa se espanta,
O mole ervor não se anima.
Estagna, e só entre ilha e ilha
Um refego se alevanta,
E um bocado de água brilha.

E eu, que não penso a olhar,
Sinto desprender-se em mim
O que no tanque a estagnar
Não conseguiu ser *vibrado*.[4]
Depois chega o breve fim
Da brisa e do meu *agrado*.[5]

E os olhos que ergo da água
Guardam um vago torpor
Ou de sentir sem ter mágoa,

1 Variante subposta: «Quem choro não é ele,».
2 Variante sobreposta: «É».
3 Seguem-se dois versos, o segundo, incompleto: «Mas volvo a mim o que me impele / A pensar e a chorar, □».
4 Variantes na margem direita: «tocado.» e «tremido.».
5 Variante na margem direita: «doído.».

Ou de ver sem conseguir,
E o sol doira a água em bolor
Sem que eu tenha que o sentir.

14-2-1931

13

Nos seixos ou pedregulhos
Que saem neste ribeiro
Bate a água e faz barulhos
Fora do barulho inteiro.

Esquecido até de que a vejo
Contemplo-a e nem penso em mim.
Não sonho, não me prevejo,
Não sei de causa ou de fim.[1]

Brandos sons de enrolamento
Que as águas fazem estorvadas.[2]
Tomara eu que o pensamento
Fosse *flores*[3] *petaladas.*[4]

Folha a folha, e flor a flor,
Ia-as deixando cair
Nas águas sem ter teor,
Na ida que não quer ir.[5]

Que, ainda que esse conceito
Seja só suposição,
Que *faço*[6] eu com mais jeito?
Que entendo com mais razão?[7]

16-2-1931

---

1 Variante à direita: «E é assim porque é assim.».
2 Variante à direita: «Que faz a água estorvada.».
3 Variante subposta: «uma flor».
4 Variante à direita: «enfolhada.».
5 Variante na margem direita: «[Folha a folha,] a desfazendo / A deixaria [cair] / [Nas águas] que seguem sendo / Com um som de prosseguir.».
6 Variante sobreposta: «sinto».
7 Variante subposta: «Ó águas sem coração?». O autor abandonou dois versos com que encarou iniciar a última quadra: «Que, ainda que isso não seja, / Que mais faço eu do que isso?».

14

O ruído vário da rua
        Passa alto por mim que sigo.
Vejo: cada coisa é sua,
        Oiço: cada som é consigo.

Sou como a praia a que invade
        Um mar que torna a descer.
Ah, nisto tudo a verdade
        É só eu ter que morrer.

Depois de eu cessar, o ruído...
        Não, não ajusto nada
Ao meu conceito perdido
        Como uma flor na estrada...

21-2-1931

15

Cheguei à janela,
Porque ouvi cantar.
É um cego e a guitarra
Que estão a chorar.

Ambos fazem pena,
São uma coisa só
Que anda pelo mundo
A fazer ter dó.

Eu também sou um cego
Cantando na estrada,
A estrada é maior.
E ninguém dá nada.[1]

26-2-1931

1 Variante, à direita: «E não peço [nada.]».

16

Não tendo nada que fazer,
Faço os meus versos p'ra o dizer,
Sem ter teoria do mundo,
Canto a fundo
Tudo e nada,
Em versos de vagabundo –
Mas vagabundo sem estrada...

Não tendo jeito para ter,
Faço versos em vez de qu'rer.
Sem teoria de mim
Canto sem fim
Nem sensação,
Em poesias de Arlequim...
(Ou é de Pierrot que são?)

28-2-1931

17

Na rua desabitada
De gente que valha ser,
Passa, um pouco carregada,
Aquela mulher cansada
De qualquer coisa que quer.

Tem uma aristocracia
De elegância e solidão.
Se a conhecesse, diria
Qualquer coisa que seria
Isto, e mais uma razão.
Mas assim, *sem conhecê-la*,[1]

1 Na linha corrida, «nada sabendo». Optei pela variante para manter a rima.

Ela é só essa mulher.
Satisfaz-me o descrevê-la
E ela passa, erma e singela,
E eu acabo de escrever.[1]

28-2-1931

18

No fim do mundo, onde a paisagem
Forçosamente deve ser
Aquilo que merece a viagem
Com que nunca lá vamos ter,

Está um poço (assim o diz
Num título um *scriptor* inglês)
Onde não sei se se é feliz
Ou se se morre enfim de vez.

Pois bem. Por artes de magia
Trouxe esse poço para casa.
Uso-o em meus sonhos, noite e dia,
Desço por ele à água rasa.

E ali, *deveras separado*[2]
Do mundo, de outros e de[3] mim,
Cuspo na água com agrado
E vejo os círculos ter fim.

Todos nós temos que servir
E os homens que andam ao trabalho
Na superfície da ilusão
Não jogam com melhor baralho.

---

1 Variantes: subposta, «Talvez passe só p'ra vê-la / E depois a descrever.»; na margem direita, «*E* [variante sobreposta: "Que"], enfim, passa para eu vê-la. / Pois (vale bem) mais do que ela / O meu modo [de escrever.]»; na margem superior, «Passa para eu descrevê-la / E, enfim, vale mais do que ela / O meu modo [de escrever.]».

2 Variante sobreposta: «num balanço elevado,».

3 Variante sobreposta: «Longe do mundo e até de».

Constituí-me proletário
Desse[1] poço *para*[2] cuspir
Do meu baloiço solitário
Que acabará por lá cair.

28-2-1931

19

De onde é quase o horizonte
Sobe uma névoa ligeira
E afaga o pequeno monte
Que pára na dianteira.

E com braços de farrapo
Quase invisíveis e frios,
Faz cair seu ser de trapo
Sobre os contornos macios.

Um pouco de alto medito
A névoa só com a ver.
A vida? Não acredito.
A crença? Não sei viver.

4-3-1931

20

Há dias de tanta angústia
Que não sei do que ela é.
Não sei se me sobra o sonho.
Não sei se me falta a fé.

---

1 Variante sobreposta: «Daquele».
2 Variante sobreposta: «onde».

É uma angústia que nasce,
Como de um solo, de mim,
Que parece ser eu todo
Com razão de ser assim.

E esmaga-me toda a alma,
Confunde todo o meu ser
E tudo gira em meu torno
Sem eu o compreender.

Mágoa como um portão velho,
Ferrugem da quinta em fim,
É uma angústia que cai,
Como num solo, por mim...[1]

5-3-1931

21

Não, falar não, cantar só.
Essa balada muito antiga
Que, ou por cantada,
Ou por relembrada,
Mete dó.
Só essa, que é minha amiga!

Sem palavras, ainda que as tenha,
Mas essas não são
Palavras: são uma estranha
Confusão,
Como uma flor que se apanha
Do chão.

Canto em que o cantor esquece,
Porque o que sabe bem
É esquecer o que se conhece,
É ser,

1 Variantes, ao lado: «Que nem abre nem fecha / E *está* [variante: "é"] assim porque é assim.». Toda a estrofe está dubitada.

Dentro da alma que entreter,
A *teia*[1] sem
Aranha que a tece,
Sonhar sem viver.

5-3-1931

22

Há um murmúrio na floresta.
Há um murmúrio e não há já.
Há um murmúrio e nada resta
Do murmúrio que ainda está
No ar a parecer que há.

É que a saudade faz viver,
E faz ouvir, e ainda ver,
Tudo o que foi e acabará
Antes que lembre de o esquecer
Como a floresta esquece já.

8-3-1931

23

O vento tem variedade
Nas formas de parecer.
Se vens dizer-me a verdade,
Porque é que ma vens dizer?
Verdades, quem é que as quer?

Se a vida é o que é,
Então está bem o que está.
Para que ir pé ante pé

---

1 Pessoa escreveu na margem esquerda «teia» como se fosse variante de «aranha», que, aparentemente por lapso, foi o que escreveu na linha corrida. Assim, «teia» é, de facto, uma emenda.

Até ontem e até já
E até onde nada há?

Enrola o cordão à roda
Do teu dedo sem razão.
Tudo é uma espécie de moda
E acaba na ocasião.
Desenrola esse[1] cordão!

8-3-1931

24

Paisagens, quero-as comigo
Paisagens, quadros que são...
Ondular louro do trigo,
Fios de rios que sigo,
Céu, mar, juncais, solidão...

Paisagens, todas pintadas,
Umas pela mão de Deus,
Outras pelas mãos das fadas,
Outras por acasos meus,
Outras por lembranças dadas...

Paisagens... Recordações
Porque até o que se vê
Com primeiras impressões
Algures foi o que é,
No ciclo das sensações.

Paisagens... Enfim, *melhor*[2]
A[3] que está aqui e *é*[4] rua
Onde ao sol bom do torpor
Que na alma se me insinua
Não vejo nada *melhor*.[5]

8-3-1931

1 Variantes: subposta, «Entretém-te com o»; à direita, «Quem te deu [esse]».
2 Palavra dubitada; variante sobreposta: «o teor».
3 Variante sobreposta: «Da».
4 Variante sobreposta: «é a».
5 Palavra dubitada.

25

Sonhei. Desperto. Um tédio doloroso
De ter sonhado, ou então de despertar,
Me ocupa o espírito indeciso e ocioso.
Sou como o movimento do alto mar,
Que parece existir sem avançar.

Não me lembro qual foi o sonho ido,
Nem se portanto a sua ausência dói.
Grandes e vagas coisas hei dormido.
Sou como o alto mar quando o sol foi:
Uma novela imensa sem herói.

Nem *mesmo*[1] sei se o sonho deixa mágoas.
Que sei eu do que sou ou quero ter?
Sou como o alto mar da noite: as águas
No mesmo movimento a ter que ser,
Um som, um brilho escuro, arrefecer...

13-3-1931

26

Quando é que o cativeiro
Acabará em mim,
E, próprio dianteiro,
Avançarei enfim?

Quando é que me desato
Dos laços que me dei?
Quando serei um facto?
Quando é que me serei?

Quando, ao virar da esquina
De qualquer dia meu,

1 Variante sobreposta: «até».

Me acharei *a*[1] alma digna
Da alma que Deus me deu?

Quando é que será quando?
Não sei. E até então
Viverei perguntando:
Perguntarei em vão.

Que a vida é coisa ao lado
Para quem pensa em ser.
Quando será meu fado
O fado que hei-de ter?

13-3-1931

27

Suavíssimo, como se fora
Só o supô-lo, o orvalho vem,
Parece como quando chora
A alma, mas os olhos têm
Certa secura enganadora.

Suavíssimo, como se andasse
Do próprio ser a se afastar,
O orvalho, ainda que não passe,
Dir-se-ia estar já a passar,
Ou que o seu ser é um disfarce.

Suavíssimo, como se a vida
Pudesse querê-lo p'ra o reter,
É uma impalpável estada ida,
Inexistente arrefecer,
Como a minha alma e o meu ser...

14-3-1931

1 Palavra opcional.

28

Não sei porque é que sou assim.
Também, saber é não *andar.*[1]
Sentir foi sempre para mim
Uma maneira de pensar.

Por isso agora essa cantiga,
Que me lembrou, me entristeceu.
Não sei se foi por ser antiga,
Se por ser ela, ou eu ser eu.

Às vezes há um rodopio
Das[2] folhas secas num lugar.
Não consigo ser eu a fio,
Mas continuo sempre a olhar.

16-3-1931

29

Sim, a música, e já a mulher
Não gosta tanto do marido.
O amante ausente vem bater
À janela onde foi querido...[3]

Sim, a música... Era melhor
Que a vida fosse sem trabalho...
□

Tudo o que temos é engano.
A música! Que Diabo! Faz
Surgir um coração humano
Do corpo aonde a alma jaz.

---

1 Variante na margem direita: «olhar.». No verso da folha, variante para todo o verso: «Também, sentir é não andar.».

2 Variante na margem esquerda: «De».

3 Os dois últimos versos estão dubitados. Variante no final da página: «*Que coisas* [variante sobreposta: "sonhos"] vêm pertencer / A um passado nunca havido!».

Como se há-de ir fazer chá eterno
E ter dever ao pé de si,
Quando este encanto vem do inferno?
Serpente, ainda estás aqui!

16-3-1931

30

Estes livros de versos juntos são
Uns Grandes Armazéns da Sensação
Onde o leitor casual encontrará
O que convenha a qualquer impressão,
Ou, *melhor*[1], o que *não lhe*[2] convirá.

E, assim, terá, com muito de profundo,
E alguma coisa de incompreensível,
Um razoável espectáculo do mundo,
Em várias formas de ilusão e nível,
E sentirá, se não for insensível.

Mas, verdadeiramente, quem lê versos
Lê só a própria alma, e eu não tenho
A certeza de que entre os meus diversos
Modos, algum consiga não ser estranho
Ao casual leitor que *uso*[3] ou ganho.

Ninguém vê senão a alma em que ermo habita.
Ninguém conhece senão quem nasceu.
Nos Armazéns que ofereço requisita
Quem quiser o que quer, e não medita
Que, apesar de ser tudo, eu sou só eu.

1 Variante subposta: «talvez».
2 Variante subposta: «nunca».
3 Variante subposta: «perco».

Sim, isolados, e não só no espaço,
Entre alma e alma não há nenhum laço,
E o que dizemos nunca é compreendido.
Reste ao menos de mim um som de passo
Do[1] viandante nem visto nem *ouvido*.[2]

17-3-1931

31

No fundo do pensamento
Tenho por sono um cantar,
Um cantar velado e lento,
Sem palavras a falar.

Se eu pudesse tornar
Em palavras de dizer
Todos haviam de achar
O que ele está a esconder.

Todos haviam de ter
No fundo do pensamento
A novidade de haver
Um cantar velado e lento.

E cada um, desatento
Da vida que tem que achar,
Teria o contentamento
De ouvir esse meu cantar.

17-3-1931

1 Variante subposta: «De».

2 Palavra dubitada. No início da folha, a nota a lápis «Abertura do Itinerário» faz supor a intenção de integrar o poema num conjunto previsto com o título de «Itinerário».

32

Há nas danças populares
Um vestígio de razão;
Quando andam à roda os pares,
Anda à roda a sensação.

Contemplo, e sou todos eles.
Danço com o entendimento.
Tenho-lhes almas e peles,
E, amoroso e desatento,

Fixo em versos o que giram
No corpo e alma que são.
Que importa que me não viram?
Não viram o coração...[1]

17-3-1931

33

«Toda esta noite choveu
Nos gargalinhos do poço.
Senhora Dona Maria,
Boquinha de cravo roxo.»[2]

Esta quadra é popular.
Pergunto, quem é que a fez?
Deve ter sido tão jovem
Sentida a primeira vez!

Quem me dera poder ter
Sem cultura nem verdade
Aquela quadra por vida
E a vida por claridade!

17-3-1931

---

1 Variantes: subposta, «Nunca viram coração...»; ao lado, «Vê alguém o coração?».

2 Esta cantiga popular inspirou também um poema a Álvaro de Campos. Ver o poema «– O senhor engenheiro não conhece aquela cantiga?» nas pp. 356 e 357 de Fernando Pessoa, *Vida e Obras do Engenheiro Álvaro de Campos*, Edição de Teresa Rita Lopes, São Paulo, Global Editora, 2019.

34

Tenho dores de cabeça.
Vou fazer versos, já sei.
Qualquer dia estoiro à pressa
Do que não conseguirei.

Triste mister o da rima!
Só se consegue pensar
Desde que o verso de cima
Tenha outro em baixo a fechar.

E é com estas coisas todas
Que o mundo é inteligente.
As próprias almas são modas.
A vida é rimas *e*[1] gente.

17-3-1931

35

Gostava que me explicassem
Porque é que ninguém é gente
Embora outras gentes passem.

Gostava que me dissessem
Como é que o coração sente
De modo que o percebessem.

Gostava que me mentissem.
Queria ser inteligente
Sem que os outros o sentissem.

Tristezas, não mas adocem.
Não as rimava contente
Se elas tristezas não fossem.

Santo Deus! E a rima em ussem?

17-3-1931

1 Variante subposta: «de».

36

Como chove! Um desalento
Faz sombra em meu coração.
Chove sem frio nem vento.
É um chover sem estação.
Faz pontos grados no chão.

E através disso o sol doura
Os pingos luzindo a vir.
Há dois tempos nesta hora.
É como estar a sorrir
Da dor que nos vai surgir.

Sim, e *aperta*[1] a chuva negra.
Não há sol e é preto o chão.
Nada em mim finge que alegra
Meu fingido coração.
Chove com grande razão.

20-3-1931

37

Nas nuvens brancas que lentam
Quando a chuva está à espera
A luz do sol faz uma orla
Que amarela e reverbera.

Parece aquele ouro que orla
Os panos para o caixão.
Salvo que as nuvens são brancas
E pretos os panos são.

Mas a verdade é a mesma
Por um *mistério*[2] da vida

---

1 Variantes: sobrepostas, «chora» e «soa»; à direita, «chega» e «fecha».

2 Variante sobreposta: «segredo».

Por isso o ouro orla as *nuvens*[1]
E os panos *da despedida.*[2]

Porque, enfim, o branco alegre
Ou o preto triste são
Coisas que o sol cria e mata
Na sua circunscrição.[3]

Nuvens brancas, panos negros,
Por mais que o queiram cobrir,
O mistério transparece
E orla-os de luz a sorrir.

20-3-1931

38

Na viagem até nada
São todos bons viajantes.
Não há caminho nem estrada
Mas chegam todos constantes.

Na viagem até nada
Todos vão a conversar;
Não há caminho nem estrada
E entretêm-se a falar.

Na viagem até nada
Alguns calados vão só.
Mas à hora da chegada
Nunca sacodem o pó.[4]

21-3-1931

---

1 Variante sobreposta: «brancas».

2 Variante subposta: «negros da *vida* [variante subposta: "despedida"].».

3 Esta estrofe traz a indicação «exit?». Quererá dizer que o poeta encarou a possibilidade de fechar com ela o poema ou até de excluí-la? Sem considerar o ponto de interrogação, aqui claramente indicativo de dúvida, a EC eliminou pura e simplesmente esta estrofe.

4 Verso dubitado.

39

Num dia silencioso
E num quarto interior
Como soa doloroso
Um pregão de vendedor!

Devendo ter a alegria
Da rua e do céu que tem,
A voz soa longe, fria
Da própria vida a que vem.

Talvez o mal seja meu,
Que a voz, onde soa e está,
Não sabe que eu sinto e que eu
Sinto sempre o que não há.

Sinto que é a vida, que, enerme,[1]
Ao coração se me exprime.
É a vida, mas a dizer-me
Que dela não me aproxime.

24-3-1931

40

Morreste. Veio a notícia
Ter com o meu ignorá-la.
Velho amigo! Sem perícia
Chorei sua sorte impropícia –
Não há mal senão chorá-la.[2]

Não sabe descrer o forte?
O sábio confia e faz.
Morreste? Falhou-te a sorte.
Não acredito na morte.
Até à vista, rapaz!

25-3-1931

1 Variante sobreposta: «Sim é a vida que, sem ver-me,».
2 Variante sobreposta: «O único mal é chorá-la.».

41

No meio da noite
Enquanto a dormir
Jaz tudo em meu torno
Sem eu o ouvir,

No meio da noite
Medito o que sou...
Às vezes o vento
Quando começou[1]

De repente cessa
E é inútil ouvir
Pois tudo acabou
Sem se conseguir.

25-3-1931

42

Abro a janela. É madrugada.
Há luz sem sol, o sono traz
Cada janela ainda fechada
E salvo os galos está tudo em paz.

Que vigoroso silêncio é este
Quando sem noite nocturno é tudo.[2]

[25-3-1931]

---

1 Variante subposta: «E encontro um caminho / Por onde não vou...». O poeta acrescentou o verso solto sem continuação «Ao alto o futuro».

2 Pessoa terá abandonado o poema, aparentemente incompleto.

43

O mau aroma álacre
        Da maresia
Sobe no esplendor acre
        Do dia.

Falsa, a ribeira é lodo
        Ainda a aguar.
Olho, e o que sou está todo
        A não olhar.

E um mal de mim deixa.
        Tenho lodo em mim...
Ribeira que se queixa
        De o rio ser assim.

27-3-1931

44

Vão *lentos*[1] passando
Os dias que tenho.
Depois de passarem
Já não os apanho.

De aqui a tão pouco
A vida acabou.
Vou ser um cadáver
Por quem se rezou.

E entre hoje e esse dia
Farei o que fiz:
Ser qual quem eu sou[2]
Feliz ou infeliz.

28-3-1931

1 Variantes sobrepostas: «mudos; breves».

2 Substituí o verso que Pessoa aqui escreveu «Ser eu qual não sei ser», hesitante e rasurado, pelo verso acrescentado na margem inferior, que mais parece emenda do que variante.

45

Vaga, no azul amplo solta,
Vai uma nuvem errando.
O meu passado não volta.
Não é o que estou chorando.

O que choro é diferente.
Entra mais na alma da alma.
Mas como, no céu sem gente,
A nuvem flutua calma,

E isto lembra uma tristeza
E a lembrança é que entristece,
Dou à saudade a riqueza
De emoção que a hora tece.

Mas, em verdade, o que chora
Na minha amarga ansiedade
Mais alto que a nuvem mora,
Está para além da saudade.

Não sei o que é nem consinto
À alma que o saiba bem.
Visto da dor com que minto
A[1] dor que a minha alma tem.

29-3-1931

46

Em plena vida e violência
De desígnio e ambição,
De repente uma sonolência
Cai sobre a minha consciência
Desce ao meu próprio coração.

---

1 Pessoa passou uma cruz por cima desta letra, mas não faz sentido eliminá-la.

Será que a mente, já desperta
Da noção falsa de viver,
Vê que, pela janela aberta,
Há uma paisagem toda incerta
E um sonho todo a apetecer.

30-3-1931

47

Não tenho quinta nenhuma.
Se a quero ter p'ra sonhar,
Tenho que a extrair da bruma
Do meu mole meditar.

E então, desfazendo a névoa
Que há sempre dentro de nós,
Progressivamente elevo-a
Até uma quinta a sós.

Vejo os tanques, vejo as calhas
Por onde a água vai pequena,
Vejo os caminhos com falhas,
Vejo a eira erma e serena.

E, contente deste nada
Que em mim mesmo faço externo,
Gozo a frescura relvada
Da não-quinta em que me interno.

Vilegiatura impossível,
Dou-lhe nós para lembrar,
E esqueço-a ao primeiro nível
Do meu mole meditar.

30-3-1931

48

Vou passando pelo bosque,
Pelo bosque vou passando,
E ouço alguém que não existe
Cantar o que estou pensando.[1]

Deve ser aquela ninfa
Que é alma do bosque todo
Que sem que tire o silêncio
Está cantando deste modo.

Se escuto, não ouço o que ouço:
Só vagamente a folhagem
Faz um ruído de folhas
Com o ruído da aragem.

E é esse ruído que é o canto,
Se, distraído, *vou dando*[2]
Atenção[3] à alma do bosque,
Vou pelo bosque passando.

1-4-1931

49

Autopsicografia

O poeta é um fingidor.
Finge tão completamente
Que chega a fingir que é dor
A dor que deveras sente.

E os que lêem o que escreve,
Na dor lida sentem bem,

1 Verso dubitado.
2 Variante sobreposta: «encostando».
3 Variante sobreposta: «Minha alma».

Não as duas que ele teve,
Mas só a que eles não têm;

E assim nas calhas de roda
Gira, a entreter a razão,
Esse comboio de corda
Que se chama o coração.

1-4-1931

Revista *presença*, ano 6, vol. 2, nº 36, Novembro de 1932

50

Não sei ser triste a valer
Nem ser alegre deveras;
Acreditem: não sei ser.
Serão as almas sinceras
Assim também, sem saber?

Ah, ante a ficção da alma
E a mentira da emoção
Com que prazer me dá calma
Ver uma flor sem razão
Florir sem ter coração![1]

Mas enfim não há diferença.
Se a flor flore sem querer,
Sem querer a gente pensa.
O que nela é florescer
Em nós é ter consciência.

Depois, a nós como a ela,
Quando o Fado as faz passar,
Surgem as patas dos deuses
E a ambos nos vêm calcar.

Está bem, enquanto não vêm,
Vamos florir ou pensar.

3-4-1931

1 Variantes: subposta: «Dispensar o coração!»; à direita: «Ser minha sem coração!».

51

Tenho sono em pleno dia.
Não sei de quê, tenho pena.
Sou como uma maresia.
Dormi mal e a alma é pequena.

Nos tanques da quinta de outrem
É que gorgoleja bem.
Quanto as saudades encontrem,
Tanto minha alma não tem.[1]

5-4-1931

52

Sou um evadido,
Logo que nasci
Fecharam-me em mim,
Ah,[2] mas eu fugi.

Se a gente se cansa
Do mesmo lugar,
Do mesmo ser
Porque não se cansar?

Minha alma procura-me
Mas eu ando a monte.
Oxalá que ela
Nunca me encontre.

Ser um é cadeia
Ser eu é não ser.
Eu vivo[3] fugindo
Mas vivo a valer.

5-4-1931

---

1 Ao fundo da página, a estrofe incompleta: «E a romaria que é feita / Da infância que me perdi, / □».

2 Interjeição dubitada.

3 Variante sobreposta: «Viverei».

53

As nuvens são sombrias
Mas, *p'ra os*[1] lados do sul,
Um bocado do céu
É tristemente azul.

Assim, no pensamento,
Sem haver solução,
Há um bocado que lembra
Que existe o coração.

E esse bocado é que é
A verdade que está
A ser beleza eterna
Para além do que há.

5-4-1931

54

Para além do arvoredo
Vejo o campo se estender
Num ondular sem segredo –
Ondular tão *leve*[2] que
Tudo ali se pode ver.

Tão clara e perto parece
– Salvo que sem forma é cor –
Como a que perto aparece,
A flor que está longe e se
Vê que é flor mas não que flor.

E eu fico precisamente
Com esse contentamento
Que provém de estar contente –

1 Variante sobreposta: «nos».
2 Variante sobreposta: «vago».

Não de ser feliz ou de
Gostar do campo ou do vento.

Resumo: não tendo nada
Que fazer senão não ter
Nada que fazer, da estrada
Vou vendo tudo isto que
Vou vendo até o não ver.

5-4-1931

55

Guardo ainda, como um pasmo
Em que a infância sobrevive,
Metade do entusiasmo
Que tenho porque já tive.

Quase às vezes me envergonho
De crer tanto em que não creio.
É uma espécie de sonho
Com a realidade ao meio.

Girassol do falso agrado,
Em torno do centro mudo
Fala, amarelo, *pasmado*[1]
Do negro centro que é tudo.

18-4-1931

56

O inverno passa, tardando
        Em passar.
O ar, asperamente brando,
        Faz esperar.

1 Palavra dubitada.

Se tudo quanto eu desejo
        Fosse meu,
Nunca teria um ensejo
        De ser eu.

O inverno passa, mas dura[1]

25-4-1931

57

Se penso mais que um momento
Na vida que eis a passar,
Sou para o meu pensamento
Um cadáver a esperar.

Dentro em breve (poucos anos
É quanto vive quem vive),
Eu, anseios e enganos,
Eu, quanto tive ou não tive,

Deixarei de ser visível
Na terra onde dá o sol,
E, ou desfeito e insensível,
Ou ébrio de outro arrebol,

Terei perdido, suponho,
O contacto quente e humano
Com a terra, com o sonho,
Com mês e mês e ano a ano.

Por mais que o sol doire a face
Dos dias, o espaço mudo
Lembra-nos que isso é disfarce
E que é a noite que é tudo.

1-5-1931

---

1 O último verso, solto, sem pontuação, leva a crer que o poema ficou incompleto.

58

Das flores o não-me-esqueças
É talvez a mais pequena.
Se vens dizer-me a verdade,
Vê lá bem se vale a pena.

Uma coisa é a verdade
E outra coisa ser feliz.
Se vens dizer-me a verdade,
Vê lá bem o que ela diz.

Tudo é o que a gente quer
E o que está dito é só dito.
Se vens dizer-me a verdade,
Sabes bem se[1] eu acredito?

2-5-1931

59

Os sons da filarmónica vindos[2] de longe
    O que é que são,
Além de sons da filarmónica vindos[3] de longe,
    Ao coração?

São saudades, não só minhas, porque eu
    Sou toda a gente –
Saudades de todos, de toda a sua gente que morreu
    E está ausente...

Nesta hora *escuto-os*[4], são convivas do som
    Que vem sem razão...
Trazem a tristeza de um passado já bom
    Ao coração...

---

1 Variante subposta: «Cuidado, que».
2 Pessoa considerou o -s final opcional.
3 Pessoa considerou o -s final opcional.
4 Variante sobreposta: «sinto-os».

Gente, quartos, jardins, janelas, tudo...
Tudo isso vem
Em saudade estupidamente musical do fundo
Da alma e Belém.[1]

31-5-1931

60

Desfaz a mala feita p'ra a partida!
Chegaste a ousar a mala?
Que importa? Desespera *antes da ida*[2]
Pois tudo a ti te iguala.

Sempre serás o sonho de ti mesmo.
Vives tentando ser,
Papel rasgado de um intuito, a esmo
Atirado *a perder.*[3]

Como as correias cingem, quase estala,
Tudo o que vais levar.
Mas é só a mala e não a vida – a mala
Que há-de sempre ficar!

2-7-1931

61

Se estou só quero não estar,
Se não estou, quero estar só.
Enfim, quero sempre estar
Da maneira que não estou.

---

1 Na parte inferior da página, Pessoa encarou, interrogadamente, inserir o poema numa série intitulada «Poemas de Lisboa».

2 Variante sobreposta: «ante a vida».

3 Variante sobreposta: «ao descrer.».

Ser feliz é ser aquele.
E aquele não é feliz
Porque pensa dentro dele
E não *dentro do que eu*[1] fiz.

A gente faz o que quer
Daquilo que não é nada,
Mas também se o não fizer
Fica perdido na estrada.[2]

2-7-1931

62

Bem, hoje que estou só e posso ver
Com o poder de ver do coração
Quanto não sou, quanto não posso ser,
Quanto, se o for, serei em vão,

Hoje, vou confessar, quero sentir-me
Definitivamente ser ninguém,
E de mim mesmo, altivo, demitir-me
Por não ter procedido bem.

Falhei a tudo, mas sem galhardias,
Nada fui, nada ousei e nada fiz,
Nem colhi nas urtigas dos meus dias,
A flor de parecer feliz.

Mas fica sempre, porque o pobre é rico
Em própria casa, se procurar bem,
A grande indiferença com que fico
E um sonho... *Leve-o quem o trate bem.*[3]

2-7-1931

1 Variante subposta: «do que eu dele».
2 Verso dubitado. Variante, dactilografada, ao fundo da página: «Que coisa é que nos agrada.».
3 Variante subposta: «Escreva-o para o lembrar [bem].». Toda a última estrofe está dubitada.

63

Sim, sei bem
Que nunca serei alguém
Sei de sobra
Que nunca terei uma obra.
Sei, enfim,
Que nunca saberei de mim.
Sim, mas agora,
Enquanto dura esta hora,
Este luar, estes ramos,
Esta paz em que estamos,
Deixei-me me[1] *querer*[2]
O que nunca poderei ser.

8-7-1931

64

Agita as árvores um vento
Sob o azul plácido do céu,
O que agita o meu pensamento
É que hoje *deixo de ser meu.*[3]

Chora como gente o vento,
Chora sozinho no ar.
Quero ter meu pensamento
Mas não o posso pensar.[4]

8-7-1931

---

1 [*sic*].

2 Variante ao lado: «Deixem querer *até* [variante sobreposta: "a"] ver».

3 Variante subposta: «*já não* [variante subposta: "nunca"] serei meu.». A esta estrofe segue-se um esboço de outra de que ficaram apenas dois versos praticamente ilegíveis.

4 A EC e a edição de FPP consideram cada uma destas duas estrofes um poema independente.

65

Minha vida tem sido, em suma,
    Reles e obscura,
Sem ventura nem desventura,
    Sombras de trapos na bruma.

Como um caixeiro tenho ficado
    A um balcão nulo,
Não acontece isto ao amante Catulo
    Nem a poeta, conselheiro de Estado.

Até quando me amaram
    Parece que me ofendiam.
Do casaco de gente com que me albardaram
    Até os botões caíam.

Hoje estou calmo, um pouco certo,
    Um tanto ou quanto já eu
E olho, passado, o portão aberto,
    Mas digo sempre:[1] «não é meu».

24-7-1931

66

No céu da noite que começa
Nuvens de um vago negro brando
Numa romagem pouco espessa
Vão no horizonte tresmalhando.

Aos sonhos que não sei me entrego
Sem nada procurar sentir
E estou em mim como em sossego.
P'ra o[2] sono falta-me dormir.

---

1 Variante subposta: «Sempre não entro:».

2 Variante subposta: «P'ra».

Deixei atrás nas ervas ralas
Caídas uma e outra ilusão,
Não volto atrás a procurá-las.
Já estão formigas onde estão.

27-7-1931

67

Desejo partir,
Desejo não ser
Mais eu a seguir
Ao que estive a ter.

Desejo a distância,
Desejo afagar
A inútil fragância
De já aqui não estar.

Amigos, afectos,
Se os tive os não tive,
E não são objectos
Do que em mim me vive.

Por isso, partir,
Deixar aqui morto
Quem fui sem sentir[1]

1-8-1931

68

Hoje que a tarde é calma e o céu tranquilo,
E a noite chega sem que eu saiba bem,
Quero considerar-me e ver aquilo
Que sou, e o que sou o que é que tem.

---

1 Depois da última palavra não há pontuação. Aparentemente, Pessoa não terá concluído a quadra nem talvez o próprio poema.

Olho por todo o meu passado e vejo
Que fui quem foi aquilo em torno meu,
Salvo o que o vago e incógnito desejo
De ser eu mesmo de meu ser me deu.

Como a páginas já relidas, vergo
Minha atenção sobre quem fui de mim.
E nada de verdade em mim albergo
Salvo uma ânsia sem princípio ou fim.

Como alguém distraído na viagem,
Segui por dois caminhos par a par.
Fui com o mundo, parte da paisagem;
Comigo fui, sem ver nem recordar.

Chegado aqui, onde hoje estou, conheço
Que sou diversos no que informe estou.
No meu próprio caminho me atravesso.
Não conheço quem fui no que hoje sou.

Serei eu, porque nada é impossível,
Vários trazidos de outros mundos, e
No mesmo ponto espacial sensível
Que sou eu, sendo eu por estar aqui?

Serei eu, porque todo o pensamento
Podendo conceber, bem pode ser,
Um dilatado e múrmuro momento,
Dos tempos-seres de quem sou o viver?

1-8-1931
Revista de Portugal, vol. 1, nº 4, Lisboa, Julho de 1938

69

Gosto de imaginar coisas.
Todo o caminho andado a imaginar
É cheio de invisíveis rosas,
Tem luz e fresco sem ter ar.

Se tudo é um sonho,

Façamos sonhos voluntariamente,
Que esses serão risonhos
E, enquanto são, a vida não se sente.

Deveres e razões
Tenham os outros, já que vivem só.
Tudo isso e a vida disso é ilusões.
E o mesmo sol os doura, *pobre*[1] pó.

6-8-1931

70

Bom vento do mar, bom vento
Que vens de cima do mar,
Vem dizer-me ao pensamento
Que o melhor é não pensar.

Se acreditar no que existe
Faz triste quem o não é,
Mais vale ninguém ser triste
E não ter crenças nem fé.

Mas tu, bom vento que vens
De cima de ondas sem fim,
Nem fé nem descrenças tens.
Tomara eu ser assim!

6-8-1931

71

Quanto estou só reconheço
Se por momentos me esqueço
Que existo entre outros que são
Como eu sós, salvo que estão

---

1 Variante subposta: «pobres».

Alheados desde o começo.

E se sinto quanto estou
Verdadeiramente só,
Sinto-me livre mas triste,
Vou livre para onde vou,
Mas onde vou nada existe.

Creio contudo que a vida
Devidamente entendida,
É toda assim, toda assim.
Por isso passo por mim
Como por coisa esquecida.

9-8-1931

72

Não: era só um canto,
Não sei de *quê*,[1] que vinha
De além do muro, enquanto
Minha alma era sozinha.

Cantou coisas tão belas,
Tão cheias de luar,
Que só o pensar nelas
Faz deixar de pensar.

Como eu gostei de assim
Estar só, acompanhado
Por[2] um canto *p'ra*[3] mim
Em que eu era ignorado!

20-8-1931

1 Variante a seguir, entre parênteses: «quem».
2 Variante à esquerda: «De».
3 Variante à direita: «para».

73

Ela era só o canto
Que chegava de além
Do muro alto, enquanto
Eu a ouvia, ninguém.

E, porque nunca fora
Ninguém salvo o que ouvi,
Meu coração a adora
E amo-a porque a não vi.

Quanto ainda em nós havia
Da infância que sonhava
Cantando ele dizia,
Dizendo ela cantava.

Depois, como se o rio
Na curva se perdesse,
Era o tédio que, esguio,
A tarântula tece.

20-8-1931

74

A aldrava soa na noite
Destacadamente,
O formidável açoite
De haver algures gente.
A aldrava soa na noite

Acompanhado, ainda
Que ninguém esteja aqui![1]

20-8-1931

1 O poema ficou provavelmente incompleto.

75

Quando será dia
Em meu coração,
Deixando de ser fria
Minha vaga emoção?
Quando, ou não?

[3-9-1931]

76

Não te pedi, sinistro Jehovah,
Primeiro atroz Demónio do Destino,
Com sacrifício humano e prece má,
Tantas vezes que desses a meu braço
A força de vencer o *peregrino*,[1]
E de o vencer de novo sem cansaço?

És surdo aos teus cruéis? Teu povo, a quem
Já tanto sangue deves do inimigo
Que às tuas *altas*[2] ventas cheira bem,
Porque assim o abandonas, sem lugar
Onde □ o gado ou colha o trigo,
E tenha □ do lar.

Sombrio[3] demiurgo, tu bem sabes
Que não és Deus, embora o Criador,
Além de ti, que em ti só és e cabes,
Paira o Pai *e a*[4] Figura da Serpente,
E o Outro, que no mundo é *o*[5] Fogo e *o*[6] Amor,
E[7] teu sinistro reino não consente.

1 Variante sobreposta: «Deus menino».
2 Variante sobreposta: «atras».
3 Variante sobreposta: «Primeiro».
4 Variante sobreposta: «da».
5 Palavra opcional.
6 Palavra opcional.
7 Variante subposta: «Que».

Eu, debruçado há tanto sobre a ciência
Que abre as portas da ciência, a teu segredo
Me alcei, tremendo. Conheci-te a essência
E os Mistérios Maiores do Além-Deus.
Dá-me o poder, já que me deste o medo.
Dá a terra a quem deixaste ver os céus!

Por isso acede, Emanador de Tudo,
À prece que te erguemos, do atro leito,
Onde jaz o teu Povo □

8-9-1931

77

Loura, *elevada*[1] naquela
Postura de quase triste,
Tive[2] vontade, só a vê-la,
De ir ter, sem peias, *com*[3] ela
E perguntar-lhe se existe.

Sim, na estação suburbana
De que romance fugiu?
A quanto é sonho se irmana
Maravilha, filigrana
De que a carne conseguiu.[4]

Mas não digo nada, olho,
Sem entender o[5] que vejo;
Sonho que, incerto, desfolho –
Pétalas, pétalas em molho –
Os jardins do meu desejo.

7-10-1931

1 Variante sobreposta: «elançada». A palavra «elançada» está dubitada.
2 Variante sobreposta: «Tenho».
3 Variante sobreposta: «a».
4 Variantes: sobreposta a «carne», «vida»; variante subposta a todo o verso, «Que a vida enfim conseguiu.».
5 Variante sobreposta: «Sem mim naquilo».

78

Uma maior solidão
Lentamente se aproxima
Do meu triste coração.

Enevoa-se-me o ser
Como um olhar a cegar,
A cegar, a escurecer.

Jazo-me sem nexo, ou fim...
Tanto nada quis de nada,
Que hoje, sozinho na estrada,
Nada quer nada de mim...[1]

23-10-1931

79

Chove. Que fiz eu da vida?
Fiz o que ela fez de mim...
De pensada, mal vivida...
Triste de quem *pensa*[2] assim!

Numa angústia sem remédio
Tenho febre na alma, e, *ao ser*[3]
Tenho saudade, entre o tédio,
Só do que nunca quis ter...

Quem eu pudera ter sido,
Que é dele? Entre ódios pequenos
De mim, estou *em*[4] mim *dividido.*[5]
Se ao menos chovesse menos!

23-10-1931

---

1 Variante subposta ao último verso e dubitada: «Que hoje nada quer de mim.». De facto, a variante não seria seguramente usada por ser, em parte, uma repetição do verso anterior. Os dois últimos versos estão dubitados.

2 Variante sobreposta: «é».

3 Expressão dubitada.

4 Variante sobreposta: «de».

5 Variante sobreposta: «partido.».

80

Pobre Espanha, já sem ter
Alma onde ser!
Fragmento sobrevivente
De ti mesma, ente
De te perder!

Relembremos na hora
Em que em ti chora
O que não ouves em ti,
Aquele que foi
O herói em si
Do que em ti se perdeu de herói.

Fidalgo que toda a alma deu
Ao Rei e à Grei que o perdeu
No incêndio da hora estranha,
Saibamo-lo, alheios mas homens, chorar,
Com quem a alma da fidalguia *da*[1] Espanha
Foi a enterrar.[2]

13-11-1931

81

Vem dos lados da montanha
Uma canção que me diz
Que, por mais que a alma tenha,
Sempre há-de ser infeliz.

O mundo não é seu lar
E tudo que ele lhe der
São coisas que estão a dar
A quem não quer receber.

---

1 Variante subposta: «de».

2 Depois da data, a frase «D. Miguel Primo de Rivera, Marquês de Estella.», a quem o poema seria dedicado.

Diz isto? Não sei. Sem voz
Chega, música, à janela
Onde me medito a sós,[1]
Como o luzir de uma estrela.

14-11-1931

82

Desperto sempre antes que raie o dia
E escrevo com o sono que perdi.
Depois, neste torpor em que a alma é fria,
Aguardo a aurora que já tantas vi.

Fito-a sem atenção, cinzento verde
Que se azula de galos a cantar.
Que mau é não dormir! A gente perde
O que a noite nos dá p'ra começar.

Oh primavera pintada, aurora,
Ensina ao meu torpor em que a alma é fria,
O que é que na alma lívida a colora
Como[2] o que vai acontecer ao dia.

14-11-1931

83

Clareia cinzenta a noite de chuva,
Que o dia chegou.
E o dia *parece um traje de viúva*[3]
Que *já desbotou.*[4]

Ainda sem luz, salvo o claro do escuro,
O céu chove aqui,

---

1 Vírgula opcional.
2 Variante subposta: «Com».
3 Variante subposta: «é um traje já velho».
4 Variante subposta: «alguém desmanchou.».

E ainda é um silêncio, ainda é um muro
Ausente de si.[1]

Não sei que tarefa terei este dia;
Que é inútil já sei...
E fito, de longe, minha alma, já fria
Do que não farei.

[14-11-1931]

84

A lua (dizem os ingleses)
É feita de queijo verde.
Por mais que pense mil vezes
Sempre uma ideia se perde.

E era essa, era, era essa,
Que haveria de salvar
Minha alma da dor, da pressa,[2]
De sentir e de pensar.[3]

Sim, todos os meus revezes
São de estar sentir pensando...
A lua (dizem os ingleses)
É azul de quando em quando.

14-11-1931
a.m. early

85

Sol de inverno, triste e frio
Embora claro e coitado,
Ao meu coração vazio
Não dás mais que alheio agrado...

---

1 Verso dubitado.

2 Vírgula opcional.

3 Variante sobreposta: «De... não sei se é desejar.». Toda a estrofe está dubitada.

Agrado de se estivesse
Em outra parte, ou de ser
Alguém outrem que tivesse
A *dita*[1] que não sei ter.

Claro, e um pouco matinal
Ainda que[2] *no auge do dia,*
Fazes-me bem, fazes mal –
Mal bom, bem sem alegria.[3]

Lá fora talvez onde há
O pleno azul que é o céu,
Alguém por seu te terá.
Eu nem te tenho por meu.

23-12-1931

86

Teu nome ouvido em segredo
No sonho em que alma fala
Mesmo[4] assim, repito-o a medo
À alma que em mim o cala.

[23-12-1931]

87

As lentas nuvens fazem sono,
O céu azul faz bom dormir.
Boio, num íntimo abandono,
À tona de me não sentir.

E é suave, como um correr de água,
O sentir que não sou alguém.

1 Palavra dubitada.

2 Palavra opcional.

3 Variante para toda a estrofe (em 51a): «Sempre um pouco matinal, / Fazes-me mal, faz bem, / E adoro o bem do teu mal / Pelo mal que o teu bem tem.».

4 Palavra dubitada.

Não sou capaz de gozo ou mágoa.
Minha alma é aquilo que não tem.

Que bom, à margem do ribeiro
Saber que é ele que vai indo…
E eu? Vou indo dianteiro
No som inútil e infindo.[1]

25-12-1931

88

Tão linda e finda a memoro!
        Tão pequena a enterrarão!
Quem me entalou este choro
        Nas goelas do coração?

25-12-1931

89

Guia-me a só razão.
Não me deram mais guia.
Alumia-me em vão?
Só ela me alumia.[2]

Tivesse quem criou
O mundo desejado
Que eu fosse outro que sou,
Ter-me-ia outro criado.

Deu-me olhos para ver.
Olho, vejo, acredito.

1 Variante subposta: «E só em sono eu vou primeiro, / E só em sonho eu vou seguindo.». Ambos os versos estão dubitados.

2 Existe outro poema de 1921 cuja primeira quadra é igual. No testemunho autógrafo, o autor acrescentou, à data de 2-1-1932, a seguinte indicação: «salvo a primeira quadra, que é antiga.».

Como ousarei dizer:
«Cego, fora eu bendito»?
Como o olhar, a razão
Deus me deu, para ver
Para além da visão –
Olhar de conhecer.

Se ver é enganar-me,
Pensar um descaminho,
Não sei. Deus os quis dar-me
Por verdade e caminho.

2-1-1932

Descobrimento – Revista de Cultura, Inverno, 1931-1932. p. 515

90

Oscila a lâmpada vazia
Em pleno templo abandonado.
Quem quer o quê do que esta fria
Igreja guarda do passado?[1]

Trouxe-me aqui o andar *errado*[2]
Que deu a volta à casaria,
Deixei lá longe o vasto prado
E os olivais da nostalgia.[3]

Aqui, só claustro fecha e esfria
Falta o azeite[4] lá do prado.
Oscila a lâmpada vazia
No vasto templo abandonado.

Meu Deus, e eu vim daquele lado!

6-2-1932

1 Existe no EBN, cota 44-27^r, o seguinte poema, não datado, com o mesmo tema e o mesmo primeiro verso desta primeira estrofe: «Oscila a lâmpada vazia / Ao vento só na igreja erma. / Como ela há uma alma que está fria / E que de saber que sabe enferma. / Oscila a lâmpada vazia.».

2 Variante sobreposta: «sem fado».

3 Variantes: sobreposta, «Aqui, só o claustro fecha e esfria.»; ao lado, «Onde olivais enchem o dia.».

4 Variante subposta: «O azeite vinha».

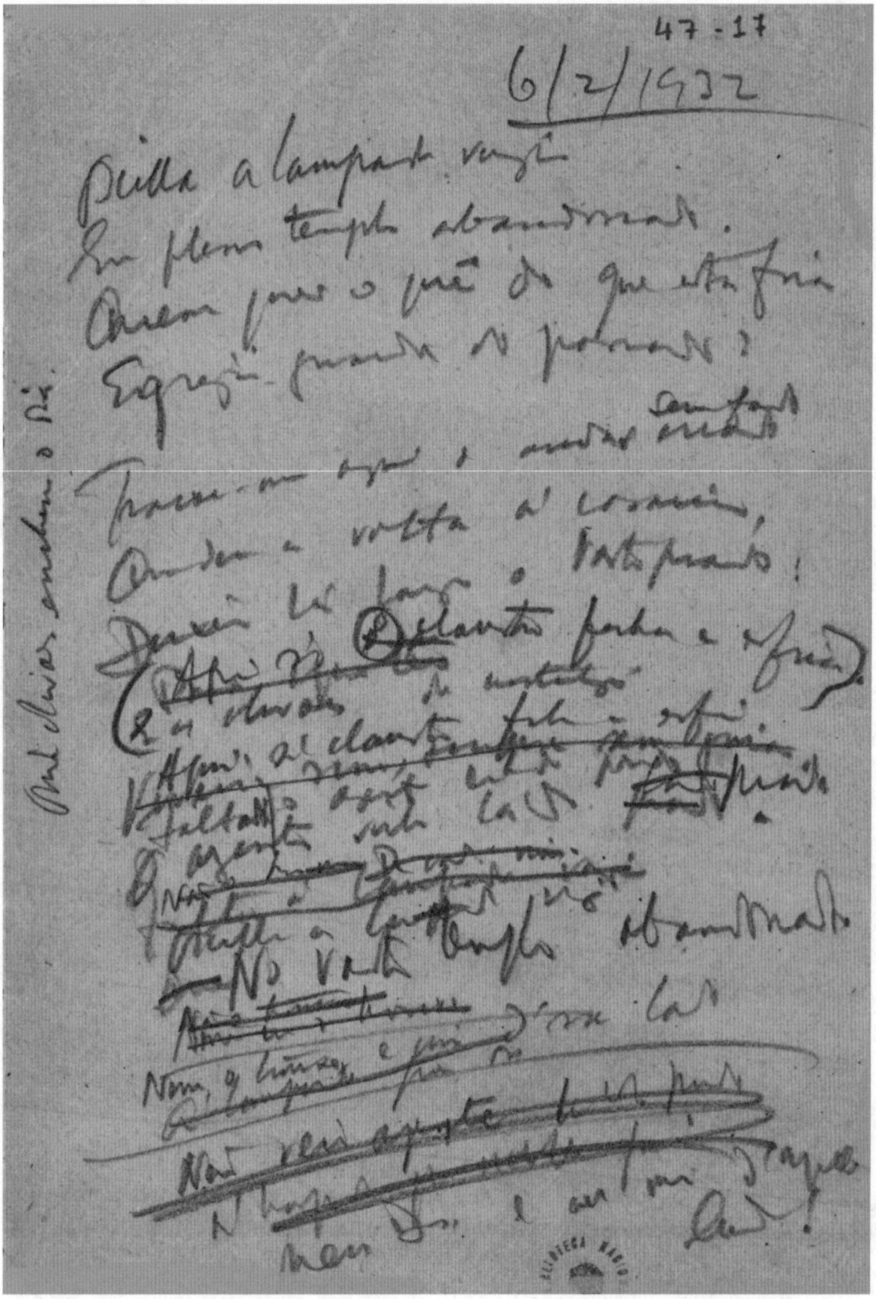

47-17

6/2/1932

Figura 1. Fac-símile de um rascunho do poema «Oscila a lâmpada vazia». Embora completo, é admissível que Pessoa lhe pudesse ter dado outra forma caso o tivesse passado a limpo

91

O dia esplende, luminoso e vasto.
O grande rio é mar: quem o vê rio?
Com o que vejo quem eu sou contrasto,
E aqui onde há calor estou onde há frio.

Desde que existo, vivo dividido
Entre três seres, em que iguais estou:
O meu ser, o meu ser que tenho sido
E o verdadeiro ser que nunca sou.[1]

Quantas traições e *desentendimentos*[2]
Entre estes meus três seres descobri!
E eu assisti a tudo, como a estradas,
Que, veículo deles, percorri.

Hoje que, alheio a tudo e a mim mesmo,
Posso, à luz deste dia vasto e rico,
Verificar que fui um ser a esmo,
É ainda a esmo que eu o verifico.

Não tenho cura: tudo quanto fui
É quanto eu hei-de ser, sem outra pele.[3]
Sem saber de fluir, o rio flui.
Sei que fluo, mas fluo como ele.

7-2-1932

92

Traze, da neve e do luar,
Tudo o que o branco diz de bem.
Vem tudo aqui me desfolhar

1 Variantes ao 3º verso: Ao lado, entre parênteses, «O outro ser que tenho sido»; embaixo, «O ser que sou, o ser que tenho sido,».
Variante subposta ao 4º verso: «E aquele bom ser que nunca sou».
Variante, embaixo, aos dois versos: «O que fui, o que fui sem o ter sido, / E o que *enfim* [variante, ao lado, entre parênteses, "em mim"] eu em verdade sou.».

2 Variante, a seguir, entre parênteses: «coisas ocultadas».

3 Variantes subpostas: «Tudo é alheio: quanto sou ou fui / Um outro que não eu sem mim impele.».

Onde me sento a descansar
De não ter sido mais ninguém.

Traze, das névoas e da altura,
Tudo que o longe diz de si.
Vem tudo aqui me dar, na alvura
Desta manhã que transfigura
Em longe tudo o que há aqui.

23-2-1932

93

Segundo Grau

Há um frio e um vácuo no ar.
Está sobre tudo a pairar,
Cinzento-preto, o luar.

Luar triste de antemanhã
De outro dia e sua vã
Esperança e inútil afã.

É como a morte de alguém
Que era tudo que a alma tem
E que não era ninguém.

Absurdo erro disperso
No espaço, água onde é imerso
O cadáver do universo.

É como o meu coração
Nulo e pleno, vasto e vão,
Na antemanhã da visão.[1]

23-2-1932 (5 a.m.)

1 Variantes subpostas: «*Triste* [variante: "Frio"] da *negra* [variante: "vaga"] opressão / Da antemanhã da visão.».

94

Em que pensas quando
Não pensas?
São coisas formando,
Extensas,
Grandes redes de nada,
Ou é
A vida toda trocada[1]
A própria vida afastada
Mas[2] ao pé?

Não respondas:
Sonha; não te importe
Eu perguntar.
Não sou lei nem sorte.
Vai sonhar.

10-3-1932

95

Pesa o sono que perdi
Nas pálpebras em torpor.
Hoje ontem não consegui.
Quanto aos poetas do amor,

Sim, são muitos. Outros são
Poetas do amor que faltou.[3]
Façam disso uma excursão,
Mas vão sós, porque eu não vou.

---

1 Variante, na mesma linha: «A própria vida afastada». A palavra «toda» é opcional.

2 Palavra opcional.

3 Variante, no final da página: «Poetas porque amor faltou.».

Tenho bastante em ter nada.
Sonhar não custa nem pesa.
Tenho a alma lógica e errada
E sou português à inglesa.

10-3-1932

96

Dói-me a alma como um corpo, e o peso todo
Do que é o mundo se o sentimos ser
Confunde de torpor o abstracto modo
Como me sinto compreender.
Não tarda a noite vasta a alvorecer.
Paira um silêncio frio e vegetal
Sobre onde caiu chuva – a terra, ou o lodo,
As árvores e arbustos do quintal.

Inerte e abandonado transfiguro
O cansaço que vem de não dormir
Num grande e ermo cansaço, incerto e escuro,
Onde não sei *como*[1] sentir.
O que sinto nasceu da insónia e o sono,
Mas, como alheio, cerca-me e é um muro
Com que o ermo mundo é meu senhor e dono[2]

Tudo quanto se pode em sentimento
Trazer de mágoa à tona de pensar –
Infância morta, porvir nevoento,
Não poder querer nem amar,
Tudo isso, como se existisse e não
Fosse um vácuo sem forma, noite ou vento,
Me pesa como uma desilusão.

15-3-1932

---

1 Palavra dubitada.

2 Variante a «senhor», a seguir, entre parênteses: «carcereiro». Variante subposta a todo o verso: «Em que o mundo é meu carcereiro [e dono]».

97

Esplende o sol. *Ri o verde.*[1] Além, o mar
É azul fundo do azul leve do ar.
Nem tenho força para ter esperança.
Quero ver *sem sentir e sem pensar.*[2]

[28-3-1932]

98

Tenho principalmente não ter nada.
Dormir seria sono se o tivesse.

[26-4-1932]

99

Não quero nada, nem palavras, nem verdade.
Umas e outras o que são?
Pedaços cortados da realidade,
Momentos de diástole do coração.

Não quero nada. Pensei até não pensar.
Imaginei até me agarrar de medo
Ao mais pequeno bocado de céu ou de mar
Só por ser e por isso me não meter medo.

Nexo inútil entre o que sou e quem sou,
Metafísica falsa das sensações mortas...
Não quero nada. Sou um mendigo cego que vou
Batendo, numa vila deserta, a todas as portas...

13-5-1932

1 Variante sobreposta: «Verde é louro.».
2 Variante subposta: «e sentir sem o pensar.».

100

Loura e parece que esguia
Cose, dobrada, à janela.
Se eu fosse outro pararia
E falaria p'ra ela.[1]

Mas seja o tempo ou o acaso
Seja a sorte interior,
Olho mas não faço caso
Ou não faz caso o amor.

Mas não me sai da memória
A janela e ela, e eu
Que se fora outro na história
Mas o outro nunca nasceu…

18-5-1932

101

Passa no sopro *de*[2] aragem
Que um momento a levantou,
Um vago anseio de viagem,
Que o coração me toldou.

Será que em seu movimento
A brisa lembra a partida,
Ou que a largueza do vento
Lembra o ar livre da vida?

Não sei, mas subitamente
Sinto a tristeza de estar
O sonho triste que há rente
Entre sonhar e sonhar.[3]

19-5-1932

1 Variante subposta: «Chegava à fala com [ela.]».
2 Variante sobreposta: «da».
3 No cimo da página, a frase «O peso de haver o mundo.», separada do poema por um traço horizontal.

102

Chuva? Gotas como bagos,
Dispersas, dando no chão,
Sem aqueles bons afagos
Que a chuva faz sem estragos,
Lágrimas sem coração...

Chuva? Não. Tormenta falha.
Trovoada que o não foi.
É como quando a alma ralha
Com a sorte que lhe calha,
E nem a sorte lhe dói.

Chuva? O meu desassossego...
A intranquilidade inerte
Que me torna quem me nego...
Chuva? Entorpeço e renego.
Que mágoa em mim me converte?

20-5-1932

103

Há quase um ano não escrevo.
Pesada, a meditação
Torna-me alguém que não devo
Interromper na atenção.

Tenho saudades de mim,
De quando, de alma alheada,
Eu era não ser assim,
E os versos vinham de nada.

Hoje penso quanto faço,
Escrevo sabendo o que digo...
Para quem desce do espaço
Este crepúsculo antigo?

23-5-1932

104

Furia *nas trevas*[1] o vento
Num grande som de alongar.
Não há no meu pensamento
Senão não poder parar.

Parece que a alma tem
Treva onde sopre a crescer
Uma loucura que vem
De querer compreender.

Raiva nas trevas o vento
Sem se poder *despegar.*[2]
Estou preso ao meu pensamento
Como o vento preso ao ar.

23-5-1932

105

A morte é a curva da estrada,
Morrer é só não ser visto.
Se escuto, eu te oiço a passada
Existir como eu existo.

A terra é feita de céu.
A mentira não tem ninho.
Nunca ninguém se perdeu.
Tudo é verdade e caminho.

23-5-1932

1 Variante sobreposta: «na noite».
2 No testemunho autógrafo, variante entre parênteses: «libertar.».

106

Quem bate à minha porta
Tão insistentemente
Saberá que está morta
A alma que em mim sente?

Saberá que eu a velo
Desde que a noite é entrada
Com o vácuo e vão desvelo
De quem não vela nada?

Saberá que estou surdo?
Porque o sabe ou não sabe,
E assim bate, ermo e absurdo,
Até que o mundo acabe?

23-5-1932
Revista de Portugal, vol. 1, nº 4, Coimbra, Julho de 1938

107

Lembro-me ou não? Ou sonhei?
Flui como um rio o que sinto.
Sou já quem nunca serei
Na certeza em que me minto.

O tédio de horas incertas
Pesa no meu coração.
Paro ante as portas abertas
Sem escolha nem decisão.

13-6-1932

108

Basta pensar em sentir
Para sentir sem pensar.
Meu coração faz sorrir
Meu coração a chorar.
Depois de parar e andar
Depois de ficar e ir,
Hei-de ser quem vai chegar
Para ser quem quer partir.

Viver é não conseguir.

14-6-1932

109

Como nuvens pelo céu
Passam os sonhos por mim.
Nenhum dos sonhos é meu
Embora eu os sonhe assim.

São coisas no alto que são
Enquanto a vista as conhece
Depois são sonhos que vão
Pelo campo que arrefece.

Símbolos? Sombras? Quem torna
Meu coração ao que foi?
Que dor *de*[1] mim me transtorna?
Que *coisa inútil*[2] me dói?[3]

17-6-1932

1 Variante subposta: «em».

2 Preferi a variante subposta à expressão incompleta «vaga □», que está na linha corrida.

3 Os dois últimos versos estão dubitados.

110

Bendito galo que cantas
Da noite que vai ser dia!
Parece que me levantas
Do ser meu em que *eu*[1] jazia.

Teu grito estrídulo e puro
É a manhã antes dela.
Graças a Deus[2] há futuro!
Brilha mal a última estrela.

Renovas, graças a Deus,
Teu som prolongado e claro.
Clareia a orla dos céus.
Porque penso? Porque paro?

19-6-1932

111

O sono é suave, mas o meio-sono
É mais suave ainda. Estar sabendo
Que se está nesse lúcido abandono
É como a brisa à sombra se entretendo.

O amor é suave, mas o amar-talvez
É mais suave ainda. É como estar
Sobre a extensão alegre de um convés
A fitar sem os ver o céu e o mar.

A vida é suave, mas poder haver
Outra melhor é mais suave ainda.
É como entre a erva alta o malmequer
Que, uma vez visto, todo o campo alinda.

Assim, sob altos ramos rumorosos
Pensei, e a breve e incerta viração

---

1 Opcional.

2 Variante sobreposta: «Ainda bem que».

Dava-me pensamentos mais ditosos
Do que quaisquer felicidades dão.

Pouco sabemos do que há ou somos.
Nada sabemos do que nos espera.
Para uns a vida é a fruta, *com*[1] seus gomos.
Para outros é só a primavera.

29-6-1932

112

Ah, feliz quem não pensa, porque a vida,
Pois que é parente seu, lhe dá guarida!
Feliz quem faz de bicho, pois que o é!
Quanto a ter crenças, antes ter só fé,
Que é não saber quem se é nem que se quer.
Ah, feliz quem não pensa, pois que é um ser.
Visto que ser é estar no espaço e dar
Consciência a um lugar.

29-6-1932

113

Porque sou tão triste ignoro
Nem porque subis em mim
Lágrimas que eu choro assim;
Desde menino vos choro
E *ainda*[2] não vos achei fim.

28-7-1932

---

1 Variante subposta: «ou os».

2 A vogal inicial é opcional.

114

Quando já nada nos resta
É que o mudo sol é bom.
O silêncio da floresta
É *feito de*[1] sons sem som.

Basta a brisa p'ra sorriso.
Entardecer é quem esquece,
Dá nas folhas o impreciso,
E mais que o ramo estremece.

Ter tido esperança fala
Como quem conta a cantar.
Quando a floresta se cala
Não se ouviu nada calar.[2]

9-8-1932

115

A aranha do meu destino
Faz teias de eu não pensar.
Não soube o que era ser menino.
Sou adulto sem o achar.

É que a teia, de eåspalhada,
Apanhou-me o querer ir...
Sou uma vida baloiçada
Na consciência de existir.

A aranha da minha sorte
Faz teia de muro a muro...
Sou presa do meu suporte.[3]

10-8-1932

---

1 Variante subposta: «de muitos».
2 Variante subposta: «Fica a floresta a falar.».
3 É admissível que o poema tenha ficado incompleto.

116

Ah, só eu sei
Quanto dói meu coração
Sem fé nem lei,
Sem *melodia*[1] nem razão.

Só eu, só eu,
E não o posso dizer
Porque sentir é como o céu
Vê-se, mas não há nele que ver.

10-8-1932

117

No meu sonho estiolaram
As maravilhas de ali.
No meu coração secaram
As lágrimas que sofri.
Mas os que amei não acharam
Quem eu era, se era em si,
E a sombra veio e mataram
Quem fui e nunca senti.

10-8-1932.

118

Lâmpada deserta,
No átrio sossegado
Há sombra desperta
Onde se ergue o estrado.

1 Palavra dubitada.

No estrado está posto
Um caixão floral.
No átrio está exposto
O corpo fatal.

Não dizem quem era
No sonho que teve.
E a sombra que o espera
É a vida em que esteve.

10-8-1932

119

O sol doirava-te a cabeça loura
És morta. Eu vivo. Ainda há mundo e aurora.[1]

10-8-1932

120

Ah como incerta, na noite *quente,*[2]
De uma longínqua tasca vizinha
Certa[3] ária *antiga*[4], subitamente,
Me faz saudades do que as não tinha.

A ária é antiga? É-o a guitarra.
Da ária mesma não sei, não sei.
Sinto a dor-sangue, não vejo a garra,
Não choro, e sinto que já chorei.

---

1 No início da página, o verso «Aquele peso em mim – meu coração.» poderá ser acrescentado ou apenas um verso avulso.

2 Variante sobreposta: «em frente,».

3 Variante sobreposta: «Uma».

4 Palavra dubitada.

Qual o passado que me *tiraram?*[1]
Nem meu nem de outro, é só passado:
Todas as coisas que já morreram
A mim e a todos, no mundo andado.

É o tempo, o tempo que leva a vida
Que chora e choro na *ária*[2] triste.
É a mágoa, a queixa mal-definida,
De quanto existe, só porque existe.[3]

14-8-1932

121

Ia[4] elegante, depressa,
Sem pressa e com um sorriso,
E eu, que sinto co'a cabeça,
Fiz logo o poema preciso.

No poema não falo dela
Nem como, adulta menina,
Vira[5] a esquina daquela
Rua que é a eterna esquina...

No poema falo do mar,
Descrevo as ondas e a mágoa.
Leio-o e fico a relembrar[6]
E uma figura a *virar*[7]
A[8] esquina chora-me na água.

14-8-1932

---

1 Variantes sobrepostas: «não deram» e «trouxeram».

2 Variante sobreposta: «noite».

3 No início do poema, a indicação «Lisboa», que sugere não propriamente um título, mas a intenção de o inserir numa série prevista de «Poemas de Lisboa».

4 Variante sobreposta: «Vinha».

5 Variante sobreposta: «Virava».

6 Variantes para o verso: sobreposta: «Relê-lo faz-me lembrar»; na margem direita: «Releio-o e vejo a lembrar,».

7 Variante sobreposta: «espumar».

8 Variantes: sobreposta: «Na»; subposta: «Da».

122

Lá fora onde árvores são
O que se mexe a parar
Não vejo nada senão,
Depois das árvores, o mar.

É azul intensamente,
Salpicado de luzir,
E tem na onda indolente
Um suspirar de dormir.

Mas nem *durmo eu nem o mar.*[1]
A ambos, nós, *no dia brando,*[2]
Uma alheia força impele.
E ele sossega a avançar
E eu não penso e estou pensando.

14-8-1932

123

Nada que sou me interessa.
Se existe em meu coração
Qualquer coisa que tem pressa
Tem[3] pressa em vão.

Nada que sou me pertence.
Se existe em quem me conheço
Qualquer coisa que me vence
Depressa a esqueço.

Nada que sou eu serei.
Sonho, e se existe em meu ser
Um sonho do que terei
Sei que o não hei-de ter.

24-8-1932

1 Preferi a variante sobreposta, mais conforme a rima, ao texto na linha corrida: «eu durmo nem ele.».
2 Pela mesma razão, optei neste verso pela variante sobreposta, rejeitando «no mesmo dia,».
3 Variante sobreposta: «Terá».

124

Minhas mesmas emoções
São coisas que me acontecem.

31-8-1932

125

Depois que o som da treva, que é não tê-lo,
Passou, nuvem obscura, sobre o vale
E uma brisa afastando meu cabelo
Me diz que fale, ou me diz que cale,

A nova claridade veio, e o sol
Depois, ele mesmo, e tudo era verdade.
Mas quem me deu sentir e a sua prole?
Quem me vendeu nas hastas da vontade?

Nada. Uma nova obliquação da luz,
Interregno factício onde a erva esfeia.
E o pensamento inútil se conduz

Até saber que nada vale ou pesa,
E não sei se isto me ensimesma ou alheia.
Não sei se é alegria ou se é tristeza.

13-9-1932

126

Rala cai chuva. O ar não é escuro. A hora
Inclina-se na haste; e depois volta.
Que bem a fantasia se me solta!
Com que vestígios me descobre agora.

Tédio dos interstícios, onde mora
A fuga do lagarto... O muro escolta
A minha eterna angústia da revolta
E esse muro sou eu e o que em mim chora.

Não digas nada, pois te ignorei cativo...
Teus olhos lembram o que querem ser,
Murmúrio de águas sobre a praia, e o esquivo

Langor do poente que me faz esquecer.
Que real que és! Mas eu, que vejo e vivo,
Perco-te, e o som do mar faz-te perder.

13-9-1932

127

Casa de campo, quarto sobre a estrada;
Noite não alta, mas deitei-me. Entreouço
Próximos guizos, carro, ou cavalgada.
Sonolento, remoço.

Mas bate-me, entre o sonho, o coração.
Quando eu morrer não *faltarão*[1] na estrada
(*Minha mesma dormente confusão!*)[2]
Guizos, e o carro, ou cavalgada.

21-9-1932

1 O poeta encarou usar o verbo no singular.
2 Variante subposta: «(Ó meu não despertar da [confusão!])».

128

Oscila o incensório antigo
Em fendas e ouro ornamental.
Sem atenção, absorto sigo
Os passos lentos do ritual.

Mas são os braços invisíveis
E são os cantos que não são
E *o incensório*[1] de outros níveis
Que vê e ouve o coração.

Ah, sempre que o ritual acerta
Seus passos e seus ritmos bem,
O ritual que não há desperta
E a alma é o que é, não o que tem.

Oscila o incensório visto,
Ouvidos cantos estão no ar,
Mas o ritual a que eu assisto
É outro que este faz lembrar.[2]

No grande Templo antenatal,
Antes de vida e alma e Deus...
E o xadrez do chão ritual
É o que é hoje a terra e os céus...

22-9-1932

129

Quase anónima sorris
E o sol doura o teu cabelo.
Porque é que, p'ra ser feliz,
É preciso não sabê-lo?

23-9-1932

---

1 O poeta encarou também usar «incensório» no plural.

2 Variante subposta, entre parênteses: «[É] um ritual de relembrar.».

130

Oiço sem ver, e assim, entre o arvoredo,
Vejo ninfas e faunos entremear
As árvores que fazem sombra ou medo
E os ramos que sussurram de eu olhar.

Mas que foi que passou? Ninguém o sabe.
Desperto, e ouço bater o coração –
Aquele coração em que não cabe
O que fica da perda da ilusão.

Eu quem sou, que não sou meu coração?

24-9-1932

131

Quem me diz que sou quem julgo?
Os doidos é que estão certos.
Por bem ou mal, não promulgo...
Mas quem dera ter abertos

Os ouvidos ao segredo
Da fantasia que engana
E ser quem não se é sem medo
Segundo a maneira humana!

Todos sabem a verdade
Menos eu, que a procurei
Com tanta sinceridade!

[26-9-1932]

132

Cansa sentir quando se pensa.
No ar da noite a madrugar
Há uma solidão imensa
Que tem por corpo o frio do ar.

Neste momento insone e triste
Em que não sei quem hei-de ser,
Pesa-me o informe real que existe
Na noite antes de amanhecer.

Tudo isto me parece tudo.
E é uma noite a ter um fim
Um negro astral silêncio surdo
E não poder viver assim.[1]

9-11-1932 (a.m.)

133

Não meu, não meu é quanto escrevo.
A quem o devo?
De quem sou o arauto nado?
Porque, enganado,
Julguei ser meu o que era meu?
Que outro mo deu?
Mas, seja como for, se a sorte
For eu ser morte
De uma outra vida que em mim vive,
Eu, o que estive
Em ilusão toda esta vida
Aparecida,
Sou grato *Ao que do pó que sou*
Me levantou.[2]

9-11-1932 (a.m.)

1 Variante, entre parênteses, para a última estrofe: «Tudo isto me parece tudo. / Mas noite, frio, negror sem fim, / Mundo mudo, silêncio mudo – / Ah, nada é isto, nada é assim!».

2 Variante subposta, entre parênteses, no final do poema: «Ao de quem sou, erguido pó, / Símbolo só.». O poeta acrescentou, entre parênteses, dois versos como possível fecho do poema: «E me fez nuvem um momento / De pensamento.».

134

Supõe que morres amanhã.
Que olhar hoje, na despedida,
Darás a esta coisa, vã
Subitamente, que é a vida?

Terás um súbito desejo
De ter o mundo todo a encher,
Feroz[1] do limitado ensejo,
O momento último[2] de ver.

Pois isso faze: assim, raivoso,
De toda a ampla glória vã
Do mundo embriaga o olhar nervoso.
Morres deveras amanhã.

27-11-1932

135

Sorriso audível das folhas,
Não és mais que a brisa ali.
Se eu te olho e tu me olhas,
Quem primeiro é que sorri?
O primeiro a sorrir ri.

Ri, e olha de repente,
Para fins de não olhar,
Para onde nas folhas sente
O som do vento passar.
Tudo é vento e disfarçar.

Mas o olhar, de estar olhando
Onde não olha, voltou;
E estamos os dois falando
O que se não conversou.
Isto acaba ou começou?

27-11-1932

---

1 Variante, a seguir, entre parênteses: «Fera».

2 Entre as palavras «último» e «de» existe um ponto e vírgula, embora tão esbatido que não se percebe se foi ou não intencional.

136

A roupa estendida ao vento
Parece gente a viver
Move-se em gestos sem tento
Perante o[1] meu pensamento
Que não sabe senão ver.[2]

Mas[3] o que fazem no mundo
Os homens nos gestos seus
Nada é mais firme ou profundo
Que *este*[4] ar nas roupas ao fundo
Dos grandes quintais de Deus.[5]

E eu no meu solene estudo
De como as coisas não são,
No qual compreendo tudo,
Vejo o branco agitar mudo
Da roupa sem coração.[6]

E lembro, por diferença,
A semelhança que há
Entre a agitação intensa
Da roupa livre e suspensa
E aquela em que o homem está.

Ao sol e ao vento da vida
Livre e preso sob os céus
Oscila, coisa movida,
Mas é só roupa estendida
Nos grandes quintais de Deus.

7-12-1932

---

1 Variante sobreposta: «E acena ao».

2 Variante subposta: «Que está dormindo de [ver].».

3 Variante sobreposta: «Ah,».

4 Variante sobreposta: «um».

5 Variante sobreposta a «de Deus»: «nos céus». Variante subposta, entre parênteses, para todo o verso: «Dos quintais que há sob os céus.».

6 De três versões desta estrofe, optei pela única completa [61A-24r]. As outras são: «Por isso eu, que sempre estudo / *Em cada coisa outra coisa* [variante sobreposta: "Em tudo o que ele não é] / E assim compreendo tudo / □"» [61A-24ar] e «E eu, que olho, porque estudo / Em tudo que ele não é / E assim compreendo tudo, / Olho os quintais onde mudo / □» [61A-24r].

137

Nesta vida, em que sou meu sono,
Não sou meu dono,
Quem sou é quem me ignoro e vive
Através desta névoa que sou eu
Todas as vidas[1] que eu outrora tive.
Mar sou; baixo marulho ou alto rujo,
Mas minha cor vem do meu alto céu,
E só me encontro quando de mim fujo.

Quem quando eu era infante me guiava
Senão a vera alma que em mim estava?
Atada pelos laços corporais,
Não podia ser mais.
Mas, certo, um gesto, olhar ou esquecimento
Também, aos olhos de quem bem olhasse,
A Presença Real sob o disfarce
Da minha alma prescruto sem intento.

Não sou quem sou. Sou o emissário meu.
Não me conheço □

Sou Deus onde sou eu, aqui não sou.

Vejo passar os barcos pelo mar,
Suas velas, como asas do que vejo,
Trazem-me um vago e *nítido*[2] desejo
De ser quem fui, sem eu saber que foi.
Por isso tudo lembra o meu ser lar,
E porque o lembra quanto sou me dói.

11-12-1932

---

1 Variante subposta: «Numa só vida».

2 Palavra dubitada.

138

Vai pela estrada que na colina
É um risco branco na encosta verde –
Curva[1] que em arco *se ergue*[2] e declina
E, sem que iguale, se à vista perde –,

A cavalgada, formigas cores,
De gente grande que aqui passou.
Eram dois sexos multicolores
E riram muitos por onde estou.

Por certo alegres assim prosseguem.
Quem porém sabe se o não sou mais –
Eu, só de vê-los e como seguem;
Eu, só de achá-los todos iguais?

Eles para eles são um ou outro:
P'ra mim são todos – a cavalgada –,
Numa alegria, distante e neutro,
Que a nenhum deles pode ser dada.

Os sentimentos não têm medida,
Nem, de uns para outros comparação.
Vai já na curva que é a descida
A cavalgada meu coração.

15-12-1932

139

Vi passar, num mistério concedido,
Um cavaleiro negro e luminoso
Que, sob um grande pálio rumoroso,
Seguia lento com o seu sentido.

1 Variante ao lado: «risco».
2 Variante sobreposta: «sobe».

Quatro figuras que lembrando olvido
Erguiam alto as varas, e um lustroso
Torpor de luz dormia tenebroso
Nas dobras desse pano estremecido.

Na fronte do vencido ou vencedor
Uma coroa pálida de espinhos
Lhe dava um ar de ser rei e senhor.

16-12-1932

140

Eu sou uma antologia.
Escrevo tão diversamente
Que, pouca ou muita a valia
Dos poemas, ninguém diria
Que o poeta é um somente.

Assim deve ser – *qualquer,*[1]
Enfim porque[2] já o seja –
Pode ser um, porque o é.
O poeta deve ser
Mais do que um, para poder.

Depois para si o poeta
Deve ser poeta também.
Se ele não tem a completa
Diversidade
Não é poeta, é só alguém...

Eu, graças a Deus, não tenho
Nenhuma individualidade.
Sou como o mundo.[3]

17-12-1932

1 Na linha corrida, a palavra «talvez». Optei pela variante subposta, por causa da rima.
2 Variante subposta: «Para que».
3 Aparentemente, o poema terá ficado incompleto: a última estrofe não mantém nem a rima nem o mesmo número de versos das anteriores.

141

Ladram uns cães a distância
Cai uma tarde qualquer,
Do campo[1] vem a fragrância
De campo, e eu deixo de ver.

Meu sonho meio sonhado
Em que o campo transparece,
Está no ar, está a meu lado,
Ora me lembra ou me esquece.

E assim neste ócio profundo
Sem males vistos ou bens,
Sinto que todo este mundo
É um lugar onde ladram cães.

25-12-1932

142

Na erva brincam meninos.
Cobrem a erva a sorrir.
Mais tarde, ao som leve de sinos,
Já não há-de haver meninos
E[2] a erva é que os há-de cobrir.

Na brisa ligeira os vestidos
Das senhoras *a brincar.*[3]
Mas, vindo os fados temidos,
Hão-de vestir, sem sentidos,
O solo onde hão-de enterrar.

Na brisa rodam os risos.
São risos de quem existe.

---

1 Variante sobreposta: «Na brisa».
2 Palavra opcional.
3 Variante sobreposta: «falar.».

Mas nos seus tempos precisos
Hão-de dormir todos lisos
No mesmo chão verde e triste.

E tudo isso, que faz pena
Afinal só finge ser.
Não creias na erva serena
Nem na má terra morena.
Não chores. Não há morrer.

Todos os meninos ledos
E as senhoras a brincar
São para os deuses brinquedos.
Fazem-nos morrer por medos.
Durmam bem, que hão-de acordar.

26-12-1932

143

Por mais que tente, não me desembrulho.
Há qualquer coisa de confuso em mim.
Lá pela confusão não dar barulho,
Não quer dizer que lhe não seja afim.

Na noite informe ao luar brilha o jardim.
O mar ao longe dorme o seu marulho.
Que quieto é tudo! Como até o orgulho
De poder ser alguém aqui tem fim!

Como nesta nocturna quietação
Tudo se acalma e até se desconhece
No fundo ignoto do ermo coração.

Ah, com que quantidade tudo esquece!
Como tudo é silêncio e confusão
Onde só o som das árvores estremece!

31-12-1932

144

Leves véus velam, nuvens vãs, a lua.
Crepúsculo na noite..., e é triste ver,
Em vez da límpida amplitude nua
Do céu, a noite e o céu a escurecer.

A noite é húmida de conhecer,
Sem que humidade de água seja sua.

9-1-1933

145

Quero, terei –
Se não aqui,
Noutro lugar que inda não sei.
Nada perdi.
Tudo serei.

9-1-1933

146

Falamos de um e de outro modo,
E sempre □

Se nem comigo estou de acordo,
Como concordarei contigo?

9-1-1933

147

É um campo verde e vasto,
        Sozinho sem saber,
De vagos gados pasto,
        Sem águas a correr.

Só campos, só sossego,
        Só solidão calada.
Olho-o, e nada nego
        E não afirmo nada.

Aqui em mim me exalço
        No meu fiel torpor.
O bem é frouxo e falso,
        O mal é erro e dor.

Agir é não ter casa,
        Pensar é nada ter.
Aqui nem brisa ou asa
        Nem razão para a haver.

E um vago sono desce
        Só por não ter razão,
E o mundo alheio esquece
        À vista e ao coração.

Torpor que alastra e excede
        O campo e o gado e os ver.
E a alma nada pede
        E o corpo nada quer.

Feliz sabor de nada,
        Insciência do mundo,
Aqui sem ponte ou estrada,
        Nem horizonte ao fundo.

24-1-1933

148

Alhures a alma peca: o Inferno é o mundo,
Matéria e Forma o eterno fogo são –
Em que a Alma, que pecou no além profundo,
Cumpre[1] o degredo e *sofre*[2] a punição.
Eterno é o fogo, o mundo, eternas são
As penas dos que nele vão ao fundo.

29-1-1933

149

Deixei de ser aquele que esperava...
Isto é, deixei de ser quem nunca fui.
Entre onda e onda a onda não se cava,
E tudo, em seu conjunto, *dura*[3] e flui.

A seta dorme, inerme, na ampla aljava.
O presente é[4] futuro cria e imbui.
Se os mares erguem sua fúria brava
É que a futura paz seu ritmo obstrui.

Tudo depende do que não existe.
Por isso meu ser mudo se converte
Na própria semelhança austera e triste.

Nada me explica. Nada me pertence.
E sobre tudo a lua alheia verte
A luz que tudo usurpa e nada vence.[5]

10-2-1933

1 Variante sobreposta: «Sente».
2 Variantes subpostas: «dura; vive».
3 Variante sobreposta: «baixa».
4 Segue-se a palavra opcional «ao», que omiti.
5 Verso dubitado.

150

Às vezes a chuva é sol,
Quando clara se desata
Em poeira dura de prata
De nuvens claras sem sol.

Então dá calma e alegria
E tanto faz o chover
Como haver *luz*[1] a encher
O céu azul de alegria.

A tristeza às vezes é
Uma alegria que nasce
Sob o acaso de um disfarce,
E é isso que a vida é.

4-3-1933

151

Quem bate à porta de eu ser
Sem que eu saiba qual a porta?
Vou começar a saber?
Vou saber que vive morta
A esperança de querer?

Nada. Quem bate não bate,
E quem está não pode estar.
É inútil o rebate,
Pois no xadrez quando há mate,
Acaba,[2] mas sem matar.

4-3-1933

1 Variante sobreposta: «sol».
2 Variante subposta: «Matou-se».

152

Sim, ninguém me compreende.
Pior se compreendesse!
Ninguém a ninguém entende,
Porque se alguém se entendesse,
A alma seria um duende[1]

4-3-1933

153

Na noite em que não durmo
Não dorme
O relógio também.
Pus na alma esvurmo.[2]
É enorme
O que a treva contém.

Podridão da alma, moribundo
Do que me julguei ser,
Ouço o mundo.
É um vento surdo e fundo,
Que do abismo profundo
Vela o meu morrer.

Indiferente assisto
Ao cadaverizar
Do que sou.
Em que alma ou corpo existo?
Vou dormir ou despertar?
Onde estou se não estou?

Nada. É, na treva onde fala
O relógio fatal,
Uma grande, anónima sala,

---

1 O autor não pôs ponto final: é possível que o poema tenha ficado incompleto.
2 [*sic*].

Uma grande treva onde se cala,
Um grande bem que sabe a mal,
Uma vida que se desiguala,
Uma morte que não sabe a que é igual.

13-3-1933

154

Isto

Dizem que finjo ou minto
Tudo que escrevo. Não.
Eu simplesmente sinto
Com a imaginação.
Não uso o coração.

Tudo que sonho ou passo,
O que me falha ou finda,
É como que um terraço
Sobre outra coisa ainda.
Essa coisa é que é linda.

Por isso escrevo em meio
Do que não está ao pé,
Livre do meu enleio,
Sério do que não é.
Sentir? Sinta quem lê!

Revista *presença*, ano 7, vol. 2, nº 38, Abril de 1933

155

Vai alta a nuvem que passa
Branca, desfaz-se a passar,
Até que parece no ar
Sombra branca que esvoaça.

Assim no pensamento
Alta vai a intuição,
Mas desfaz-se em sonho vão
Ou em vago sentimento.

E se quero recordar
O que foi nuvem ou sentido
Só vejo alma ou céu despido
Do que se desfaz no ar.

15-6-1933

156

O piano *noutro*[1] andar
Tem sempre um som magoado...
Sem querer, faz-me lembrar,
Com saudade, o passado.

Não um passado *que houvesse,*[2]
Pelo piano repetido,[3]
Mas um que *só entristece*[4]
Sem que tivesse existido.[5]

É um passado absoluto,
Abstracto, de toda a gente.
Penso ou cismo? Sonho ou escuto?
Sinto ou alguém em mim sente?

---

1 Variante sobreposta: «doutro».
2 Variante sobreposta: «auditivo».
3 Variante sobreposta para o verso: «Que o piano repetisse,».
4 Variante sobreposta: «nunca foi vivo».
5 Variante sobreposta para o verso: «E só agora existisse.».

Porque é que, sem nexo ou jeito,
Fala este som casual
Ao coração imperfeito,
À sensação desigual?

Não sei. Mas surge do fundo
Do meu ser desconhecido
Um tédio de haver o mundo,
Um horror a ter vivido.

24-6-1933

157

A novela inacabada,
Que o meu sonho completou,
Não era de rei ou fada,
Mas era de quem não sou.

Para além do que dizia
Dizia eu quem não era...
A primavera floria
Sem que houvesse primavera.

Lenda da sombra que vivo,
Perdida por eu sonhar...
Mas quem me arrancou o livro
Que eu quis ter sem acabar?[1]

18-7-1933

1 Variante subposta: «Livro que quis para ter / E nunca para acabar.».

158

I

Sim, farei...; e hora a hora passa o dia...
Farei, e dia a dia passa o mês...
E eu, cheio sempre só do que faria,
Vejo que o que faria se não fez,
De mim mesmo em inútil nostalgia.

Farei, farei... Anos os meses são
Quando são muitos – anos, toda a vida,
Tudo... E sempre a mesma sensação
Que qualquer coisa há-de ser conseguida,
E sempre *quieto*[1] *o pé e inerte*[2] a mão...

Farei, farei, farei... Sim, qualquer hora
Talvez me traga o esforço e a vitória,
Mas será só se m'os trouxer de fora.
Quis tudo – a paz, a *ilusão,*[3] a glória...
Que obscuro absurdo na minha alma chora?

II

Farei talvez um dia um poema meu,
Não qualquer coisa que, se eu a analiso,
É só a teia que se em mim teceu
De tanto alheio e anónimo improviso
Que ou a mim ou a eles esqueceu...

Um poema próprio, em que me vá o ser,
Em que eu diga o que sinto e o que sou,
Sem pensar, sem fingir e sem querer,
Como um lugar exacto, o onde estou,
E onde me possam como sou me ver.

---

1 Variante na linha, entre parênteses: «quedo».
2 Variante na linha, entre parênteses: «queda».
3 Variante na linha, entre parênteses: «sensação».

Ah, *mas quem pode ser quem é?*[1] Quem sabe
Ter a alma que tem? Quem é quem é?
Sombras de nós, só reflectir nos cabe.
Mas reflectir, ramos irreais, o quê?
Talvez só o vento que nos fecha e abre.

III

Sossega, coração! Não desesperes!
Talvez um dia, para além dos dias,
Encontres o que queres porque o queres.
Então, livre de falsas nostalgias,
Atingirás a perfeição de seres.

Mas pobre sonho o que só quer não tê-lo!
Pobre esperança a de existir somente!
Como quem passa a mão pelo cabelo
E em si mesmo se sente diferente,
Como faz mal ao sonho o concebê-lo!

Sossega, coração, contudo! Dorme!
O sossego não quer razão nem causa.
Quer só a noite plácida e enorme,
A grande, universal, solene pausa
Antes que tudo em tudo se transforme.

2-8-1933

159

Todas as coisas que há neste mundo
Têm uma história,
Excepto[2] estas rãs que coaxam no fundo
Da minha memória.

---

1 Variante sobreposta: «poderei ser quem sou?».

2 Variante na linha, entre parênteses: «salvo».

Qualquer lugar neste mundo tem
Um onde estar,
Salvo este charco de onde me vem
Esse coaxar.

Ergue-se em mim uma lua falsa
Sobre juncais,
E o charco emerge, que o luar realça
Menos e mais.

Onde, em que vida, de que maneira
Fui o que lembro
Por este coaxar das rãs na esteira
Do que deslembro?

Nada. Um silêncio entre juncos dorme.
Coaxam ao fim
De uma alma antiga que tenho enorme
As rãs sem mim.

13-8-1933

160

Passa uma nuvem pelo sol.
Passa uma pena por quem vê.
A alma é como um girassol:
Vira-se ao que não está ao pé.

Passou a nuvem; o sol volta.
A *alegria*[1] girassolou.
Pendão latente de revolta,
Que hora maligna te enrolou?[2]

14-8-1933

1 Palavra dubitada.

2 Ao lado destes dois versos, Pessoa anotou «*later*» [mais tarde], supostamente na intenção de posteriormente os rever.

161

Entre o luar e a folhagem,
Entre o sossego e o arvoredo,
Entre o ser noite e haver aragem
Passa um segredo.
Segue-o minha alma na passagem.

Ténue lembrança ou saudade,
Princípio ou fim do que não foi,
Não tem lugar, não tem verdade,
Atrai e dói.
Segue-o meu ser em liberdade.

Vazio encanto ébrio de si,
Tristeza ou alegria o traz?
O que sou dele a quem sorri?
Nada é nem faz.
Só de segui-lo me perdi.

19-8-1933

162

Nuvens sobre a floresta...
Sombra com sombra a mais...
Minha tristeza é esta –
A das coisas reais.

A outra, a que pertence
Aos sonhos que perdi,
Nesta hora não me vence;
Se a há, não a há aqui.

Mas esta, a do arvoredo
Que o céu sem luz invade,
Faz-me receio e medo...
Quem foi minha saudade?

21-8-1933

163

Oiço, como se o cheiro
De flores me acordasse...
É música – um canteiro
De influência e disfarce.

Impalpável lembrança,
Sorriso de ninguém,
Com aquela esperança
Que nem esperança tem...

Que importa, se sentir
É não se conhecer?
Oiço, e sinto sorrir
O que em mim nada quer.

21-8-1933

164

Dá-me a verdade: dou-te a vida.
A vida esquece como a água passa,
E é coisa morta a coisa que é esquecida.
Dá-me a verdade!
Como o que nunca foi, a vida esvoaça.

Ter o que é certo nas incertas mãos!
Saber bem o que nunca pode ser!
Tudo isto nos faz ermos e irmãos
Do nada que nós somos.
Dá-me poder sentir, saber querer!

Instante inútil entre ser e estar,
Momento vácuo entre sonhar ou não,
Tudo isto pode ser e não ficar.
Dá-me a verdade!
Mas deixa-me a mentira ao coração!

27-8-1933

165

No sono antes do sono,
No sonho sem sonhar,
Passam em abandono
Sombras, formas sem dono,
Que surgem a acabar.

É um mito do *interlúdio*[1]
Que há entre a vida e a vida.
Meu mal sonhar *ilude-o.*[2]
Minha dor esquecida[3]
Não sabe quem a olvida.

E, assim, entre entre e entre,
Dos sonhos que vou tendo,
Como um japão excentre,
Abro a sorrir o ventre,
E morro, o ventre vendo.

30-8-1933

166

Não sei se é sonho, se realidade,
Se uma mistura de sonho e vida,
Aquela terra de suavidade
Que na ilha extrema do sul se olvida.
É a que ansiamos. Ali, ali
A vida é jovem e o amor sorri.

Talvez palmares inexistentes,
Áleas longínquas sem poder ser,
Sombra ou sossego dêem aos crentes
De que essa terra se pode ter.

---

1 Variante sobreposta: «intervalo».
2 Variante na linha: «é ralo.».
3 Variante ao lado: «A dor *onde* [variante: "de que"] resvalo».

Felizes, nós? Ah, talvez, talvez,
Naquela terra, daquela vez.

Mas já sonhada se desvirtua,
Só de pensá-la cansou pensar.
Sob os palmares, à luz da lua,
Sente-se o frio de haver luar.
Ah, nesta terra também, também
O mal não cessa, não dura o bem.

Não é com ilhas do fim do mundo,
Nem com palmares de sonho ou não,
Que cura a alma seu mal profundo,
Que o bem nos entra no coração.
É em nós que é tudo. É ali, ali,
Que a vida é jovem e o amor sorri.

30-8-1933

167

Aqui onde se espera
– Sossego, só sossego –
Isso que outrora era,

Aqui onde, dormindo
– Sossego, só sossego –
Se sente a noite vindo,

E nada importaria
– Sossego, só sossego –
Que fosse antes o dia,

Aqui, aqui estarei
– Sossego, só sossego –
Como no exílio um rei,

Gozando da ventura
– Sossego, só sossego –
De não ter a amargura

De reinar, mas guardando
– Sossego, só sossego –
O nome venerando...

Que mais quer quem descansa
– Sossego, só sossego –
Da dor e da esperança,

Que ter a negação
– Sossego, só sossego –
De todo o coração?[1]

31-8-1933

168

Que linda é quem não és!
Teu anonimato vivo
Dorme, da cabeça aos pés,
Teu corpo, de ti cativo.

Teu corpo é teu prisioneiro.
Vive na cela de ti.
Íntegro, móbil, inteiro,
Ébrio de ti e de si.

És uma frase perfeita
De um livro escrito na vida.
E as vozes com que és eleita
Deixam-te falsa e esquecida.

Entre ti e o que és de bela
Grandes paisagens estão
□

Não existes como estás.
Existe-te uma intenção
Que teu lindo corpo traz
À tona da sensação.

---

1 Variante subposta: «Do que os desejos são?».

És uma alma em cuja vida
Puseram teu corpo a ser.
Essa beleza vivida
És tu, sem te pertencer.

Qualquer espírito alto
Serviu-se de haveres tu
Para esculpir no basalto
Do abismo teu corpo nu.

E assim olhas-me distante,
Mas não te olho. Vejo em ti
Não a alma flutuante
Que usas, mas teu corpo em si.

Bem podes usar em gozo
Do corpo que deram teu.
Fica sempre misterioso,
Filho da terra e do céu.

Não te pertence. Passou
Na terra como o que tem
Mais que tua alma sonhou.
Não vives, e ele é alguém.

2-9-1933

169

De além das montanhas,
De além do luar,
Vêm formas estranhas.
São gémeas do vento,
São só pensamento.
Mudam as entranhas
De as ouvir passar.

Cavalgada rindo,
Seu curso de além,
Tem vindo, tem vindo,
E tremem janelas,

Velam-se as estrelas,
E[1] os ramos, rugindo,
Falam como alguém.

Mas, súbito, aragem
Que perdeu o som,
Cessou a passagem
Do que tirou calma
Aos ramos e à alma.
Só se ouve a folhagem
Num sussurro bom.

E, abrindo a janela,
Contemplo, a mal ver,
Ao luar uma estrela
Tão vaga, tão vaga,
Que quase se apaga.
Quem sabe se *ela*[2]
Vai também levada,
Qual[3] tanta faltada,
Nessa cavalgada
Que passou sem ser?

5-9-1933

170

Tenho comigo
Duas saudades:
Um amor, um amigo;
Mas não são verdades.

Nenhuma me foi
Dada nesta vida,
Mas qualquer me dói
Só porque é sentida.

---

1 Conjunção opcional.

2 Variante na linha, entre parênteses: «aquela».

3 No lado esquerdo, entre parênteses, «Como». Fiz a escolha que o poeta deixou por fazer entre «Qual» e «Como», ambas as palavras apresentadas como variantes uma da outra.

Dói? Não sei. Parece...
Se até o que existe
E magoa esquece,
É poema o ser triste.

5-9-1933

171

Teu nome, esqueci-o.
Teu ser, o ignorei.
Teu amor, perdi-o.
Está bem? Não sei.
Mais tarde direi.

Nada, no momento
Em que existe, existe.
Só o pensamento
Dirá se persiste,
Se é alegre ou triste.

Bem sei que, sorrindo,
Sorriste a brincar...
Mas, em eu sentindo,
Tudo isso há-de estar
Em outro lugar.

5-9-1933

172

Redemoinha o vento,
Anda à roda o ar.
Vai meu pensamento
Comigo a sonhar.

Vai saber na altura
Como no arvoredo

Se sente a frescura
Passar alta a medo.

Vai saber de eu ser
Aquilo que eu quis
Quando ouvi dizer
O que o vento diz.

5-9-1933

173

Momento imperceptível,
Que coisa foste, que há
Já em mim qualquer coisa
Que nunca passará?

Sei que, passados anos,
O que isto é lembrarei,
Sem saber já o que era,
Que até já o não sei.

Mas, nada só que fosse,
Fica dele um ficar
Que será suave ainda
Quando eu *o não*[1] lembrar.

5-9-1933

174

Vai alto pela folhagem
Um rumor de pertencer,
Como se houvesse na aragem
Uma razão de querer.

1 Variante subposta: «nem o».

Mas, sim, é como se o som
Do vento no arvoredo
Tivesse um intuito, ou bom
Ou mau, mas feito em segredo,

E que, pensando no abismo
Onde os ventos são ninguém,
Subisse até onde cismo,
E, alto, alado, num vaivém

De tormenta comovesse
As árvores agitadas
Até que delas me viesse
Este mau conto de fadas.

5-9-1933

175

Quando as crianças brincam
E eu as oiço brincar,
Qualquer coisa em minha alma
Começa a se alegrar.

E toda aquela infância
Que não tive me vem,
Numa onda *de*[1] alegria
Que não foi de ninguém.

Se quem fui é enigma
E quem serei visão,
Quem sou ao menos sinta[2]
Isto no coração.

5-9-1933

1 Variante na linha, entre parênteses: «da».

2 Variante subposta, entre parênteses: «Que ao menos quem sou [sinta].».

176

Passos tardam na relva
Entre o luar e o luar.
Tudo é eflúvio e selva.
Sente-se alguém passar.

Passa, *pisando*[1] leve
O chão que o luar desmente,
Num pálido *hausto*[2] leve
De pisar levemente.

É elfo, é gnomo, é fada
A forma que ninguém vê?
Oiço:[3] não houve nada.
Sinto, e a saudade crê.

5-9-1933

177

O que me dói não é
O que há no coração
Mas essas coisas lindas
Que nunca existirão...

São as formas sem forma
Que passam sem que a dor
As possa conhecer
Ou as sonhar o amor.

São como se a tristeza
Fosse árvore e, uma a uma,
Caíssem suas folhas
Entre o vestígio e a bruma.

5-9-1933

---

1 Variante sobreposta: «sombreando».
2 Variante na linha, entre parênteses: «sopro».
3 Variante entre parênteses, ao lado: «Lembro:».

178

Porque é que um sono agita
Em vez de repousar
O que em minha alma habita
E a faz não descansar?

Que externa sonolência,
Que absurda confusão,
Me oprime sem violência,
Me faz ver sem visão?

Entre o que vivo e a vida,
Entre quem estou e sou,
Durmo numa descida,
Descida em que não vou.

E, num infiel regresso
Ao que já era bruma,
Sonolento me apresso
Para coisa nenhuma.

6-9-1933

179

Contemplo o que não vejo.
É tarde, é quase escuro,
E quanto em mim desejo
Está parado ante o muro.

Por cima o céu é grande;
Sinto árvores além;
Embora o vento abrande,
Há folhas em vaivém.

Tudo é do outro lado,
No que há e no que penso.
Nem há ramo agitado
Que o céu não seja imenso.

Confunde-se o que existe
Com o que durmo e sou.
Não sinto, não sou triste,
Mas triste é o que estou.

7-9-1933

180

Era um país de charcos,
Uma noite de juncos,
Sem luz, sem bem, sem barcos,
Sem *muros*[1] e sem marcos.

Como se, feito o mundo,
Aquilo ali ficasse
Excluído, infecundo,
Num silêncio profundo.

Silêncio? Não: há um ruído,
Um sussurro impossível,
Que se ouve sem ouvido,
Ouvido com o olvido...

Charcos *luzindo*[2] sós
Sem luar ou astro a dar-lhes
Esse brilho por voz.

E nós – quem somos nós?[3]

8-9-1933

---

1 Variante na linha, entre parênteses: «marcas».

2 Variante sobreposta: «noiteando».

3 Variante subposta, entre parênteses: «Meu Deus, quem somos nós?».

181

Que fiz da vida? Que fiz da vida?
Nem sei se nada,
Nem sei se aquela esp'rança perdida
Foi alcançada.

Porque, no incerto de tudo que há,
Ninguém me diz
Se é meu aquilo que tenho já
Ou sou feliz.

Nada: uma brisa que na folhagem
Passa, e em vão
Medito ou sonho se foi a aragem
Ou o coração.

11-9-1933

182

Entre o sono e o sonho,
Entre mim e o que em mim
É *o que*[1] eu me suponho,
Corre um rio sem fim.

Passou por outras margens,
Diversas mais além,
Naquelas *curvas*[2] viagens
Que todo rio tem.

Chegou onde *eu*[3] habito
A casa que hoje sou.
Passa, se eu me medito;
Se desperto, passou.

---

1 Variante sobreposta: «quem».
2 Variante sobreposta: «várias».
3 Variante sobreposta: «hoje».

E quem me sinto e morre
No que me liga a mim
Dorme onde o rio corre –
Esse rio sem fim.

11-9-1933

183

A morte chega cedo,
Pois breve é toda a vida
O instante é o arremedo
De uma coisa perdida.

O amor foi começado,
O ideal não acabou,
E quem tenha alcançado
Não sabe o que alcançou.

E a tudo isto a morte
Risca por não estar certo
No caderno da sorte
Que Deus deixou aberto.

11-9-1933

184

Repousa sobre o trigo
Que ondula um sol parado.
Não me entendo comigo.
Ando sempre enganado.

Tivesse eu conseguido
Nunca saber de mim,
Ter-me-ia esquecido
De ser esquecido assim.

O trigo mexe leve
Ao sol alheio e igual.
Como a alma aqui é breve
Com *o seu bem e*[1] mal!

12-9-1933

185

Tudo que faço ou medito
Fica sempre na metade.
Querendo, quero o infinito.
Fazendo, nada é verdade.

Que nojo de mim me fica
Ao olhar para o que faço!
Minha alma é lúcida e rica,
E eu sou um mar de sargaço –

Um mar onde bóiam lentos
Fragmentos de um mar de além...
Vontades ou pensamentos?
Não o sei e sei-o bem.

13-9-1933

186

A lavadeira no tanque
Bate roupa em pedra bem.
Canta porque canta, e é triste
Porque canta porque existe;
Por isso é alegre também.

Ora se eu alguma vez
Pudesse fazer nos versos

1 Variante subposta: «seu bem e seu».

O que a essa roupa ela fez,
Eu perderia talvez
Os meus destinos diversos.

Há uma grande unidade
Em, sem pensar nem razão,
E até cantando a metade,
Bater roupa em realidade...
Quem me lava o coração?

15-9-1933

187

Ó rapaz que deitas gatos,
Deitas gatos só em pratos,
Só em tachos e tigelas,
Ou deitas gatos também
Nas almas e no que há nelas
Que as quebras em mal e em bem?

Ah, se, por qualquer magia,
As tuas artes subissem
Àquela melhor mestria
De pôr gatos que se vissem
Nesta alma que se quebrou
No que sonho e no que sou!

Então... Qual então! Que tratos
Dei a um poema que surgiu!
Só consertas, só pões gatos
No inteiro que se partiu.
O que partido nasceu
Nem tu consertas nem eu.

15-9-1933

188

Talhei, artífice de um morto rito,
Na esmeralda de haver um mundo feito
Um brasão circunscrito
No anel em que é perfeito.

Fiz dele o símbolo de um prazer morto,
De um sonho por haver?
Não sei: a nau do sonho não tem porto
E é inútil querer.

Se isto não tem sentido, as rãs coaxam
O sentido que tem.
Vou ver se acho nos charcos onde as acham
Se afinal sou alguém.

15-9-1933

189

Há em tudo[1] que fazemos
Uma razão singular:[2]
É que não é o que qu'remos.[3]
Faz-se porque nós vivemos,
E[4] viver é não pensar.

Se alguém pensasse na vida,
Morria de pensamento.
Por isso a vida vivida
É essa coisa esquecida
Entre um momento e um momento.

---

1 Variante sobreposta: «Tudo aquilo».
2 Palavra dubitada: «razão». Variante na linha, para todo o verso: «Tem isto de [singular.]».
3 Variante ao lado: «Não é o que nós queremos.».
4 Variante subposta: «Que».

Mas nada importa que o seja
Ou que até deixe de o ser.
Mal é que a moral nos reja,
Bom é que ninguém nos veja;
Entre isso fica viver.

15-9-1933

190

Se eu, ainda que ninguém,
Pudesse ter sobre a face
Aquele clarão fugace
Que aquelas árvores têm,

Teria aquela alegria
Que as coisas têm de fora,
Porque a alegria é da hora;
Vai com o sol quando esfria.

Qualquer coisa me valera
Melhor que a vida que tenho –
Ter esta[1] vida de estranho
Que só do sol me viera!

16-9-1933

191

Tenho tanto sentimento
Que é frequente persuadir-me
De que sou sentimental,
Mas reconheço, ao medir-me,
Que tudo isso é pensamento,
Que não senti afinal.

---

1 Variante subposta: «Ah, essa».

Temos, todos que vivemos,
Uma vida que é vivida
E outra vida que é pensada,
E a única vida que temos
É essa que é dividida
Entre a verdadeira e a errada.

Qual porém é verdadeira
E qual errada, ninguém
Nos saberá explicar;
E vivemos de maneira
Que a vida que a gente tem
É a que tem que pensar.

18-9-1933

192

Há um homem que ninguém conhece,
Que ninguém sabe de onde vem,[1]
Mas não pergunta: vê-o e esquece.
Conhece-o quando vê que é esse
Indiferentemente bem.

É o qualquer sempre casual
Em qualquer rua ou avenida
Que seja para nós local,
A certas horas de subida
Ou de descida – é-nos igual.

E esse homem que constante vemos,
Que passa por nós sem que seja
Mais que alguém que não conhecemos
E que nunca conheceremos,
Que o qualquer que a alma veja,

1 Variante subposta, entre parênteses: «Que é qualquer homem que aparece,».

Quem diz que é só o transitório?
Quem diz que nele, o nulo, o inglório,
Não vai, vestido de ninguém,
Carnal o abismo do ilusório?
Pode ser Deus. Sabe-o alguém?

18-9-1933[1]

193

Ter pressa é não saber chegar.
Vou devagar.
Vou devagar porque o que é sorte,
E o que é morte,
Não as busco, não as evito,
Vêm-me buscar.
Por isso vou sob o infinito
Sem me apressar.

Se eu for depressa, nunca chego.
Devagar, vou
Com o meu ser e com sossego:
Existo, estou.

18-9-1933

194

Vem beber dois. Toda *a*[2] vida
É uma coisa sem nexo
Que só se sente bebida
Quando perde o nexo e o sexo.

Vem comigo conversar
Enquanto o vinho se esgota.

1 A seguir à data, o autor escreveu «(but begun before)» [mas começado antes].

2 Artigo opcional.

Que mais nos vale este estar
A morrer-nos, gota a gota?

Tudo é absurdo. Nada obriga.
E sobre esta confusão
É ponte o fio que liga
A taberna ao coração.

18-9-1933

195

A miséria do meu ser,
Do ser que tenho a viver,
Tornou-se uma coisa vista.
Sou nesta vida um qualquer
Que roda fora da pista.

Ninguém conhece quem sou.
Nem eu mesmo me conheço,
E, se me conheço, esqueço,
Porque não vivo onde estou.
Rodo, e o meu rodar apresso.

É uma carreira invisível,
Salvo onde caio e sou visto,
Porque cair é sensível
Pelo ruído imprevisto...
Sou assim. Mas isto é crível?

19-9-1933

196

Uns passos na relva...
São gnomos na selva...
Ouvem-se a distância
Ainda que perto.

É como a fragrância
Que vem do deserto.

Uns passos... Ouvi-os
Passar e não ser.[1]
São gnomos: senti-os.
São gnomos, *são eu.*[2]
Por ouvi-los vi-os...
Porque sou eu meu?[3]

Uns passos... Vão indo,
Sem se conhecer...
Vão indo ou vão vindo?
Não quero saber.
Quero só não ser,
Sonhando e sorrindo.

19-9-1933

197

Vão na onda militar
Os soldados a marchar
Com a banda a lhes tocar
O como têm que andar...

Vou na onda que é a vida
Com uma banda escondida
A tocar como hei-de estar
Entre essa marcha perdida.

Vou e durmo o meu caminho,
Como, no som do moinho,
Dorme o moleiro sozinho.
Durmo, mas sinto-me andar.

19-9-1933

---

1 Variante, ao lado: «Passar, não passar.».
2 Variante, ao lado: «[são] ar.».
3 Variante, ao lado: «[Porque] oiço a sonhar?».

198

Durmo. Se sonho, ao despertar não sei
Que coisas eu sonhei.
Durmo. Se durmo sem sonhar, desperto

Para um espaço aberto
Que não conheço, pois que despertei
Para o que inda não sei.
Melhor é nem sonhar nem não sonhar
E nunca despertar.

19-9-1933

199

Viajar! Perder países!
Ser outro constantemente,
Por a alma não ter raízes
De viver de ver somente!

Não pertencer nem a mim!
Ir em frente, ir a seguir
A ausência de ter um fim,
E da ânsia de o conseguir!

Viajar assim é viagem.
Mas faço-o sem ter de meu
Mais que o sonho da passagem.
O resto é só terra e céu.

20-9-1933

200

Começa o outono. Começou o outono.
Não faz frio e o calor que há não existe.
Indefinidamente tenho sono.
Sem motivo, estou triste.

Mas se um momento, entre o que as nuvens dão
De triste ao espaço, o sol aparecer,
Também clareia no meu coração
E começo a esquecer.

Não a esquecer só o que já havia
Mas também o que estava por chegar,
Na luminosidade fugidia,
Do coração e do ar.

21-9-1933

201

O que tem as botas rotas
E que pode ser um santo,
Tem somente as botas rotas
Por enquanto.
Mais tarde será o santo.

O que tem grande riqueza
E que pode um santo ser
Por ora tem só riqueza.
Quanto fizer
É do rico. O outro há-de ser.

Nada importa neste mundo
Ser rico ou pobre. O que existe
Existe só para o mundo.
O que persiste
É sempre o que não existe.

21-9-1933

202

I

A criança que fui chora na estrada.
Deixei-a ali quando vim ser quem sou;
Mas hoje, vendo que o que sou é nada,
Quero ir buscar quem fui onde ficou.

Ah, como hei-de encontrá-lo? Quem errou
A vinda tem a regressão errada.
Já não sei de onde vim nem onde estou.
De o não saber, minha alma está parada.

Se ao menos atingir neste lugar
Um alto monte, de onde possa enfim
O que esqueci, olhando-o, relembrar,

Na ausência, ao menos, saberei de mim,
E, ao ver-me tal qual fui ao longe, achar
Em mim um pouco de quando era assim.

II

Dia a dia mudamos para quem
Amanhã não veremos. Hora a hora
Nosso diverso e sucessivo alguém
Desce uma vasta escadaria agora.

É uma multidão que desce, sem
Que um saiba de outros. Vejo-os meus e fora.
Ah, que horrorosa semelhança têm!
São um múltiplo mesmo que se ignora.

Olho-os. Nenhum sou eu, a todos sendo.
E a multidão engrossa, alheia a ver-me.
Sem que eu perceba de onde vai crescendo.

Sinto-os a todos dentro de mim mover-me,
E, inúmero, prolixo, vou descendo
Até passar por todos e perder-me.

III

Meu Deus! Meu Deus! Quem sou, que desconheço
O que sinto que sou? Quem quero ser
Mora, distante, onde meu ser esqueço,
Parte, remoto, para me não ter.[1]

22-9-1933

203

Qualquer coisa de obscuro permanece
No centro do meu ser. Se me conheço,
É até onde, por fim mal, tropeço
No que de mim em mim de si se esquece.

Aranha absurda que uma teia tece
Feita de solidão e de começo
Fruste, meu ser anónimo confesso
Próprio, e em mim mesmo a externa treva desce.

Mas, vinda dos vestígios da distância,
Ninguém trouxe ao meu pálio por ter gente
Sob ele, um rasgo de saudade ou ânsia.

Remiu-se o pecador impenitente
À sombra e cisma. Teve a eterna infância,
Em que comigo forma um mesmo ente.

23-9-1933[2]

---

1 É admissível que a última folha contendo o resto do soneto se tenha extraviado.

2 O poeta acrescentou, a seguir à data, «(dream)» [sonho].

204

Sonhei, confuso, e o sono foi disperso,
Mas, quando despertei da confusão,
Vi que esta vida aqui e este universo
Não são mais claros do que os sonhos são.

Obscura luz paira onde estou converso
A esta realidade da ilusão.
Se fecho os olhos, sou de novo imerso
Naquelas sombras que há na escuridão.

Escuro, escuro, tudo, em sonho ou vida,
É a mesma mistura de entresseres,
Ou na noite, ou ao dia transferida.

Nada é real, nada em seus vãos moveres
Pertence a uma forma definida,
Rastro visto de coisa só ouvida.

28-9-1933

205

Se acaso, alheado até do que sonhei,
Me encontro neste mundo a sós comigo,
E, fiel ao que eu mesmo desprezei,
Meus passos falsos verdadeiros sigo,

Desperta em mim, contrário ao que esperei
Desta espécie de fuga, ou só abrigo,
Não o ajustar-me com a externa lei,
Mas o essa lei tomar como castigo.

Então, liberto já pela esperança
Deste mundo de formas e mudança,
Um pouco atinjo pela dor e a fé

Outro mundo, em que sonho e vida são
Num nada nulo, igual em escuridão,
E ao fim de tudo surge o Sol do que é.[1]

28-9-1933

206

A lua por trás da torre
Faz a torre diferente.
A verdade, quando morre
Morre só porque não mente.

Mente a lua que se esconde
Por trás da torre de aqui,
Mente a torre porque é onde
A lua não está ali.

A lua é só um reflexo,
A torre é um vulto somente,
E assim, num íntimo nexo,
Qualquer diz verdade e mente.

E é desta mista incerteza
De verdade e de mentira
Que nasce toda a beleza –
Que desta hora se tira.

Saibamos, dando guarida
Ao que tudo é de metade,
Fazer bela a nossa vida
Mentindo com a verdade.

29-9-1933

1 Embora separado por um longo ponteado, este soneto parece continuação do anterior.

207

Se é mister a doença ou a desgraça
Para que a alma egoísta se convença
Do que outros sofrem, pela dura graça
Da própria dor sentida por que passa,
Venha a nós a desgraça ou a doença!

Se para que eu, ignaro e alegre, saiba
Que é meu irmão todo o que sofre e geme,
É mister que me *turbe*[1] a dor ou a raiva,
Venha a raiva depressa e que a dor caiba
Ao meu incerto espírito que treme!

30-9-1933

208

Durmo ou não? Passam juntas em minha alma
Coisas da alma e da vida em confusão,
Nesta mistura atribulada e calma
Em que não sei se durmo ou não.

Sou dois seres e duas consciências
Como dois homens indo braço-dado.
Sonolento revolvo omnisciências,
Turbulentamente estagnado.

Mas, lento, vago, emerjo de meu dois.
Desperto. Enfim: sou um, há realidade.
Espreguiço-me. Estou bem... Porquê depois,
De quê, esta vaga saudade?

2-10-1933

---

1 Variante sobreposta: «turve».

209

Em que parte de que caminho
Vou eu, que não sei onde vou?
Na rua sei onde é que estou.
Na vida ignoro de onde vou vizinho.

Não sei onde há esquina ou beco
Na vida *vã*[1] que vou seguindo.
Sei que vou indo, ou não vou indo.
Não sei se, indo ou não indo, acerto ou peco.

Ah, a desgraça nossa, que é
Na vida escura caminhar
Por ir, e nunca por andar!
Que farei? Ir, ir estúpido e com fé...

2-10-1933

210

Meu coração, isto é, minha cabeça
Porque não há[2] sentir no coração
Bate assustado, bate mal, depressa.
Sinto depressa e sinto em vão.

Sei bem: ternura do que nunca foi,
Saudades de um futuro a não haver –
Por tudo isto bate, que lhe dói
Na cabeça, que é o seu ser.

Porque não aprender com a verdade?
Se a cabeça é que sente, o pensamento
Pode bem ser o sentimento que há-de
Livrar-me do meu sentimento.

2-10-1933

1 Palavra dubitada.
2 Variante subposta: «Fazendo-se».

211

Traze, porque a verdade nada traz,
Com as mentiras dessa veste rara,
O ouro que o traje teu sinistro faz,
O ouro que faz sinistra a tua tiara.
Sobre o peito a cruz jaz.

Traze, porque a mentira é rosa e lírio,
O teu cansaço de eu ser tu, que vem
Dos festivais longínquos do delírio,
Para que seja ritual também,
Cálice e hóstia e círio.

Traze, longínqua penitente exposta
Aos mistérios do mundo que não há,
A veste que sobre a alma em corpo é posta,
A tiara de luz que a sombra dá,
Traze o que a febre gosta.

2-10-1933

212

Vem uma linha escrita
De versos sem razão
Que nada em mim medita.
Mas quem é que me a dita
E à sua intenção?

Vejo, depois de a ter
Escrito em sono ali,
Que tem razão de ser,
Que tem o que dizer,
Que é certo o que escrevi.

Tudo vem de outra parte.
Sombras somos, e vamos
Atrás da nossa arte
□
E, alheios, não erramos.

Quem dita o que eu medito
Sem me ouvir meditar?
Quem faz que fique escrito
O que excede o que eu dito
Ao meu realizar?

Quem somos, se o melhor
Que somos não é nós?[1]

2-10-1933

213

Vêm campainhas vizinhas,
Tocando entre nós sozinhas,
Na tintinabulação
Que todos são...

Pequenos sinos, meninos
De haver além grandes sinos,
Prenúncio de *não*[2] haver
Sinos sem ser...

Na tintinabulação
Que todos que somos são,
Tocam campainhas finas,
Mais[3] e meninas...

E isto, que é delírio, toca
Sinos em que a alma evoca
Seu menino ser de então
Em tintinabulação...

2-10-1933

1 É admissível que o poema tenha ficado incompleto.
2 Variante, a seguir: «nunca».
3 Palavra dubitada, com a variante, a seguir: «Nós».

214

Que coisa distante
Está perto de mim?
Que brisa fragrante
Me vem neste instante
De *ignoto*[1] jardim?

Se alguém mo dissesse,
Não quisera crer.
Mas sinto-o, e é esse
O ar bom que me tece
Visões sem as ver.

Não sei se é dormindo
Ou[2] alheado que estou:
Sei que estou sentindo
A boca sorrindo
Aos sonhos que sou.

2-10-1933

215

Na ribeira deste rio
Ou na ribeira daquele
Passam meus dias a fio.
Nada me impede, me impele,
Me dá calor ou dá frio.

Vou vendo o que o rio faz
Quando o rio não faz nada.
Vejo os rastros que ele traz,
Numa sequência arrastada,
Do que ficou para trás.

Vou vendo e vou meditando,
Não bem[3] no rio que passa

---

1 Variante ao lado: «incerto».
2 Variante a seguir: «Se».
3 Variante a seguir: «Mas não».

Mas só no que estou pensando,
Porque o bem dele é que faça
Eu não ver que vai passando.

Vou na ribeira do rio
Que está aqui ou ali,
E do seu curso me fio,
Porque, se o vi ou não vi,
Ele passa e eu confio.

2-10-1933

216

No mal estar em que vivo,
No mal pensar em que sinto,
Sou de mim mesmo cativo,
A mim mesmo minto.

Se fosse outro fora outro.
Se em mim houvesse certeza,
Não seria o fluido e neutro
Que ama a beleza.

Sim, que ama a beleza e a nega
Nesta vida sem bordão
Que contra si mesma alega
Que tudo é vão.

2-10-1933

217

Quando era criança
Vivi, sem saber,
Só para hoje ter
Aquela lembrança.

É hoje que sinto
Aquilo que fui.

Minha vida flui,
Feita do que minto,
Mas nesta prisão,
Livro único, leio
O sorriso alheio
De quem fui então.

2-10-1933

218

Chove. Há silêncio, porque a mesma chuva
Não faz ruído senão com sossego.
Chove. O céu dorme. Quando a alma é viúva
Do que não sabe, o sentimento é cego.
Chove. *Meu ser*[1] renego...

Tão calma é a chuva que se solta do ar
(Nem parece de nuvens) que parece
Que não é chuva, mas um sussurrar
Que de si mesmo, ao sussurrar, se esquece.
Chove. Nada apetece...

Não paira vento, não há céu que eu sinta.
Chove longínqua e indistintamente,
Como uma coisa certa que nos minta,
Como um grande desejo que nos mente.
Chove. Nada em mim sente...

2-10-1933

219

Grandes mistérios habitam
O limiar do meu ser,
O limiar onde hesitam
Grandes pássaros que fitam
Meu transpor tardo de os ver.

---

1 Variante, a seguir: «Quem sou».

São aves cheias de abismo,
Como nos sonhos as há.
Hesito se sondo e cismo,
E à minha alma é cataclismo
O limiar onde está.

Então desperto do sonho
E sou alegre da luz,
Inda que em dia tristonho;
Porque o limiar é medonho
E todo o passo é uma cruz.

2-10-1933

220

Dorme, que a vida é nada!
Dorme, que tudo é vão!
Se alguém achou a estrada,
Achou-a em confusão,
Com a alma enganada.

Não há lugar nem dia
Para quem quer achar,
Nem paz nem alegria
Para quem, por amar,
Em quem ama confia.

Melhor entre onde os ramos
Tecem dosséis sem ser
Ficar como ficamos,
Sem pensar nem querer,
Dando o que nunca damos.

10-10-1933

221

Não sei que sonho me não descansa
E me faz mal...
Mas eia! o harmónio a guiar a dança
Nesse quintal.

E eu perco o fio ao que não existe
E oiço dançar,
Já não alheio, nem sequer triste,
Só de escutar.

Quanta alegria onde os outros são
E dançam bem!
Dei-lhes de graça meu coração
E o que ele tem.

Na noite calma o harmónio toca
Aquela dança,
E o que em mim sonha um momento evoca
Nova esperança.

Nova esperança que há-de cessar
Quando, já dia,
O harmónio eterno que há-de acabar
Feche a alegria.

Ah, ser os outros! Se eu o pudesse
Sem outros ser!,
Enquanto o harmónio minha alma enchesse
De o não saber.

10-10-1933

222

Meu coração, que teve vida e alma,
Meu coração,
Que outrora, nítido, esperava a palma
Da conclusão,

Agora, inerte, onde os lajedos jazem
Seu frio chão,
Traz aquelas angústias que lhe trazem
Ser mais que um coração.

10-10-1933

223

Um só momento
Sem nada ter...
Um pensamento
Sem se saber...

Pouco... Um acaso
De não pensar,
Como um atraso
De sossegar...

Nada... A ligeira
Indecisão
Que fica inteira
No coração...

10-10-1933

224

Como os fumos dos casais
Nos campos esparsos além,
Que, só porque não são mais
Que esses fumos, fazem bem;

Assim qualquer singeleza
Da emoção sem pensamento
Contém em si a beleza
De ser só um sentimento.

Quem me dera que esta hora
Em que não sinto o que sinto,
Em que a alma que tenho ignora
O com que por fora minto,

Durasse a alma que tenho,
Nem de ser deixasse mais
Do que o longínquo desenho
Dos fumos que há dos casais.

20-10-1933

225

Quantas verdades achei!
E eram todas desiguais.
Quantas coisas encontrei
Que nunca mais acharei
A não ser no nunca mais!

Palavras? Não, não saber
Como é que pensar se diz
Ou como sentir tem ser.
Quem saiba o que não souber –
Esse, sim, será feliz.

20-10-1933

226

Eu, vindo de onde não vim,[1]
Perdi todos os caminhos...
Só como eu era uma Rosa
Coroaram-me de espinhos.[2]

Deram-me o nome de ungido[3]
A mim que era só Jesus...[4]
«*É em nós*[5] que o fogo reina»
Puseram na minha[6] cruz.

Tive suplício entre dois
Que não eram quem mostravam.
Morri como eles morreram,
Morto, ainda[7] me matavam...

Cinco pétalas que eu tinha
Em cinco chagas abriram

---

1 Ao cimo da página, antes da data, Pessoa escreveu, sublinhando, o verso: «Já *para* [opcional] em nós a Paz Reina», que a EC interpretou como sendo o título do poema.

2 Os dois versos que se seguem no manuscrito, a dois outros rasurados, não podem ser variantes, como a EC os considera, por não rimarem: «Nos dois paus me colocaram / De uma cruz para eu ser luz.».

3 Variante sobreposta: «Meu coração era a Rosa».

4 Variante sobreposta: «Numa cruz lhe deram luz».

5 Variante sobreposta: «Em nós é».

6 Variante subposta: «Diziam os paus [da]».

7 Variante sobreposta: «Mas, morto, mais».

Com uma lança depois
Meu coração descobriram.

Do sangue e água nasceram
Dois modos de me entender...
Para uns *fui*[1] água que bebam,
Para outros sangue que ser.

Minha história não é escrita
Porque a escrita está errada.
«Deus é consciência», dizem
Ao ver minha cruz alçada.

E quando no fim *do mundo*[2],
Me vierem a encontrar,
A minha cruz será *tudo*[3]
Mas eu é que hei-de ficar.[4]

Das rosas dessa coroa
Que desejo fui eu só
A que fica nesta cruz
A dar vida e fazer dó.

E essa cruz, que é toda a gente,
Ficará da cor da vida
Porque *só*[5] meu sangue será
A madeira redimida.

E, viva, da cor do fogo,
Quando sonho é □
Será o fogo que reina
E queima a cruz que o gerou.

E a água que dei terá ido
Pelo chão a se perder.
Meu sangue terá tingido
A cruz onde fui morrer.[6]

20-10-1933

---

1 Variante sobreposta: «sou».

2 Variante sobreposta: «de tudo».

3 Variante na margem: «o mundo».

4 Variante na margem: «E eu uma rosa a sangrar.».

5 Variante sobreposta: «esse».

6 No verso da folha, a seguinte estrofe, que é pouco provável seja nova variante ou estrofe integrante do poema: «Com dois pedaços de pau / Fiz fogo na floresta, / Com dois paus se faz a cruz / E o fogo é *que ponho nesta.* [variante subposta: "o que fazem desta."]».

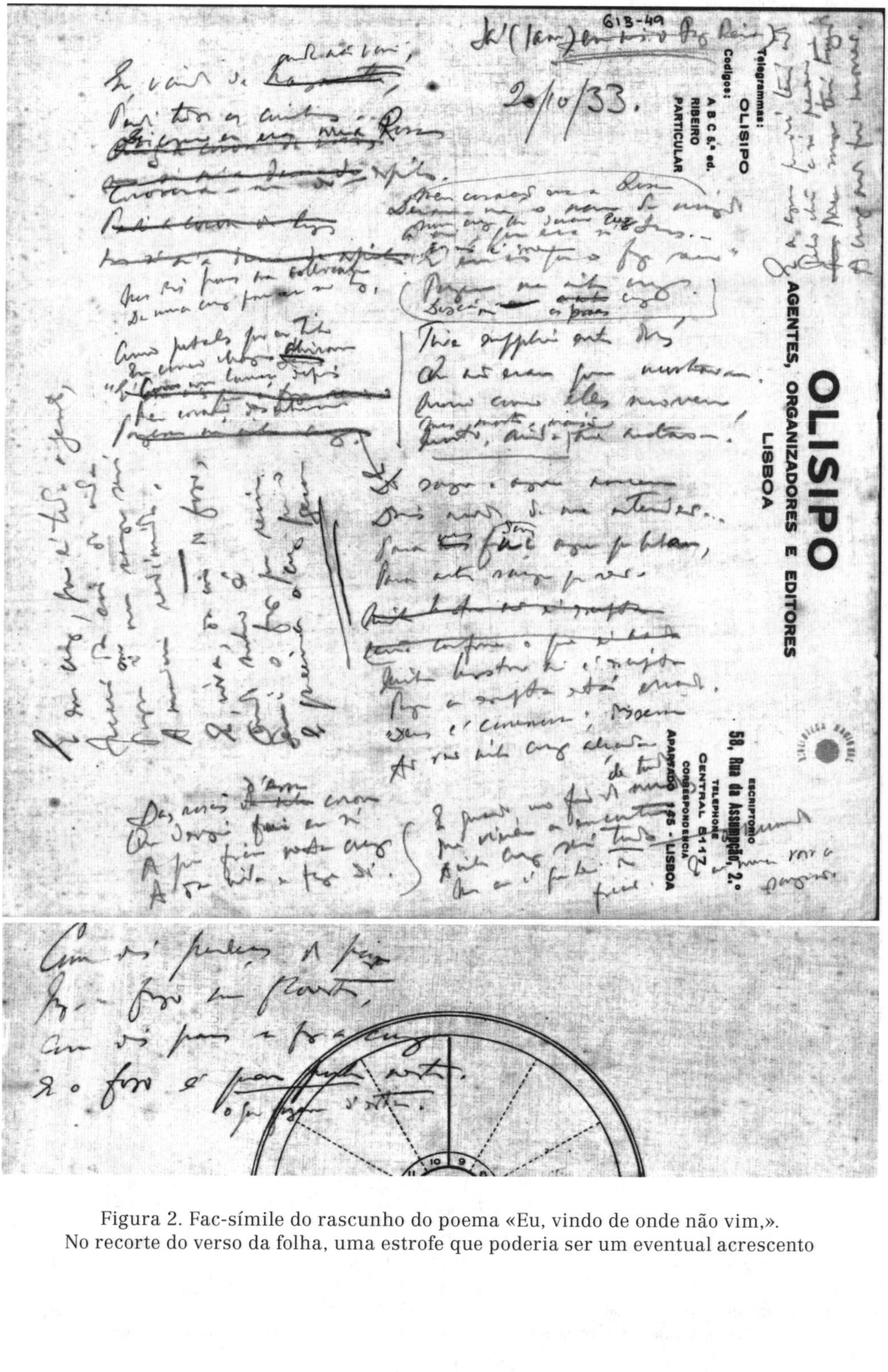

Figura 2. Fac-símile do rascunho do poema «Eu, vindo de onde não vim,». No recorte do verso da folha, uma estrofe que poderia ser um eventual acrescento

227

Nada... Passaram nuvens e eu fiquei...
No ar limpo não há rasto.
Surgiu a lua de onde já não sei,
Num claro luar vasto.

Todo o espaço da noite fica cheio
De um peso sossegado...
Onde porei o meu futuro, e o enleio
Que o liga ao meu passado?

Em parte alguma, porque o céu é puro[1]
Mas não há onde estou
Mais que a vereda onde eu, obscuro,
Arrasto quem não sou.

25-10-1933

228

Eu me resigno. Há no alto da montanha
Um penhasco saído,
Que, visto de onde toda coisa é estranha,
Deste vale escondido,
Parece posto ali para o não termos.
Para que, vendo-o ali,
Nos contentemos só com o ali vermos
No nosso eterno aqui...

Eu me resigno. Esse penhasco agudo
Talvez alcançarão
Os que na força *firme*[2] põem tudo.
De teu próprio silêncio *altivo escudo,*[3]
Não vás, meu coração.[4]

28-10-1933

---

1 Variante sobreposta: «Em nada, em nada. E o grande [céu é puro]».

2 Variante sobreposta: «de irem».

3 Variante subposta: «nulo e mudo».

4 No final da página, o poeta reescreveu a segunda estrofe, com muitas emendas. Optei por esta versão.

229

Na praia deserta,
Em frente do mar,

Minha alma desperta
Para não pensar.

As ondas vêm vindo,
Quebram-se a luzir;
E eu sonho, sorrindo,
Só por as ver vir...

Inútil paisagem
De espuma e ninguém...
Regressam à voragem...
Regresso também.

30-10-1933

230

Meu coração foi o que o mar levou
Quando, no alto da maré,
Tudo o que a onda é me arremessou
Ao pé.
Mas se o levou só o trouxe, como a imagem
Que, reflectida ao ser assim,
Forma na sombra o rasto da paisagem
Em mim.

30-10-1933

231

O sangue que circula em minhas veias
Vem do sol por seu ser.
Os mares que naufragam nas areias
Vêm da lua, porque os faz mover.

Meu sangue é por destino e condição
Superior ao que há.
No externo sórdido mundo. O coração
Praias não usa, onde quebrará.

Assim, sem lhes tocar, domino as coisas
E do meu ser solar
Vejo as marés lunares como rosas
Que florem onde nada pode estar...

30-10-1933

232

Na rua tive um sorriso
Que o acaso deu,
Decerto impreciso,
De algum modo[1] meu.

Um sorriso alheio
Que só me foi dado
Por eu estar no meio
Do sorriso olhado.

Que me importa? A sorte
Dá o que acontece.
Tudo é sonho e morte.
Num sorriso esquece.

30-10-1933

1 Variante sobreposta: «Desde logo».

233

A minha camisa rota
(Pois não tenho quem me a cosa),
É parte minha na rota
Que vai para qualquer coisa.
Pois o estar rota denota

Que a minha atenção valiosa
Para outros cimos se volta.
Mas sei que *isto*[1] é *nada,*
Que a miséria[2] não é mal,
E que a camisa rasgada
Não me traz a alma enganada,
Porque vem por outra estrada
Em busca do Santo Graal.

31-10-1933

234

Falhei. Os astros seguem seu caminho.
Minha alma, outrora um universo meu,
É hoje, sei, um lúgubre escaninho
De consciência sob a morte e o céu.

Falhei. Quem sou vive só de supô-lo.
O que tive por meu ou por haver
Fica sempre entre um pólo e o outro pólo
Do que me nunca há-de pertencer.

Falhei. Enfim! Consegui ser quem sou,
O que é já nada, como a lenha velha
Onde, pois *não valho senão quanto*[3] dou,
Pegarei facilmente uma centelha.

1-11-1933

---

1 Variantes sobrepostas: «o rasgão»; «a camisa».

2 Variantes: sobreposta, «um rasgão»; subposta, «pano assim».

3 Variante subposta: «valho só quanto me».

235

Sob a nudez do céu, cheio de lua,
Onde ser *estrela*[1] é empalidecer,
Vou demoradamente pela rua,
Pensando firmemente em nada ser.
Mas é viver que penso, não morrer.

Penso naquele estado, ou intermédio
Ou impossível, que nos surge como
A melhor coisa que é contrária ao tédio,
Onde nem há saudade nem assomo
De desejo, *um viver de elfo ou de gnomo.*[2]

Mas, *supondo que tenha algum*[3] sentido
O estar pensando assim, o certo é que eu
Vou demoradamente decidido
A não ser nada, sob este amplo céu
Do que o luar é, a um tempo, luz e véu.

Bem sei que num passado já tão longe
Que parece de um outro, ou lido, ou nada,
Tive melhor ideia que ser monge
E muito menos desta forma errada.
O luar enche a rua sossegada.

1-11-1933

236

Era um major reformado
Que tinha aquele passado
Que os majores todos têm
Quando a reforma lhes vem.

---

1 Variante sobreposta: «astro».

2 Variantes, na margem direita: «[um viver] menos de homem que [de gnomo.]»; «em que o melhor do pomo é ver o pomo.».

3 Variante sobreposta: «tenha ou não algum qualquer».

Burocrata do combate,
Viveu como um bonifrate
O nada p'ra que nasceu.
Deu-me o sorriso, e eu
Encontrando-o não podia
Fingir-me que não sorria.

Dizia ele: «O senhor,
Que é poeta, pensador,
Nunca pode calcular
Como se pode passar
Uma vida sem pensar
Como esta que está vivida
E teve que ser mesquinha...
Nunca fiz nada da vida...»

Pois sim, pois sim,
E eu da minha?
(Eu nem posso, o que é pior,
Ser reformado em major).

1-11-1933

237

Sono

Tenho tal sono que pensar é um mal.
Tenho sono. Dormir é ser igual,
No homem, ao despertar do animal.

É viver fundo nesse inconsciente
Com que à tona da vida o animal sente.
É ser meu ser profundo alheiamente.

Tenho sono talvez porque toquei
Onde sinto o animal que abandonei,
E o sono é uma lembrança que encontrei.

1-11-1933

238

Depois de andar a roda
E a sorte ter saído,
Saiu a gente toda.
Tinha toda perdido.

Mas vinha alegre toda
Por, inda que sem ter,
Ter visto andar a roda,
Ter visto suceder.

Que grande benefício
É estar onde anda a roda!
Perde-se, enfim, *o*[1] vício
De não ser gente toda...[2]

2-11-1933

239

Bom tempo esse em que a velha feia
Que ia a coxear estrada fora
À entrada súbita da aldeia
Podia, ante uma acção de bem,
Como essas que toda alma tem,
Mostrar que era Nossa Senhora.

Bom tempo, pois significava
Que sempre vinha um outro bem
Quando aqui o bem se praticava
E que toda alma poderia
Fazendo o bem ter por magia
Essas visões que os santos têm.

---

1 Variante ao lado: «um».

2 Variante subposta: «Não ser a gente toda...».

Meu coração não tem remédio,
A fé que teve, a alma a ignora
Presa de solidão e tédio,
Mas talvez se eu me enternecer
Possa na estrada de mim ver
Indo, talvez... Nossa Senhora.

2-11-1933

240

Na rua escura só um candeeiro
Mostra que a rua é escura.
Sua luz orla-a um vago nevoeiro
Que a torna *triste*[1] e dura.

Vou só, vou também vago e também negro
Por o que de mim sei.
Se até de dia de mim não me alegro,
De noite o que serei?

Mas esse candeeiro a sós comigo
Faz-me subitamente
Companhia, é meu par e meu amigo,
Talvez por não ser gente.

2-11-1933

241

Vivo das lágrimas que lembro.
Vivo daquilo que perdi.
Era manhã, era dezembro...
Tu ias morta, e eu não senti;
Era criança, não senti.

1 Variante subposta: «pobre».

Hoje relembro, hoje relembro
Como tu antes nunca vi.

Finjo, imagino, ou só relembro
Esse amor onde não vivi?
Sei que – tão longe estás! – te lembro
E lembro e amo; morta, ali –
Era manhã, era dezembro.

Voou longe quanto houve de ti...
Era manhã, era dezembro.
Mas só hoje é que te perdi.

2-11-1933

242

O burro apanhou pancada
E, como é burro,
Serviu-lhe a lição de nada.
Não é como o homem; porque esse
Quando um enredo se tece
Aprende, fica lembrado...
Ou fica capacitado
Que é assim que lhe acontece.

Leitor – percorre o passado.
Quanto aprendeste na estrada?
Por mim, não aprendi nada,
Como o burro.

2-11-1933

243

De bêbado, caiu-me o fósforo dos dedos...
Grandes paisagens, grandes esperanças
Caíram-me dos dedos
Como o fósforo e as lembranças...

Minha tendência é divina. Bebi tanto
Que não posso pensar nem me entreter
Senão em musas de postiço encanto.
Entretanto, deixem-me morrer.

2-11-1933

244

Soa na noite de todos
O meu relógio de mim...
O silêncio existe a rodos
E os astros não têm fim.

Há todo o espaço celeste
Para eu nele meditar.
O meu coração é este
Que está em mim a pulsar.

Pobre músculo mortal
Que põe *sangue*[1] em todo eu...
E o relógio, seu sinal,
Dá horas a todo o céu.

7-11-1933

245

Dizem que há entre a folhagem
Quando tudo está dormindo,
Uma coisa como a aragem
Mas que é viva e está sentindo.

Não se sabe se é alguém
De outro mundo ou de outro ser,

1 Variante ao lado, entre parênteses: «vida».

Nem se está por mal ou bem
Entre *as folhas*[1] a tremer.

Mas como é que alguém conhece
O que há quando ninguém vê?
Alguma coisa acontece
Quando ninguém está ao pé?

Não sei: sei que entre a folhagem[2]
De uma noite e dum lugar
Mexe-se mais do que a aragem...
Oiço, sinto, essa passagem...
Sonho? Mas o que é sonhar?

8-11-1933

246

O vento da noite
Cercou-me de nada.
Na estrada onde eu ia
Não havia estrada,
Não havia nada.

E todo o silêncio
Era um som parado.
Quem quisesse ouvia-o
De si destacado,
Mas sempre parado.

Não tenho esperança.
Cuspi a ilusão,
Não sou quem suponho...
Quem me dá a mão
Sem dar-me ilusão?

15-11-1933

1 Variante sobreposta: «os ramos».

2 Pessoa encarou terminar o poema no verso da folha (onde o começou a escrever), datando-o, mas de facto só o terminou com esta última estrofe, na outra página, onde encontrou lugar.

247

Ó vento, evocas montanhas,
Encostas com arvoredos,
Onde, com garras estranhas
Com que os ramos arrepanhas,
Fazes das árvores medos.

Evocas... Mas nesta rua
Onde nem árvores há
A abstracta violência tua
É como uma pessoa nua –
O natural que ali está!

Ninguém montanhas evoca,
Ninguém sabe mais de ti
Do que trazes pó à boca,
De que és ar que desloca
No momento só aqui.

Meu Príncipe, o teu segredo
De magia e condição,
Ficou lá entre o arvoredo,
Aqui és teu arremedo,
Vives de erguer pó do chão.

Assim meu ser com que amei
Deuses antes de a alma ver
Vive hoje dentro da lei
Que fez de mim quem não sei,
O chão do nada a varrer.

18-11-1933

248

Onde o sossego dorme
Como se fosse alguém
E à noite negra e enorme
Nem luar nem dia vem –

Ali, quieto, absorto
Em nada já saber,
Quero, quando for morto,
Consciente esquecer...

Deixando a vida incerta,
Perdido o gozo e a dor,
Sob essa noite aberta
Sonhar sem o supor...

Até que ao fim de uma era
Que o tempo não contou
O que eu não reavera
Se muda no que eu sou.

E então, *como que*[1] alheio
A quanto sucedera
Continuar no enleio
Do sono que me dera.

19-11-1933

249

Sem dúvida que foi o único idílio
Esse que seu obscuro curso teve
Naquele nosso exílio
Em que nenhum de nós esteve.

Nem faltou não haver nem tu nem eu
Nem[2] até esse idílio, enfim...
Era amplo e claro o alheio céu,
E tu sem ti, e eu sem mim.

E *assim,*[3] irmãos no que não pode haver,
Gémeos em nada, mão em mão, sorrindo,
Olhávamos o rio a ser não ser
Crianças do advindo...

---

1 Variante sobreposta: «e sempre».
2 Variante sobreposta: «Ou».
3 Variante sobreposta «ali».

Depois passou ou um século ou o mundo...
E, hoje, encontrando-nos nas ruas que há,
Não nos lembramos desse exílio ao fundo
Do qual nossa alma está.

Nem sei se passo por quem és na rua
Nem se passo por mim que em mim sou preso...
Éden no Exílio! Eu fiz a espada nua
Erguer-se e o fiz defeso.

19-11-1933

250

Veio a canção lá do fundo
Da noite e da solidão
E não havia no mundo
Mais nada que essa canção.

Eu era desperto e atento
À janela, a quem cantava
E a canção vinha no vento
Ou no ar,[1] se o vento faltava.

Alguém ia ali, e em mim
Não sei se alguém ou não,
Mar era voz, música e enfim
(Quem sou eu?) uma canção.

19-11-1933

251

Nas margens do rio verde
Que por verdes margens corre
Meu pensamento se perde.
Como se a alma o deserde,
Meu saber que penso morre.

---

1 Variante sobreposta: «Só».

Tão lento, tão afastado
Do propósito de um curso
Vai o rio, que o meu fado
Parece bem figurado
Nesse insciente percurso.

Nada lastimo nem peço.
Nada desejo nem creio.
No rio verde me esqueço
Até de que sou possesso
Da ausência do meu enleio.

Nada, nem remos nem velas,
Turvam a água do rio.
E, quando anoitece, aquelas
Ondas vão sob as estrelas
No seu mesmo nada a fio.

Nada? Não. No meu olhar
E no que penso por ver
É que há um rio a mudar,
É que há esperança de um mar,
Mas nem desejo[1] de o ter.

28-11-1933

252

Que suavemente!,
Como se, estando eu doente,
Me doesse de bem sentir o mundo
Ruidoso e indiferente,
Vêm estes pregões da rua,
Com uma claridade nua,
Do fundo
De ali onde está toda a gente!

---

1 Variante subposta: «Mas, ai, não ânsia».

Inerte jazo,
Sem dormir, cansado
De todo o atraso
Do meu propósito enganado.
Jazo, cansado e errado.

Jazo, mas vem de lá de fora,
Das que trazem canastras cheias,
Das que vão, sem pensar nem meias,
Gritos que são como uma aurora.
Não sei que vendem nem quem são,
Mas cai na minha solidão
Como um orvalho de verdade
Aquela absurda suavidade
De saber que as que vendem vão
Vendendo na realidade.

2-12-1933

253

Canta onde nada existe
O rouxinol que não há.
Ouço-o, cismo, fico triste
E a minha tristeza dá,

Janela aberta, para onde
Campos de não haver são
O onde a dríade se esconde
Ser só imaginação…

Quem me dera que a poesia
Fosse mais do que a escrever!
Canta agora a cotovia
Sem se lembrar de viver…

7-12-1933

254

Pois bem, matou-se. Morreu-lhe a filha,
Tísica, tudo para lhe acabar
O [..], o seu sonho, a ilha,
E ela atirou-se do quarto andar.

Foi isso. Foi. Mas não estou tranquilo.
Meu coração tem um sobressalto.
Que foi aquilo? Que foi aquilo?
O que há naquilo a que falho e falto?

Morreu-me pai, morreu-me mãe,
Amei-os. Sim, mas neste momento
Não lembro nada,[1] sinto-me bem.
Que grande pulha do sentimento!

[7-12-1933]

255

Vão regulares os pequenos do asilo
Como soldados, mas com mais vagar,
Olho-os e em mim não *está*[2] tranquilo
O que sente *por*[3] pensar.

Pobres crianças postas em fila
Pelo Destino, quatro a quatro vão
Dóceis (Minha alma não está tranquila)
Comuns na sua solidão.

Vendo bem, e à luz do *sentimento,*[4]
Não sofrerei eu mais que eles? Sim,
Talvez, talvez... Mas neste momento
Não penso em mim –

---

1 Variante subposta: «Que sei eu deles?».

2 Variante sobreposta: «fica».

3 Variante sobreposta: «a».

4 Variante sobreposta: «pensamento,».

Penso nos que sem ninguém senão escola
Sem achar amor senão em uniforme,
Vão, pedintes que não pedem, sem sacola,
Sós, juntos, pelo mundo enorme.

Seus passos são leves e breves – são de infância
Sem pais, sem nada, iguais, regulares, vão
E vão[1] calcando, ignorantemente, na distância,
O meu coração.[2]

10-12-1933

256

Perde a mãe filhos, filhos a mãe,
A dor começa e cansada cessa,[3]
E tudo esquece. Está bem, está bem...
É bom e quente que tudo esqueça.

Como seria esta vida humana
Se a gente amasse com emoção?
Seria a tua, meu bom parrana,
Que tinhas vivo teu coração...

[10-12-1933]

257

Durmo, cheio de nada, e amanhã
É, em meu coração,
Qualquer coisa sem ser, prolixa e vã,
Dada a um prolixo e vão.

---

1 Variante sobreposta: «Mas estão».

2 Estas três últimas estrofes, em 25^r, apenas na aparência poderiam sugerir um poema independente, como as considerou a EC, por serem precedidas da data do poema, começado no verso da folha.

3 Verso dubitado.

O sono! este mistério entre dois dias
Que traz ao que não dorme
À tona de água visões más, vazias,
Num outro mundo enorme...

O sono! que cansaço me vem dar
O que não mais me traz
Que uma onda lenta, sempre a ressacar,
Sobre o que a vida faz!

11-12-1933

258

Era uma criança pobre a passar
Tão pequena, e um seu olhar
Pousou em mim, pousou em vão,
Porque eu ia passando, pensando,
Em grandes coisas meditando;
Deixara em casa o coração.

Mas depois acordei, e vi
Que não sentia, que não senti.
Eu creio em Deus e em Cristo, mas não
Tive *ali*[1] o *meu*[2] coração.

Porque é que eu penso tanto e ando
Alheio a quanto vai passando
No mundo, e é criança até?
Porque é que eu tenho esperança e fé
E não sou nada do que sou?
Porque é que a criança passou
Sem que eu sequer a olhasse bem?
Meu coração não é ninguém!
Ah, o crime de não ter sentido
Naquele olhar pobre e pedido
Para os meus olhos sua dor!
E eu sou poeta e pensador!

11-12-1933

1 Variante subposta: «nisso».
2 Palavra dubitada.

259

Náusea. Vontade de nada.
Existir por não morrer.
Como as casas têm fachada,
Tenho este modo de ser.

Náusea. Vontade de nada.
Sento-me à beira da estrada.
Cansado já do caminho
Pouso p'ra o lugar vizinho.

Mas náusea. Nada me pesa
Senão a vontade presa
Do que deixei de pensar
Como quem fica a olhar...

8 a 12-12-1933

260

O mestre sem discípulos
Tinha uma máquina errada,
Que, apesar de ter vários manípulos,
Nunca fazia nada.

Servia de realejo
Quando ninguém a ouviria.
Quando parada, dava ensejo
A ser curiosa, mas ninguém a via.

Minha alma é talvez qualquer coisa
Como essa máquina errada.
É complicada, é caprichosa,
E não serve de nada.

12 e 13-12-1933

261

O vento sopra lá fora.
Faz-me mais sozinho, e agora
Porque não choro, ele chora.

É um som abstracto e fundo.
Vem do fim vago do mundo.
Seu sentido é-me profundo.

Diz-me que nada há em tudo.
Que a vontade não é escudo
E que o melhor é ser mudo.

27-12-1933

262

Sopra o vento, sopra o vento,
Sopra alto o vento lá fora;
Mas também meu pensamento
Tem um vento que o devora.

Há uma íntima intenção
Que tumultua em meu ser
E faz do meu coração
O que um vento *faz*[1] varrer;

Não sei se há ramos deitados
Abaixo no temporal,
Se pés do chão levantados
Num sopro onde tudo é igual,

Sei só que há mágoas e dores
Destinadas a não ser
Mais que um desfolhar de flores.

28-12-1933

1 Variante sobreposta: «quer».

263

Paz! Sob as árvores há paz.
        Sempre, que bem!
Que fresco a alta ramagem traz
        A quem
Não pensa, nem deseja, nem conhece,
        Nem, com o coração
Sabe que conscientemente esquece.
        E esquece em vão.

28-12-1933

264

Aqui, que é o fundo
Do fim do mundo,
Livre do tudo
De ter que ser,
Poderei, mudo
De mim, esquecer.

Sob o ermo e quedo
Grande arvoredo,
Dormindo experto,
Verei passar,
De mim liberto,
Meu sonho no ar

Ele é diverso
Do ser disperso
Com que, distinto
De mim sonhei.
Não penso; sinto.
Ignoro: sei.

5-1-1934

265

Baixei, como quem desce do alto sólio,
Ao chão de mim, humilde e iluminado...
Queimei, dentro de mim, o Capitólio
E ergui-me livre, como um condenado.
Ir ser morto é ir ser iluminado.

5-1-1934

266

Fadas ou elfos ou o que quer que seja,
Desde que a vida não se sinta,
E eu demoradamente veja
Só o que me minta...

Música feita coisa! Gnomos, fadas...
Desde que o dia seja alheio
E eu viva as lendas ilustradas
Do meu vago anseio...

Vida tornada música! Do alto
Da varanda sobre sonhar
Ver[1] pela álea, em sobressalto,
Os brinquedos passar.

5-1-1934

1 Variante sobreposta: «Ouvir».

267

A linha da casaria
Que está dada ao sol cadente,
Do oblíquo sol pouco quente
Brilha iluminada e fria.

Assim o meu coração,
Que está dado ao desamparo
Do que na razão é raro,
E que é a pura razão,

Sente brilhar nele brando
Um resquício de saudade...
Quando tornarei, verdade
De quando era meu? Quando?

17-1-1934

268

Não foi princesa quem o sonho trouxe.
Ninguém. Na sombra com que o parque orlava
A passagem quieta de quem fosse,
Nada estava.[1]

Nada, a não ser essa impressão furtiva,
Que não pode evitar um coração,
De haver qualquer presença viva e activa
Sem dela haver visão...

Nada, a não ser entre o que é buxo ou ramos
Qualquer imprecisão no que sentimos
Só porque *aqui*[2] anónimos estamos
E assim nos vimos.

18-1-1934

1 Variante, a seguir, entre parênteses: «Nada, nada estava...».

2 Variante sobreposta: «ali».

269

Teu nome ignoro. Teu perfil deslembro.
Tuas palavras esqueci.
Era manhã, nevoeiro, era Dezembro,
Quando te achei e te perdi.
Sonho ou relembro?

Não sei. Era manhã e o nevoeiro
Envolvia o que havia e o que eu pensava,
Como um falso refúgio derradeiro
Do que em parte nenhuma estava.
Sonho, prolixo e inteiro,

Mas se, nas teclas tua mão errar,
Assim, despida de ser tua, sei
Que talvez poderia achar
Entre o que não pude encontrar
Aquilo que não acharei.

18-1-1934

270

Vai lá longe, na floresta,
Um som de sons a passar,
Como de gnomos em festa
Que não consegue durar...

É um som vago e distinto.
Parece *haver no*[1] arvoredo
Quando seu rumor é extinto
Outro som que vem a medo.[2]

Ilusão ou circunstância?
Nada? Escuto atento, e o que há
Nesse som é só distância
Ou o que nunca haverá.

1-2-1934

---

1 Variante sobreposta: «que entre o».

2 Variante subposta: «Nasce outro som em segredo.».

271

Hoje que nada sou e nada quero,
Relíquia inútil de quem nunca fui,
Eu que meu fim, sem resignar-me, espero
E nada sou do que foi eu em mim,
Aqui, onde este rio obscuro flui,
Quero, sentindo-o ir, ser eu enfim...

Desejo, sem esperança, ver correr
Estas inertes águas fugidias,
Servo de nada ter e nada ser,
E sem esperança ver passar sem forma
O curso *inútil*[1] dos inúteis dias
Que são a minha vida e a minha norma.[2]

Outrora havia outra esperança minha,
Outra era a vida que teria aqui,
Mas a quem coroaram por rainha
Caiu, por falsa e vil a coroa infiel.
E assim a taça de ouro do que eu vi,
Quando a ergui à boca, tinha fel.

1-2-1934

272

Os dois do lugar
Vieram brincando,
Cantando ou beijando,
Por mim a passar...

Rapazes da aldeia
Passaram onde eu
Olhava só o céu
Sob[3] a lua cheia.

---

1 Variante sobreposta: «estéril».

2 Variante sobreposta, entre parênteses: «Em que em mim minha vida se transforma.».

3 Variante sobreposta: «Com».

Vinham da taberna
Brincando, cantando,
No silêncio brando
Desta noite terna.

Eram dois ou um?
Como a sombra engana!
Mas que importa? Irmana.
Eu não sou nenhum.

1-2-1934

273

Eu vou dormir, vou dormir...
Dormem os astros também.
Eu vou dormir a sorrir
O sorriso que os astros têm;

E entre mim e o firmamento
Haverá tal ligação
Que terei entendimento
Com esses céus sem razão.

E eu, o proscrito do espaço
Casarei meu nada ser
Com esse abstracto regaço
Com que a mãe-noite é mulher.

E as falsas núpcias instáveis
Que resultarão do abismo
Dar-me-ão estes planos hábeis
Com que tenho misticismo.

Mas que digo? Que conheço?
Vou dormir, vou sossegar,
E a sombra do que me esqueço
É um rastro vago no ar.

4-2-1934

274

Fresta

Em meus momentos escuros
Em que em mim não há ninguém,
E tudo é névoas e muros
Quanto a vida dá ou tem,

Se, um instante, erguendo a fronte
De onde em mim sou soterrado,
Vejo o longínquo horizonte
Cheio do sol posto ou nado,

Revivo, existo, conheço;
E, inda que seja ilusão
O exterior em que me esqueço,
Nada mais quero nem peço:
Entrego-lhe o coração.

[12-2-1934]
Momento, nº 5, II série, Lisboa, Março de 1934

275

Os mesmos deuses são precários...
Ninguém dos homens é alguém.
Passam os Silas e os Mários.
Todos igual a terra tem,
E os mesmos deuses são precários.
Quem sabe se eles são ninguém?

Talvez que tudo, em mal ou bem,
Um nada seja, feito vários,
Para os processos de vaivém
Que fazem mundos, para quem
Os mesmos deuses são precários.

14-2-1934

276

Tudo me cansa. Nada me consola.
O que fiz fi-lo em vão.
Tu, tocando arranjos de viola
Dás-me uma outra emoção.

Nem[1] me viste, mas vieste. Isso me basta
Toca sem dor nem fim.
E a tua música, vazia, contrasta
Com o pleno de mim.

Quanto levantes baixa-me, mas antes
Quero eu teu soluçar
Que a vida toda com os seus cambiantes
De dormir sem sonhar.

22-2-1934

277

Pálida, a lua permanece
No céu que o sol vai invadir.
Ah, nada inteiramente esquece.
Sonhar, pensar – tudo é existir.

Mas pudesse o meu coração
Saber à tona do que eu sou
Que existe sempre a sensação
Ainda quando ela acabou...

4-3-1934

1 Variante sobreposta: «Não».

278

Dorme, criança, dorme,
Dorme, que eu velarei;
A vida é vaga e informe,
O que não há é rei.
Dorme, criança, dorme.
Eu também dormirei.

Bem sei que há grandes sombras
Sobre áleas de esquecer,
Que há passos sobre alfombras
De quem não quer viver,
Mas deixa tudo às sombras,
Vive *do*[1] não querer.

16-3-1934

279

Eu, que vendi a alma a meio diabo
E a quem, no Carnaval do sem-remédio,
A Sorte pôs, furtivamente, o rabo
Multicolor e mole do meu tédio –

Eu, que não sou ninguém de tanto ser,
E a cuja face a dúvida arrojou
Farinha, a fé que tive que perder,
Água, o desgosto de ficar quem sou –

Eu, assim mesmo, ainda sei mudança,
E, lançado no abismo de aqui estar,
Lembro os meus amplos tempos de criança
E como era rápida a esperança...
Deixem-me ouvir o coração parar!...

16-3-1934

1 O artigo -o de «do» está dubitado.

280

Meu ser é o centro de tudo.
Sou o universo a pensar.
(Atenção: quero chorar.)
(Prevenção: penso e sou mudo.)
Deram-me um livro de estudo
Feito de não começar.

16-3-1934

281

Regularmente
Marca o relógio
Seu tempo taque,
Indiferente.

Não está parado
Fala em tique-taque
Tão regular que é
Como parado.

Nada na vida,
Nada esperando,
Tique-taque eterno...
Olvida! Olvida!

16-3-1934

282

Sinto um prenúncio de morte
Dentro do meu coração.
Virá quando a der a Sorte.
Quando vier, *vem*[1] em vão.

---

1 Variante sobreposta: «virá».

Porque a morte é sombra e nada,
É só a vida vulgar
Que de um lugar é tirada
E posta em outro lugar.

Ri, alma, do que acontece!
Nada existe, salvo seres.
A aranha da vida tece
Só teias de o não saberes.

16-3-1934

283

O som da chuva lá fora, –
Pingos, vento, triste som, –
Junta qualquer coisa à hora
Que faz dormi-la ser bom.

Dá um sentimento vago
De que não ser é um bem,
Como se à margem de um lago
Nunca estivesse ninguém.

Um som de chuva na noite
Com tudo fechado e quedo.
Que o coração não se afoite
Porque existir é segredo.[1]

Um som de chuva lá fora
Sem que se veja chover...
Dormir... Nunca ter agora...
Noite sem dia... Esquecer...

27-3-1934

1 Toda a estrofe está dubitada.

284

O Silva

Morreu o filho do barbeiro,
Uma criança de cinco anos.
Conheço o pai – há um ano inteiro
Que me barbeia e nos falamos

Quando mo disse, o que em mim há
De coração sofreu assombro
E eu abracei-o, incerto já,
E ele chorou sobre o meu ombro.

Nunca acho uma atitude plana
Na vida estúpida e tranquila;
Mas, meu Deus, sinto a dor humana!
Nunca me tires o senti-la!

28-3-1934

285

O Chaga

Foste sempre uma bodega –
Bêbado, porco, ferida
Que nem a ser chaga chega...
Mas bodega é toda a vida.

Anda tudo sujo e grosso
Sob frases simples ou raras
E é chaga este corpo nosso
A que a saúde põe saras.

Morreste? Que é isso? Nada!
Morrem as fés e os sóis.
Que é a vida que nos é dada?
Taberna à beira da estrada...
(Quanta vez bebemos dois!)

31-3-1934

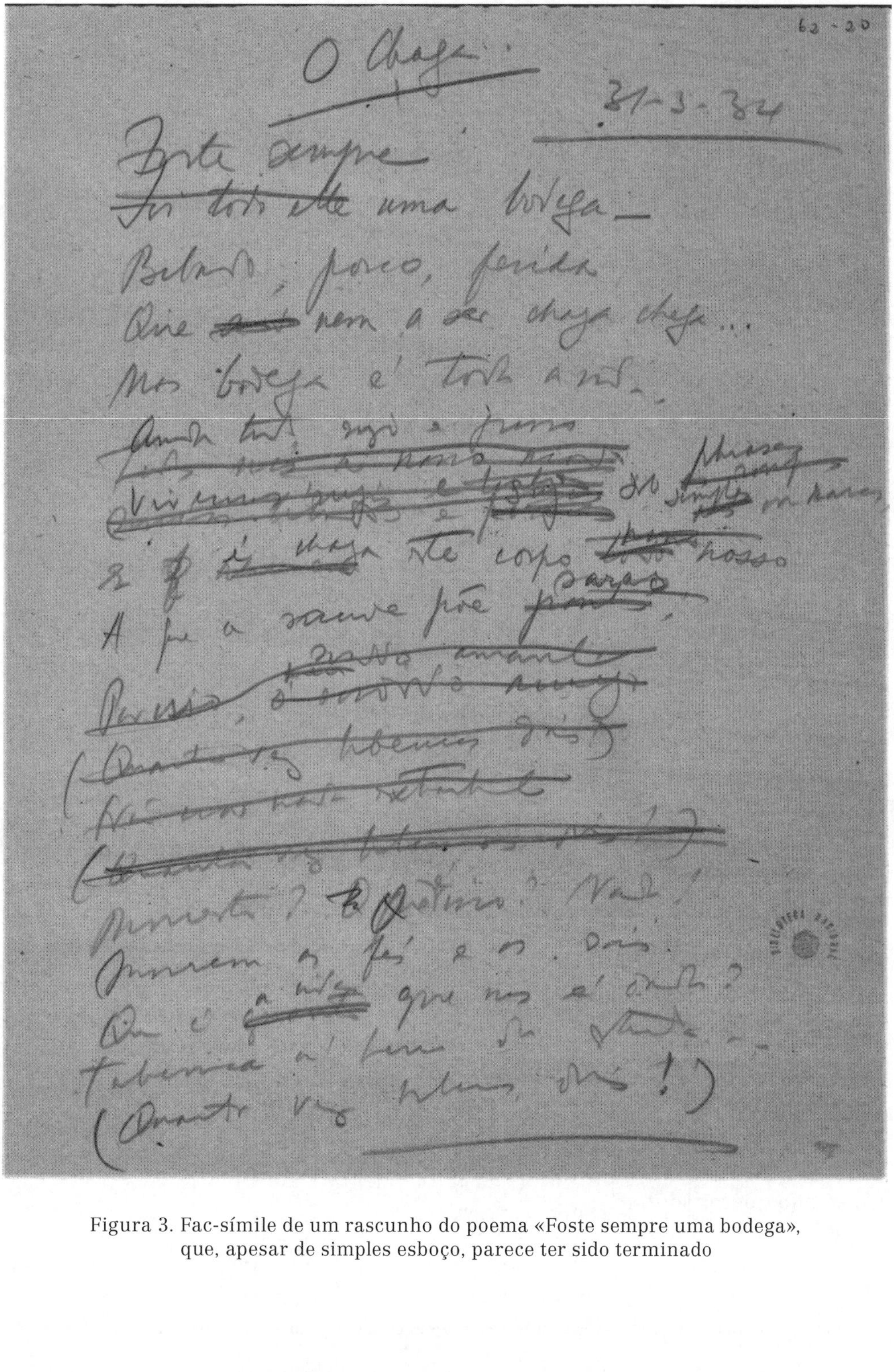

Figura 3. Fac-símile de um rascunho do poema «Foste sempre uma bodega», que, apesar de simples esboço, parece ter sido terminado

286

Cismo, remoto da calma
Em que de sentir-me vou,
Não sei quem é a minha alma
Nem ela sabe quem sou.[1]

E neste mal entendido
Entre quem sou e o que é eu
Vai, tudo com outro sentido
Que está entre a terra e o céu.

No intervalo cresce o mundo
Com sóis e estrelas sem fim.
Tem um sentido profundo.
Conheço-o. É fora de mim.

31-3-1934

287

As fadas dançam no ermo
Sem ninguém as poder ver –
Nessa clareira sem termo
Que é cercada de esquecer...

Dançam num ritmo diverso
Do que a vida faz e canta,
Que é um poema sem ter um verso
E sem se ouvir nos encanta.

Tal é a dança que a aragem
Interrompe e nos vem dar.
É só ruído da folhagem?
O que fiz foi uma viagem
Ou só não querer sonhar?

31-3-1934

---

1 Entre esta estrofe e a seguinte, o poeta esboçou dois versos, estando o segundo incompleto: «Entendê-lo? Tardaria / Explicá-lo? Não □».

288

Sim, por fim uma certa calma...
Certa ciência antiga, sentida
Na substância da vida,
De que não há acabar da alma,
Qualquer que seja a estrada que é seguida...

Fácil visão?
Crença de muitos? Não.
Que o que sinto tem diferença.
É uma vida, não uma crença...
Não é meu: é do coração.[1]

Sol que atingiste o ocidente,
Sei que outro te tornarei a ver –
Um outro e o mesmo no oriente:
Tudo é ilusão, mas nada mente,
O Nada *de*[2] Tudo é o Ser.

31-3-1934

289

Bóiam farrapos de sombra
Em torno ao que não sei ser.
É tudo um céu que se escombra
Sem me o deixar entrever.

O mistério das alturas
Desfaz-se em ritmos sem forma
Nas desregradas negruras
Com que o ar se treva torna.

1 Variante, na margem direita: «[Não é] pele: é o [coração.]».
2 Variante subposta: «que é».

Mas em tudo isto, que faz
O universo um ser desfeito,
Guardei, como a minha paz,
A esperança, que a dor me traz,
Apertada contra o peito.

3-4-1934

290

Verdadeiramente
Nada em mim sente.
Há uma desolação
Em quanto eu sinto.
Se vivo, parece que minto.
Não sei do coração.[1]

Outrora, outrora
Fui feliz, embora
Só hoje saiba que o fui.
E este que fui e sou,
Margens, tudo passou
Porque flui.

6-4-1934

291

Vem uma voz pela bruma...
Vem pela bruma a falar.
Não me diz coisa nenhuma
Sei ouvi-la sem escutar.

É a voz antiga e perdida
Que diz sempre ao coração

---

1 Variante sobreposta: «Ao [coração.]». Caso decidisse aceitar esta variante, teria de suprimir o ponto final do verso anterior.

Que não é nada esta vida
Que todo o esforço é em vão.

Naufraga em ser todo intuito
Morre em passar todo passo
O que queremos é muito,
O que obtemos só chega.

Chega e vê que há somente
No cais aonde amarramos
A ausência de toda a gente
E a chegada que lhes damos.

E assim, inúteis do acaso,
Senhores do nada ser,
Cantamos o nosso caso,
Poetas, ao entardecer.

6-4-1934

292

O que é a vida e o que é a morte
Ninguém sabe ou saberá
Aqui onde a vida e a sorte
Movem as coisas que há.

Mas, seja o que for o enigma
De haver qualquer coisa aqui,
Terá de meu sempre o estigma
Da sombra em que eu o vivi.

10-4-1934

293

Sabes quem sou? Eu não sei –
Outrora, onde nada foi
Fui o vassalo e o rei.
É dupla a dor que me dói.
Duas dores eu passei.

Fui tudo que pude haver.
Ninguém me quis igualar;
E entre o pensar e o ser
Senti a vida passar
Como um rio sem correr.

12-4-1934

294

Tenho escrito muitos versos,
Muitas coisas a rimar,
Dados em ritmos diversos
Ao mundo e ao seu olvidar.

Nada sou, no fim de tudo.
Quanto escrevi ou pensei
É como o falar de um mundo –
«Amanhã eu te direi»

E isto só por gesto e esgar,
Feito de nadas e dedos
Como uma brisa ao passar
Por onde havia arvoredos.

12-4-1934

295

Renega, lápis partido,
Tudo quanto desejei.
E vem deslizar sem ruído
Para onde nunca irei.

Pajem *vestido*[1] em farrapos
Da glória que outros tiveram,
Poderei amar os trapos
Por ser tudo que me deram.

E, irei, príncipe mendigo,
Colher, com a boa gente,
Entre o ondular do trigo
A papoila inteligente.

12-4-1934

296

Acordo, chasco de quem me supus
E um vago frio do que fora mágoa
Se as lágrimas não fossem mais do que água
Tocada vagamente pela luz,
Entorpece um momento
Meu pensamento.

Mas volto a mim, e novamente dorme
O que em mim foi o rei de eu existir.
Que coisa enorme o mundo, que faz rir
Só porque deveras é uma coisa enorme.
Nada desentorpece
O que em mim esquece.

12-4-1934

1 Variante sobreposta: «metido».

297

Se eu me sentir sono
E quiser dormir,
Naquele abandono
Que é o não sentir,

Quero que aconteça
Quando eu estiver
Pousando a cabeça
Não num chão qualquer,[1]

Mas onde sob ramos
Uma árvore faz
A sombra em que achamos
A sombra da paz.

20-4-1934

298

A igreja *católica*[2] cobriu como uma redoma
Meus dias serenos.
Chamo-lhe agora, com razões, a Igreja de Roma.
Sei mais ou sou menos?

Cabalas, gnoses, mistérios, maçonarias
Tudo tive na mão
Na busca ansiosa que enche minhas noites e dias.
Mas nunca o meu coração.

Do que é que me deserdou a verdade?[3]
A maçã diabólica
Comi-a, e sou outro, mas quanto?! Oh a saudade
Da Igreja Católica!

---

1 O poeta refez estes três últimos versos, abandonando a primeira versão.

2 Variante sobreposta: «materna».

3 Variante subposta: «De que fui deserdado pela [verdade?]».

Qualquer coisa de mim quebrou-se, como uma mó
Que caísse mal.
Em pequeno eu seguia, magnanimamente só
Sem nada fatal.[1]

20-4-1934

299

Toda beleza é um sonho, inda que exista.
Porque a beleza é sempre mais do que é.
Toda beleza vista
Não está *de mim*[2] ao pé.
Dista de mim o que em ti vejo, mora
Onde sonho. Se existes, não o sei
Senão porque é agora
Aquilo que sonhei.
A beleza é uma música que, ouvida
Em sonhos, para a vida transbordou.
Mas não é bem a vida:
É a vida que sonhou.

22-4-1934

300

Tudo que sou não é mais do que abismo
Em que uma vaga luz
Com que sei que sou eu e incerto cismo
Obscura me conduz,
Um intervalo entre não-ser e ser
Feito de eu ter lugar,
Como o pó, que se vê o vento erguer,
Vive de ele o mostrar.

22-4-1934

1 No fim do poema e da página, a indicação «Igreja dos Mártires ao Chiado», a igreja onde recebeu o baptismo.
2 Expressão dubitada.

301

Tudo se vai ajustando
Ao fim que terá que ser.
Sem acção, aguardo e espero.
Férias: só o vento brando
Enche de nada o que quero,
Toca de bem o que vier.

Depois da curva da estrada,
Da jornada sem razão,
Terei o conhecimento
De quanto havia de nada
Em meu pleno pensamento
E minha inteira sensação.

E então, livre do Destino
Cujo poder entravou
O que fui sem que existisse,
Entoarei o meu hino
Ao Deus que me deu que visse
Que não sou esse que sou.

22-4-1934

302

Flui, indeciso na bruma,
Mais do que a bruma indeciso,
Um ser que é coisa nenhuma
E a quem nada é preciso...

Quer somente consistir
No nada que o cerca ao ser,
Um começo de existir
Que acaba antes de o ter.

É o sentido que existe
Na aragem que mal se sente
E cuja essência consiste
Em passar incertamente.

26-4-1934

303

Vem brando o vento quieto
Do fundo da terra e sonho.
Há um sossego completo
No que vejo e *o*[1] que suponho.

Sem ser na brisa, que é nada
Só na erva mais alta há bem
Um movimento; e agrada
A maneira que ele tem.

E como se nesta calma
Surgisse um mover *qualquer*[2]
Só para *mostrar*[3] à alma
O sossego que *ela quer.*[4]

3-5-1934

304

Nesta grande oscilação
Entre crer e mal descrer
Transtorna-se o coração
Cheio de nada saber;

1 O pronome é opcional.
2 Variante sobreposta: «insciente».
3 Variante sobreposta: «apontar».
4 Variante subposta: «desmente». No final, Pessoa escreveu três versos variantes dos três últimos, que dubitou: «Surgisse um mover somente / Para nele sentir a alma – / Como o sossego se sente.».

E, alheado do que sabe
Por não saber o que é,
Só um intento lhe cabe,
Que é o conhecer a fé –

A fé, que os astros conhecem
Porque é a aranha que está
Na teia que todos tecem,
E é a vida que neles há.

5-5-1934

305

Tudo que sinto, tudo quanto penso,
Sem que eu o queira se me converteu
Numa vasta planície um vago extenso
Onde há só nada sob o nulo céu.

Não existo senão para saber
Que não existo, e, como a recordar,
Vejo boiar a inércia do meu ser
No meu ser sem inércia, inútil mar.

Sargaço fluido de uma hora incerta,
Quem me dará que o tenha por visão?
Nada, nem o que tolda a descoberta
Com o saber que existe o coração.

9-5-1934

306

Onda que, enrolada, tornas,
Pequena, ao mar que te trouxe,
E ao recuar te transtornas
Como se o mar nada fosse,

Porque é que levas contigo
Só a tua cessação,
E, ao voltar ao mar antigo,
Não levas meu coração?

Há tanto tempo que o tenho
Que me pensa de o sentir.
Leva-o no som sem tamanho
Com que te oiço fugir!

9-5-1934

307

Montes, e a paz que há neles, pois são longe...
Paisagem, isto é, ninguém...
Tenho a alma feita para ser de um monge
Mas não me sinto bem.

Se eu fosse outro, fora outro. Assim
Aceito o que me dão,
Como quem espreita para um jardim
Onde os outros estão.

Que outros? Não sei. Há no sossego incerto
Uma paz que não há.
E eu fito sem o ler o livro aberto
Que nunca mo dirá.

9-5-1934
Revista *presença*, série 2, ano 12, nº 2, Fevereiro de 1940, p. 80

308

Cessa o teu canto!
Cessa, que enquanto
O ouvi, ouvia
Uma outra voz

Como que vindo
Nos interstícios
Do brando encanto
Com o que o teu canto
Vinha até nós.

Ouvi-te e ouvi-a
No mesmo tempo
E diferentes
Juntas cantar.
E a melodia
Que não havia
Se agora a lembro
Faz-me chorar.

Foi tua voz
Encantamento
Que sem querer
Nesse momento
Vago acordou
Um ser qualquer
Alheio a nós
Que nos falou?

Não sei. Não cantes!
Deixa-me ouvir
Qual o silêncio
Que há a seguir
A tu cantares.

Ah, nada, nada.
Só os pesares
De ter ouvido,
De ter querido
Ouvir além
Do que é o sentido
Que uma voz tem.

Que anjo, ao ergueres
A tua voz
Sem o saberes
Veio baixar
Sobre esta terra
Onde a alma erra

E com as asas
Soprou as brasas
Do ignoto lar?

Não cantes mais!
Quero o silêncio
Para dormir
Qualquer memória
Da voz ouvida
Desentendida
Que foi perdida
Por eu a ouvir.

9-5-1934
Revista *presença*, série 2, ano 12, nº 2, Fevereiro de 1940, p. 81

309

Voam gaivotas rente ao chão.
Dizem que é chuva a ir chegar.
Mas não, neste momento não:
São só gaivotas rente ao chão
Só a voar.

Assim também se há alegria
Dizem que diz que a dor nos vem.
Talvez. Que importa? Se este dia
Tem aqui a sua alegria,
Que é que a dor tem?

Nada: só o rastro do futuro.
Quando vier, ficarei triste.
Por ora é o dia bom e o puro.
Hoje o futuro não existe.
Há um muro.

Goza o que tens, ébrio de seres!
Deixa o futuro onde ele está.
Poemas, vinho, ideais, mulheres –
Seja o que for, se é o que há,
Há para o teres.

Mais tarde... Mas mais tarde sê
O que mais tarde te for dando.
Por ora aceita, ignora e crê.
Sê rente à terra, mas voando,
Como a gaivota é.[1]

18-5-1934

310

No fim do mundo de tudo
Há grandes montes que têm
Ainda aléns para além –
Um grande além mago e mudo.

São paisagens escondidas
Que são o que a alma quer.
Ali ser, ali viver
Vale por vidas e vidas.

Todos nós, que aqui cansamos
A alma com a negar,
Num momento de sonhar
Ali somos, ali estamos.

Mas, depois, volvidos onde
Há só a vida que há
Vemos que ante nós está
Só o que vela e que esconde.

Só dormindo os horizontes
Se alargam e nasce a visão
Dos montes que ao fundo estão
E o sonho do além dos montes.

19-5-1934

1 Pessoa passou a limpo a última estrofe, não tendo, contudo, riscado todos os versos da primeira tentativa.

311

Soa na noite um grito involuntário,
Assassinaram quem nunca existiu.[1]

25-5-1934

312

O a quem tudo é negado
Tem o mundo por fado,
O a quem ninguém ama
Tem a vida por chama
Esse a quem tudo falta,
Por baixo, a alma é alta.

São muitos os caminhos
E alheios os vizinhos!
São largas as estradas
E as distâncias erradas,
Mas sempre sobra à alma
A fé que a faça calma.

Assim, sem espada ou lança,
Vou, como uma criança!
Pela estrada cantando
Porque vou confiando.
Vou sem medo e sem frio
Não[2] sei em que confio.

25-5-1934

1 Verso dubitado.
2 Variante sobreposta: «Nem».

313

A lenda dourada e linda
Que me contaram outrora,
Em minha alma dorme ainda
Mas é outra lenda agora.

Antigamente falava
De fadas, elfos e gnomos;
Hoje fala só da escrava
Indecisão que nós somos.

Mas elfos, gnomos e fadas,
Vistos certos, que mais são
Que as projecções enganadas
Dessa nossa indecisão?

Criamos o que não temos
Por nos doer não o ter,
E quase tudo que vemos
É o que ansiamos por ver.

Depois, cansados daquela
Visão que viu só o nada,
Fechamos toda janela,
Ficamos na alma fechada.

Mas inda esses entes todos
Que outrora eram visão,
Bailam mesmos, e inda a todos,
Mas *só no meu*[1] coração.

9-6-1934

1 Variante subposta, entre parênteses: «dentro do».

314

«Porque gastas tempo em sonhos?»
Em que melhor o gastar?
Sonhos, enfim, são risonhos,
E fazem-nos não pensar.

O tempo que sonho passa
Pelo teor dos meus dias
Como o sol pela vidraça.
As sombras são sempre frias.

Junho 1934
«cerca do dia 10»

315

Aquele constrangimento
Que vem de nos entendermos
Somente no pensamento,
Sem nada dele dizermos,

Liga-nos e nos separa,
Faz-nos atados se sós;
E nunca há uma vida clara
Ou entendida entre nós.

Assim não nos entendemos
Porque havia que entender,
E esta vida perderemos,
Complexos de o mal saber.

11-6-1934

316

Um[1] momento
Do teu olhar
Trazia qualquer pensamento...
Fez-me cismas,
Desatento.

Outro e outra
Seria
Não esta neutra
Coisa vazia,
Mas a verdade.

Sim, mas há sempre
No que se evita,
Inda que contra
Nossa vontade,
Uma esquisita
Serenidade.

11-6-1934

317

Só por ver passar um carro
Quando não reparo nele
De mim mesmo me desgarro,
Com meu pensamento esbarro
E vejo que não sou ele.

Meus olhos fitam, reclusos,
A carroça que passou.
Tudo tem fins e tem usos.
E fecho à chave os abusos
A que não ver me obrigou.

11-6-1934

1 Variante sobreposta: «Esse».

318

Houve um ritmo no meu sono.
Quando acordei o perdi.
Porque saí do abandono
De mim mesmo, em que vivi?

Não sei que era o que não era.
Sei que suave me embalou,
Como se o embalar quisera
Tornar-me outra vez quem sou.

Houve uma música finda
Quando acordei de a sonhar.
Mas não morreu: dura ainda
No que me faz não pensar.

11-6-1934

319

Por trás da torre o luar
Faz a torre uma outra torre.
A voz alegre a cantar
É-me triste, *se*[1] a escutar,
Pois sei que quem canta morre.
Tenho pena de sentir
Porque sentir é pensar.

A torre é negra e esplendente.
A lua oculta por ela
É um halo de luz ausente.
Meu coração é dormente:
Cisma sentado à janela.
Tenho pena de pensar
Porque quem pensa não sente.

13-6-1934[2]

1 Variante sobreposta: «de».
2 No canto superior direito da folha, a data está assim indicada: Junho 1934 / dia 13 / completado.

320

Quem me amarrou a ser eu
Fez-me uma grande partida.
Debaixo deste amplo céu,
Não tenho vinda nem ida.
Sou apenas um ser meu.

Nem isso... Anda tudo à volta
A retirar-me de mim.
Parece uma fera à solta
Este mundo que anda assim
A servir-me de má escolta.

Quando encontrar a verdade
Hei-de ver se hei-de fugir,
Pelo menos em metade.
Depois ficarei a rir
Da minha tranquilidade.

16-6-1934

321

Reli, como quem lê uma obra alheia,
O que escrevi nessa distância minha
De jovem, a de que a alma ficou cheia.
Porque foi o melhor que a alma tinha;

Reli, e desconheço quem foi poeta
Nessa ocasião em que esplendi absorto,
E o que sou hoje é uma *sombra*[1] preta
Sobre o chão limpo desse poeta morto.

---

1 Variante subposta: «nódoa».

Reli; nem saberei que é que fui
Quando fui o poeta que não sou...
Não sei que rio por minha alma flui.
Sei que trouxe *meu ser e mo*[1] levou.

23-6-1934

322

Céu alto, que astros revelam
Entre as nuvens que não são
Mais que os nadas que o não velam,
Que sonhos minha alma estrela?
Que noite é o meu coração?

23-6-1934

323

Entre nuvens casuais
Brilham astros ao acaso,
Nos desníveis desiguais
De não haver nada mais
Que nuvens num lento atraso.

Não há vento que se sinta
Mas as lentas nuvens vão
Pela noite, na indistinta
Passagem que vaga pinta
Sombras brancas no céu vão.

---

1 Variante sobreposta: «minha alma e a».

Não há vento... Não há nada...
Mas passam as nuvens e há
Em minha alma frustre e errada
Qualquer certeza enganada,
Qualquer dor que lá não está.

É talvez uma tristeza
Que como as nuvens existe
Só porque passam e nem lesa
A alma, nem tem beleza
Nem é mais do que ser triste.

[23-6-1934]

324

Pobre de tudo, excepto de o saber,
Volvo atrás para ler
Aquele anúncio à porta da morada
Do regedor do Nada
Onde se diz que alguém perdeu na rua
Uma alma que era sua,
E quem a achasse que a trouxesse ali
Onde o anúncio vi.
Encontrei-a, escondi-a, não a dei
Por achada ante a lei.
Mas sofro a dor de não poder saber
Dela o que hei-de fazer,
Que ter uma alma a mais faz pena e dó:
São dois a um estar só.

[23-6-1934]

325

Parte-te contra a parede,
Coração que ninguém quer!
Alma com fome e com sede
Só do que não pode haver
O que te há-de suceder?

Cai no lixo e fica lá,
Anseio que és somente
De ir buscar o que não há
Onde os não hás não são gente!
Quebra-te, coisa que sente!

23-6-1934

326

Durmo só por cansaço,
Não por um sono meu,
E há um vago, abstracto laço
Fora do tempo e espaço
Com que alguém me prendeu...

Pareço estar disperso
Num abismo de mim –
E acho tudo o que penso
Feito de um corpo denso
A coisa alguma afim.

23-6-1934

327

Um sorriso de criança,
Um ar brando entre arvoredo...
E há uma súbita mudança
No que em mim tem mal e medo...

Tenho todas as doenças...
Tenho vómitos de tudo...
Não tenho força nem crenças:
Meu pensamento está mudo...

Sim, mas o bebé sorriu
E a brisa correu tão bem
Que nada disso existiu
E a vida é o que a vida tem.

23-6-1934

328

É sono? É sonho? É ver?
Não sei, nem sei saber...
Há um sol negro no fundo
Do que me sinto ser
E *à roda*[1] gira o mundo.

23-6-1934

1 Variante subposta: «em torno».

329

Pouco me falta para ser quem sou.
Basta morrer. E vou
Para a morte a sorrir como quem vai
Para casa; e o atrai
A ideia, sem saber se a casa é
Como era, mas tem fé.
Há sempre qualquer coisa de materno
Naquele mundo interno
Que é o lar original, o não ter já
Este carinho que há,
Chamando a vida, mas o leito antigo
Por detrás do postigo.

2-7-1934

330

Quando eu morrer e tu fores,
Ó prado, o que já não sei,
Haverá prados melhores
Para o melhor que eu serei.

E as flores que aqui são belas
Nos campos que vejo aqui,
Com cores serão estrelas
Nos vastos campos de ali.

E talvez meu coração
Vendo essa outra natureza
Mais natural que a visão
Que agora nos mentiu certeza,

Possa, como ave que pousa
Por fim num ramo, sentir
Como era nenhuma coisa
Esta coisa[1] de existir.

2-7-1934

331

Eram vadios todos
Andavam na floresta
Sem motivo e sem modos
E a razão era esta –

Que andando iam cantando
O que não pude ser,
Nesse tom mole e brando
Como um anoitecer

Em que se canta quanto
Nada há nem é *nem*[2] dói
E que tem *nisso*[3] o encanto
De se *pensar*[4] que foi.[5]

[2-7-1934]

332

Já me não pesa tanto o vir da morte.
Sei já que é nada, que é ficção e sonho,
E que, na roda universal da Sorte,
Não sou aquilo que me aqui suponho.

---

1 Variante subposta, entre parênteses: «Esse voo».

2 Variante sobreposta: «e».

3 Variante sobreposta: «disso».

4 Variante subposta: «sonhar».

5 Variante no final do poema para os dois últimos versos: «*Porque vem disso* [variante subposta: "Sentiam nisso"] o encanto / De tudo quanto foi.».

Sei que há mais mundos que este pouco mundo
Onde parece a nós haver morrer –
Dura terra e fragosa, que há no fundo
Do oceano imenso de viver.

Sei que a morte, que é tudo, não é nada,
E que, de morte em morte, a alma que há
Não cai num poço: vai por uma estrada.
Em Sua hora, e a nossa, Deus dirá.

6-7-1934

333

Era um bêbado sem fim...
Olhava claro p'ra mim
Com um olhar sem olhar
Que parecia chorar,
E erguia o copo a tremer
À boca, num só beber...

Pobre diabo! Pois sim
Mas que me acontece a mim
Melhor que a ele, que a alçar
O copo, *tremiam*[1] no ar?
Bêbado de nada ser
Tremo de não perceber.

7-7-1934

334

Não digas nada! Que hás me de dizer?
Que a vida é inútil, que o prazer é falso?
Di-lo de cada dia o cadafalso
Ao que ali cada dia vai morrer.

1 Pessoa escreveu sem dúvida «tremiam», o que faz supor um sujeito plural, «as mãos», que esqueceu (trata-se de um rápido rascunho).

Sim, não querer, porque querer é um monte
Posto no horizonte de onde estamos,
E que nunca atingimos nem achamos,
Presos locais da ida e do horizonte
Sem asas e sem ponte.

Não digas nada, que dizer é nada!
Que importa a vida, e o que se faz na vida?
É tudo uma ignorância diluída.
Tudo é esperar à beira de uma estrada
A vinda sempre adiada.

Outros são os caminhos e as razões.
Outra a vontade que nos fará seus.
Outros os montes e os solenes céus.

8-7-1934

335

A casa foi deixada,
A quinta abandonada.
Caiu em abandono
O pomar, como em sono.

Pelas ruas da quinta
A razão era extinta.
Pelas veredas da horta
A razão era morta.

Assim se consumou
O que não se acabou
E assim há-de ficar
O que houver por achar.

8-7-1934

336

No Beco do Fala-Só
Falei com outra pessoa.
Essa é boa!

É, mas o outro era eu
Porque isto sucedeu
No Beco do Fala-Só...

Mas então que há que fazer
De essa fala sem fala,
De esse dizer sem dizer?

Nada; que a vida é uma mó
Que mói a falta de trigo
E que eu falei só comigo
No Beco do Fala-Só.

9-7-1934

337

Beco do Fala-Só...
Quem teria trazido
Do fundo de riso ou dó
Este nome vivido?

Louco? Bêbado? Poeta?
Falava só consigo.
Nessa amplidão completa,
Suficiente e secreta
De quem não tem amigo.

Beco do Fala-Só...
Qualquer alma é assim.
Que eu tenha de mim dó...
Ninguém o tem de mim.

9-7-1934

338

Cor-de-rosa vago
Do poente,
Meu coração trago
Doente.

Doente de já não
Sentir bem
Qualquer sensação
Que tem.

Poente cor-de-rosa
Eu te fito
Como a qualquer coisa.
Dormito.

9-7-1934

339

Lágrimas que não chorei,
Pesais-me no coração.
Não tenho de vós perdão.
Um dia vos chorarei
E serei feliz então...

Lágrimas que foram vindo,
Às escondidas, de mim,
Lágrimas sem dor nem fim.
Eu vos chorarei sorrindo
Só por vos chorar assim.

Lágrimas de tudo quanto
Perdi ou não pude ter –
Ou sonhei sem esquecer –
Mal sois mágoa, mal sois pranto
Mas sois meu *choro*[1] e meu ser.

9-7-1934

1 Palavra dubitada. Variantes: sobreposta, «sonho»; subposta, «sangue».

340

Veio um corvo negro, negro,
Veio um corvo a negrejar,
A dizer-me que a alegria
Vive para além do mar.

Vive para além do mar
Onde ninguém pode ir ter.
Veio um corvo negro, negro,
Veio só p'ra mo dizer.

Mas eu tinha um barco feito
Para fins que não sabia
E vou ir naquele barco
Para onde ninguém iria

E para onde ninguém iria
E por guia eu hei-de ter
Esse corvo negro, negro,
Sem que ele o queira ser.

Porque foi ele que disse
Que a alegria por achar
Vive longe, muito longe,
Vive para além[1] do mar.

11-7-1934

341

Ignoro e espero. Passa no arvoredo
Um vento que o faz mar.
Esse outro modo meu far-me-ia medo
Ou sentir sem pensar.

Agora não. Dá-me um repouso à alma
Em que penso, a sorrir,

1 Variante subposta: «Do outro lado».

E quanto penso é uma lua calma
No céu de eu o sentir.

Ignoro e espero, vagaroso e alheio.
E, ao som que me embalou,
Cada vez mais inteiramente creio
No que em mim durmo e sou.[1]

11-7-1934

342

Tenho em mim como uma bruma
Que nada é nem contém
A saudade de coisa nenhuma,
O desejo de qualquer bem.

Sou envolvido por ela
Como por um nevoeiro
E vejo luzir a última estrela
Por cima da ponta do meu cinzeiro

Fumei a vida. Que incerto
Tudo quanto vi ou li!
E todo o mundo é um grande livro aberto
Que em ignorada língua me sorri.

16-7-1934

343

Quando era jovem, quando tinha pena
Que *me*[2] fazia chorar,
A vida, embora má, era serena
Porque era só sonhar.

---

1 Variante subposta: «[No que] durmo mas [sou.]».

2 Palavra opcional.

Hoje, que tenho pena, quando a tenho,
Só *com*[1] compreender,
A minha vida é como alguém estranho
Que me visita o ser.

Porque a pena, ou a mágoa, ou o cansaço
Que acaso surja em mim
É como alguém que pisa, com mau passo,
Canteiros de jardim.

16-7-1934

344

Dá só treze badaladas
O relógio que não há.
Põe-no nas encruzilhadas
Onde relógio não está.
E ali as horas que dá
Têm treze badaladas.

É o enguiço e o defunto
Que vem da beira do rio
A fazer mal ao assunto
Que era p'ra tratar a fio.
Ah, meu coração vazio
É que é o enguiço e o defunto.

16-7-1934

345

Quando deixei de dormir
Ainda havia sonhar
Como um resto de existir.
É como a onda do mar
Que recua e deixa-o vir.

1 Variante sobreposta: «por».

Quando deixei de ter sono
Nem por isso despertei.
Senti um grande abandono.
Um grande sonho entreguei
De que nunca fora dono.

E fiquei boiando incerto
Entre quem era e quem sou.
De mim nem longe nem perto.
Desperto. Em que sonho estou?
Em que vida estou? Desperto.

16-7-1934

346

Se toda a gente trabalha,
Porque não trabalhas tu?
Porque a inteligência ralha
Há quem goste de andar nu.

E quando o meu pensamento
Se veste de ter vontade
E, roupa, lhe pesa o intento
De alguma veleidade –

O que quer é só despir-se
E de novo regressar
Àquilo que Deus lhe disse,
Que era ser nu a pensar...[1]

16-7-1934

---

1 Variante na margem: «Põe-te nu [a pensar]!».

347

Essas coisas que escrevi
Quando tinha só vinte anos,
Hoje, hoje, que as reli
Nelas, antigas, não vi
Nenhuns antigos enganos.

Meus enganos são de agora.
Quando jovem, via certo.
Hoje é que a minha alma ignora
Porque a emoção foi-se embora
E a inteligência é deserto.

Quem me dera nessa idade
Em que a ciência de dizer
Era uma suavidade,
E eu conhecia verdade
Por nada inda conhecer!

Hoje, que penso, e que sinto
Somente porque pensei,
Vivo dentro de um recinto
Que me aperta como um cinto
Que demasiado apertei.

Então eu era quem era
Sem pensar nem em sentir.
Bom tempo, quem o tivera
Ainda que como hera
A matar-me de cingir![1]

18-7-1934

1 Os três últimos versos estão dubitados.

348

Não sei se é triste[1]
Se é de alegrar
Saber que existe
Sob o luar
Poder sonhar.

Sei só que a lua
Nada me traz
Mas a aura sua
Na água que jaz
Feliz me faz.

Paira um encanto –
Não sei de quê...
E do meu pranto
Que ninguém vê
Fica uma fé.

21-7-1934

349

Tu, de quem o sol é sombra,
De quem cadáver o mundo,
Meus passos guia, a que ensombra
O sentir-te, ermo e profundo!

Presença anónima e ausente
De quem a alma é o véu,
A meus passos de inconsciente
Dá o consciente que é teu!

---

1 Ao cimo da página, Pessoa escreveu: «Depois de te conheceres / Aprende a desconhecer-te».

Para que, passadas eras
De tempo ou alma ou razão,
Meus sonhos *sejam esferas,*[1]
Meu pensamento *visão.*[2]

22-7-1934

350

Quem sabe se o que pensamos
Não é só o que esquecemos.
Vamos, remando, sob ramos
Do rio, assentes nos remos;

E uma visão mais remota
Que as margens e o arvoredo
Torce sem querer a rota
Que se seguia em segredo.

Cada rio tem dois rios,
Por um íamos remando
Sem atenção nem desvios,
Contentes de ir avançando.

Mas quando, tristes e quedos,
Íamos remando a fio,
Sentimos que os arvoredos
Cobriam um outro rio.

26-7-1934

---

1 Variantes: sobreposta, «[sejam] números»; ao fundo da página, «acendem esferas».

2 Variante, ao fundo da página: «universo.».

351

Qual é aquela canção
Que, em vontade do que sinto,
Procuro, e procuro em vão?
Sempre que a escrevo, me minto.

Era melhor não pensar,
Porque assim a cantaria:
Era uma canção a dar
A quem a procuraria.

Hálito breve e desnudo
De uma intenção de dizer.
Falado, calava tudo.
Dito, ficava a esquecer.

27-7-1934

352

A lâmpada nova
No fim de apagar
Volta a dar a prova
De estar a brilhar.

Assim a alma sua
Deveras desperta
Quando a noite é nua
E se acha deserta.

Vestígio que ergueu
Seu ser ao lugar
De onde se perdeu...
Nasce devagar!

3-8-1934
medium[1]

1 O termo latino *medium*, escrito logo abaixo da data, pode querer dizer que o poema foi escrito em estado de inspiração mediúnica. Aliás, a letra aproxima-se, de facto, de alguns textos nessa situação.

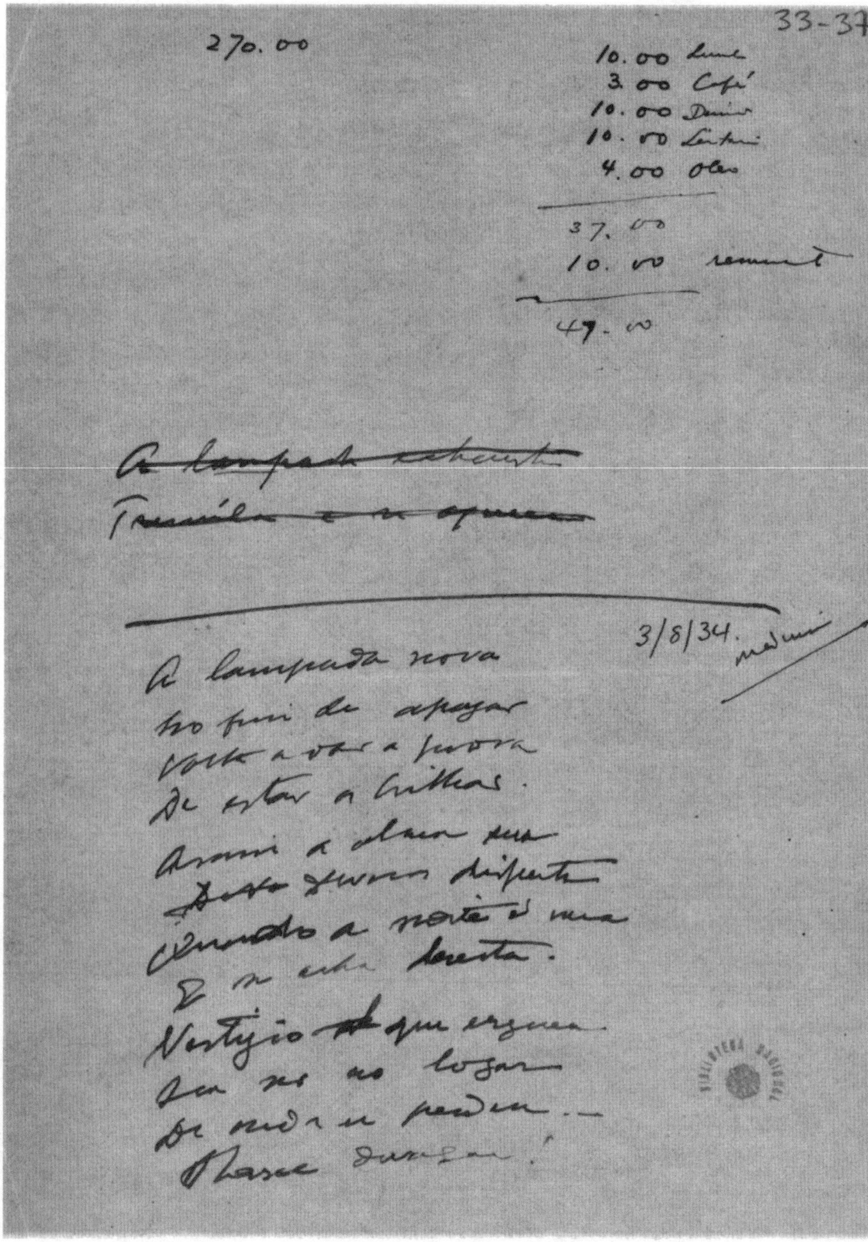

Figura 4. Fac-símile de um rascunho do poema «A lâmpada nova», aparentemente resultado de uma comunicação mediúnica, o que se subentende pelo termo «medium» registado por baixo da data e pela própria grafia. No mesmo papel, uma nota de compras de mercearia

353

Vaga saudade, tanto
Dóis como a outra que é
A saudade de quanto
Existiu aqui ao pé.

Tu, que és do que nunca houve,
Punjes como o passado
A que existir não aprouve.[1]

3-8-1934

354

Concluso a opalas e ametistas,
No fim de haver o fim de tudo,
Virei para o silêncio as vistas
Com que me fiz o nome e o escudo.

Depois, ébrio da glória finda,
Senhor do incógnito lugar,
No dia se sai da noite finda,
Achei a chave por encontrar.

E fruto do infiel disfarce
Onde o silêncio se fechou,
Dei meu sossego ao que me nasce
Do coração que se apagou...[2]

3-8-1934

1 Ver nota de rodapé do poema anterior e do que se segue.

2 A data deste poema é a mesma do poema anterior com a indicação «medium» e a caligrafia é, de igual modo, a que habitualmente usa nos textos mediúnicos.

355

Outrora, antes de tempo e espaço,
Não sei em que região que houve
Antes que o natural abraço
Do mundo ao nada a Deus aprouve,

Vivi entre astros e mistérios
A vida que me lembra agora
Quando me chegam sons aéreos
Do que o silêncio faz da hora.

E o que o hoje vivo, a pouca vida
Com que me nutro de esquecer,
Cessa como uma coisa ida
Numa vitória *acontecida*[1]
Entre os tambores de *vencer.*[2]

4-8-1934

356

Não: nada quero, nada vou querer.
Só o silêncio, que me dói saber
Que nada sou nem quero, me vem dar
A sensação de nada desejar.

Bem sei: há rosas em jardins de alguém;
No alto do céu a lua brilha bem;
O amor é jovem sempre, e o fado mudo.
Mas nada quero, pois negar é tudo.

Talvez que noutro clima do mistério,
Sob outro signo de outro ser sidério,
Se me abra a porta ou se me mostre a estrada...
Neste momento só não quero nada.

4-8-1934

1 Variante sobreposta: «instituída».
2 Variante subposta: «morrer.».

357

Sorrio porque sonho,
E o sorriso não é
Aquilo que suponho,
Pois nem sequer dei fé

Se sorri de acordar,
Se sorri de dormir
Se sorri de me achar
Assim mesmo a sorrir...

Qualquer coisa haveria
Em sonho ou realidade
À qual eu sorriria
Só por não ser verdade.[1]

4-8-1934

358

Dá rosas, rosas, a quem sonha rosas!
Ou não dês nada, que sonhar é tudo.
As flores naturais e preciosas
São as que eu sonho, transtornado e mudo.

Dá rosas, rosas, só em pensamento,
A quem não tem no mundo mais jardim
Que aquele que há entre o desejo e o intento
E onde haja as rosas que me dás a mim.

4-8-1934

1 A estrofe está dubitada.

359

No alto da torre está o relógio,
Mais alto ainda o sol está.
Hora a hora um diz meu necrológio
O outro não fala: brilha e há.

Não sei quem mede o tempo aqui:
Se o que dá horas na alta torre
Se o que só alumia, e ri
De alguém poder supor que morre.

4-8-1934

360

Meu coração, se alguém o quis,
Não se lembra de que o queria...
Por isso sou só e feliz.
Pois minha vida é fria.

Mas tenho aonde me aquecer.
Há uma chama involuntária
No fundo ignoto do meu ser.
Que importa a vida, alheia e vária?

4-8-1934

361

Ao som da música adormeço
Sem dormir.
O que fui e o que sou esqueço
Por sorrir.

Ao que não há e me é aragem
De som

E o que do fundo da viagem
Do nada, é bom.

São uns ventos ao acaso.
Bem sei...
Mas são sonhos, e eu amo o atraso
Do que sonhei.

4-8-1934

362

No fim do fim de tudo,
Onde nada há nem vive,
Um grande ídolo mudo
Está hoje onde estive.

Vão crentes dar-lhe incenso.
Amam-no a ele só.
E o incenso é o que *eu*[1] penso,
E o amor é quem eu sou.[2]

Foi num templo esquecido
E num sacrário incerto
Longe de todo ruído
Deste mundo desperto.[3]

4-8-1934

363

Por mais que a penumbra seja
O sentido deste mundo,
A sombra da árvore beija
Meu esquecimento profundo

1 Pronome optativo.
2 Verso dubitado.
3 Estrofe dubitada.

Sob ela jazo, dormente,
Sonho não estar a dormir...
E sigo, anónimo e crente
O que me sinto sentir...

Que sossego sem pensar!
Que sensações sem querer!
E gozo o nada e o ar
Que nada me vem dizer.

4-8-1934

364

Onde quer que o arado o seu traço consiga
E onde a fonte, correndo, com a sua água siga
O caminho que, justo, as calhas lhe darão,
Aí, porque há a paz, está o meu coração.
Bem sei que o som do mar vem de além dos outeiros
E que do seu bom som os ímpetos primeiros
Toldam de ser diverso o natural da hora,
Quando o campo a não ouve e a solidão a ignora.
Mas qualquer coisa falsa e vera se insinua
Nas árvores que são vestígios sob a lua.

5-8-1934

365

Era água corrente.
Não tinha sentido.
Ia lentamente
Com pouco ruído,

Salvo onde uma pedra
Fazia a água dar
Um som bom que medra
Para se apagar...

Assim a emoção
Engana, a sentir,
Nosso coração –
Água sempre a ir.

6-8-1934

366

O louco endoideceu
Por ter tido juízo.
Correu, correu, correu
Até ao paraíso...

Que era só estar cansado
Porque quando se corre
O cansaço é-nos dado
Quando o correr-bem morre.

De aí essa loucura
Do louco com juízo
Que viu a noite escura
E saltando por cima dela
Caiu no paraíso.

6-8-1934

367

Névoa... A manhã é névoa e o dia é este...
Que quero eu dele ou ele quer de mim?
Quero que a minha angústia nada ateste
De si, nem de quem quer um fim...

Quero que a manhã seja como é,
Porque o seria sem o eu querer;
E que eu tenha esse resto vil de fé
Que é querer ainda viver...

6-8-1934

368

Quero, antes que me cesse o dia,
E o sol se apague em noite minha,
Ter ainda uma plácida alegria,
Que em mim coroarei rainha –

A de, a uma mesa de taberna,
Com os que foram camaradas
Da minha boa companhia externa,
Comer umas coisas assadas,

E, ao som interior do vinho,
Rir com eles, sem ter talento,
Ante a porta entreaberta, onde adivinho
O frio do último vento.

6-8-1934

369

Música, ao contrário de tudo...
Cá fora a vida – noite e luar...
E eu, a ouvir e a sonhar,
O irmão ausente e mudo
De quanto amei e tive que deixar...

Sim, música, o cruel avesso,
Suave, contudo, de sentir
Que quanto mais eu quero ir
Para onde tudo vejo e esqueço,
Mais pesa em mim a ausência de o fruir...

Música, sim, música, um lago
Em silêncio sob o luar
E só o prazer de o olhar
Naquele vestígio de afago
Que do sentir faz modo de pensar...

Música, sempre música: dá
Mais que sentir ao coração...
Não me deixes só a emoção...
Nada há, nada há e nada há...
Dá-me um aceno que seja só perdão...

Música! E cessa porque tudo
Cessa... E há só a noite e o luar...
E eu, despertando de sonhar,
Jazo, contemplativo e mudo,
E nem do que sonhei me sei lembrar...

6-8-1934

370

Soam doze horas. É o fim...
E é o princípio de outro dia!...
Ó coração, aprende assim
Que a vida, que *me sinto*[1] em mim,
Quando acabar é que principia...

Não há morte. E o som breve e lento
Do relógio a dar horas que há
Tem só a corda, sem alento.
Não conta com o pensamento
Nem com as horas que haverá.

6-8-1934

1 Variante sobreposta: «se sente».

371

A criança e o seu brinquedo
São, ao meu olhar de dó –
Um dó de saudade e medo –
Uma coisa só:

A dupla fragilidade
Da inocência e do fingir
São uma e outra metade
Da vida a sorrir.

Deus te mate sem demora,
A morte te leve cedo
Antes que a vida ou a hora
Te quebre a alma que ignora
Ou o brinquedo!

6-8-1934

372

Ah, como eu quereria
Ser como aqueles em quem
A inspiração é já poesia
E a forma toda a alma tem!...

Meu mestre Camilo Pessanha!
Como sentias? Por que modo
O que em ti é matéria estranha
Era teu natural, teu todo?[1]

Ninguém sabe. E teus versos são
Como o que passa no sonhar
E nem é bem[2] uma visão
E nem é bem o despertar.[3]

7-8-1934

---

1 Estrofe dubitada.
2 Variante sobreposta: «Que é melhor que».
3 Variante subposta: «Sem que haja de que [despertar].».

373

Bem sei... Um leve sorriso
Que, porque tardou,
Ficou mais impreciso
Do que ficou...

Um intervalo: sentir
E saber que se sente,
Fá-lo a sorrir
Quem é inteligente.
Mas quem é só gente

Sente deveras mágoa
Por aquele sorriso
Não ser senão como a água,
O Impreciso...

7-8-1934

374

O pavão no parque morto
Sobrevive a quem viveu.
Abre a cauda, bruto e absorto,
Sob o silêncio do céu.

E a sua cauda espalhada
É o indício resignado
De que a vida não é nada
Mas tem um leque mostrado.

7-8-1934

375

Como criança, ou como condenado,
Livre de culpa ou cheio de pecado,
Dorme teu ser cansado.

Quem dorme, porque é nada e é ninguém,
E sua essência de dormente tem
Direito a qualquer bem.

Ao menos à renúncia e ao perdão
Que, ambos, vestígios ignorados são
De uma maior visão.

Quem dorme é inocente e volta a ser
O que em criança foi sem perceber –
O que sonha sem ter...

Dorme. Inda que te odiasse, nesta hora
Nada em mim odiaria, que a pastora
As idas reses chora...

Sim: há um monte para além de aqui
Onde um rebanho pasce, e ali, ali,
Esta vida sorri.

7-8-1934

376

Quem fez de mim aquilo que hoje sou?
Que força estranha, oculta dentro em mim,
No que nunca quis ser meu ser fixou?
Fosse qual fosse, sou quem é assim.

Os vestígios do último remorso
Ergueram asas de onde estou sonhando.
E o meu ser é como um bandido corso
Que a polícia de França vai caçando.

7-8-1934

377

Que bebedeira! Mas no fundo
Há quem eu sou...
Uma visão anónima do mundo
Visto de onde estou.

Que bebedeira! Mas que bem que vejo
Todos perder
Aquele antigo e natural ensejo
Que os faria viver...

Que bebedeira... Mas os outros são
Mais bêbados do que eu...
Porque trazem nas mãos o coração
E perguntam se é seu...

7-8-1934

378

Anos e anos do que não foi eu
Vivi recluso no ser que era o meu.
Anos e anos de quem nunca fui
Vivi submisso do meu ser que flui.

Agora, que a viagem é regresso
Ao que deveras sou, deveras peço
Que eu tenha num momento da viagem
Remorsos de mim mesmo ou da paisagem.

Porque, por muito que se a alma tenha
Afastado do mar que as praias banha
Da sua solidão universal,
Volta, de noite, sem que o luar venha,
Ali, num passo antigo e natural.

8-8-1934

379

Como um grande rochedo debruçado
Sobre o mar,
Sobre meu ser anónimo e agitado
Estou a pensar...

Vejo a emoção que como uma onda deita
Orlas a ir
Numa minúscula mistura feita
Para se ouvir...

Vejo a vontade, como um som de vento
Fazer erguer
A espuma inútil, a emoção,
Para se ver...

E sempre forte, sobranceiro e inútil
O rochedo à
Praia que vê dá a protecção fútil
Do que *ali*[1] está.

8-8-1934

380

Passa um silêncio sobre a erva alta.
Cessam seus topos de cabecear...
O vento esconde-se, e a sua falta
Dá uma tristeza ao ar.

Assim quando cessou o sentimento
Que fez mover os cimos do meu ser
Não se me melhorou o pensamento
E fiquei sem querer.

---

1 Variante subposta: «só».

Vento que dormes, ergue-te e caminha!
Emoção tarde, sente-te e revive!
E a erva volta à comoção que tinha
E eu ao amor que tive...

8-8-1934

381

Tragam-me tédio para divertir-me!
Tragam-me flores, para as recusar!
Quero de quanto quis ou pude rir-me,
De quanto amei falar...

Falar, dizendo o que se nunca diz,
O que a alma a si oculta e a outros nega.
Quero a mim mesmo parecer feliz
Como a criança que sem água rega.

Tragam-me rosas, – rosas, sim, ou lírios –
Para que eu sinta em mim o Imperador,
Até que enfim os meus próprios delírios,
Suaves, se voltem contra o seu senhor.

8-8-1934

382

Tenho sono. Depois de não sentir
Em tão longos momentos de pensar,
Cansei-me de saber que era sonhar,
E só sonhar, o que era eu existir.

E, assim, recluso entre os errados muros
Das conclusões a que ninguém chegou,
Abdiquei minha sombra e o que sou
Em grandes, vagos, gestos só obscuros...

Puseram os taipais no que perdi.
Negaram a verdade ao que sonhei.
E então, então, me coroaram rei
E senti a coroa que não vi.

8-8-1934

383

As meninas que há na feira
Nas barracas a espreitar
São, de uma outra maneira,
A minha alma a desejar.

Elas vão, a reparar,
Sempre no rastro da esteira
Do povo, e se há um tardar
Tomam logo a dianteira.

Vão às barracas da feira
E riem por espreitar.
Ah, quebram-me a alma inteira
Porque a não posso pensar!

8-8-1934

384

Eram todos mascarados
Porque eram todos gente...
Iam muitos, misturados,
Iam misturadamente...

E sem haver entender
Entre o que um ou outro era,
Ia tudo num viver
Como dentro de uma esfera...

Era um globo de ninguém
Toda aquela mascarada,
Como uma bola que tem
A superfície pintada,

E que rola monte abaixo
Só pelo declive que há.
Se a procuro, não n'a acho,
Porque rolou para lá...

Para lá de onde o sopé
Do monte acaba, e começa
Uma outra coisa, que é
Ir atrás dela depressa.[1]

9-8-1934

385

Quem me pôs nódoas no vestido dela?
Quem me roubou o que não era meu?
Que nuvem veio interromper a estrela
Que me era todo o céu?

Que insulto absurdo da maré da sorte
Me leva na ressaca o sonho e a glória,
Que, porque os tive ao desprezar a morte,
Seriam minha história?

Quem, depois, no silêncio de eu pensá-lo,
Tudo me restituiu, em maré cheia,
Como um rei que a um cego, seu vassalo,
Restitua a candeia?

9-8-1934

1 Na margem direita o poeta escreveu uma variante à última estrofe: «Para lá onde acabou / O monte que ali começa... / E em busca dela me vou / Até que o buscar me esqueça.».

386

Pouco, pouco, pouco…
Só sob o luar
Senti-me um pouco louco,
Um pouco por achar…

Havia um labirinto
Para se descobrir.
Não sei se penso ou sinto,
Se devo ir ou não ir.

Havia um procurar…
Havia um grande enredo
De altos buxos ao luar
Em ruelas de medo.

Ali, depois de voltas
Que vinham para lados
(Que gargalhadas soltas
Dos outros enganados!)

Chegava-se ao seu centro
Depois da ida errada
E falso ir para dentro.
Mas ali[1] não há nada.

9-8-1934

387

As fadas são pensamentos,
Mas pensamentos são gente…
No interstício dos momentos
Vivem a vida contente,

Com que, se nada sentimos
E nada sequer pensámos,

---

1 Variante subposta: «No centro».

Nós os vimos, nós os vimos...
Depois dizemos que errámos.

De um lado, a rua é vazia
Do outro há campo, agro e misto.
Mas, enfim, não haveria
Qualquer coisa mais do que isto?

De onde vem esta saudade
Que não deixa o coração
E um pensamento invade
Sem que lhe *eu*[1] saiba a razão?

Foi só a rua deserta
Ou só o campo sem fim,
Que me deu a paz incerta
Que chora dentro de mim?

10-8-1934

388

De tanto me fingir quem sou deveras,
Já desconheço quem deveras sou.
Trago, talvez, desde longínquas eras,
Não quem eu sou, mas só para onde vou...

E assim, inevitável e mesquinho,
Fiel a um ritmo cuja lei ignoro,
De mim sei só qual é o meu caminho
E que na estrada, de cansado, choro.

Pobre de tudo, salvo de ir seguindo,
Tenho contudo uma esperança ainda:
É que Deus dê, a quem, assim, vai indo,
Uma estrada que nunca seja finda...

10-8-1934

1 Opcional.

389

Sorrindo, com as mãos ainda estando
Sobre o teclado do piano findo,
Olhas os que te ouviram, convidando
Cada um deles a sorrir, sorrindo...

Não queres que te digam que tocaste
Com arte, ou segurança, ou emoção.
Sorriste... E assim, sem o sentir, ficaste
Cativa de nenhuma sensação...

Quando a música acaba, acaba o mundo,
E o que há de tudo é nada valer nada...
E ninguém sente senão um profundo
Desejo de uma coisa já acabada...

Mas tu sorris... E todos despertamos
E todos somos gratos e o dizemos...
Mas entre nós há um rio, e escutamos...
O barco voga sem o som dos remos.

10-8-1934

390

Já que por sonhos posso ser quem quero
E por vontade posso ser quem sou,
Solene e alheio, minha vida espero,
E nem sonho, nem quero, nem me vou.

Firme em ser nada, plácido de tudo,
Sem outro anseio que o de conseguir
Um solitário eremitério mudo
Onde me morra o medo de existir,

Serei rei próprio, governando nada,
Da mais alta janela do meu ser,
Fitando, em trajo ritual, a estrada
De onde ninguém virá para me ver.

10-8-1934

391

Um insecto feio
Cuja cor agrada
Paira sobre a água
A não fazer nada...

Se não fosse feio
Nem tivesse cor
Era um outro insecto.
Assim é melhor.

Assim é que o vejo,
Assim é que é;
E assim é que ensino
O olhar a ter fé.

10-8-1934

392

Traze – não negues nem um só botão! –
As rosas todas do jardim desfeito!
Aperta-as todas contra o coração
Pois que as trazes opressas sobre o peito!

Traze até onde o limiar aberto
Aguarda morto tua vida viva;
E, entrada, e o olhar do sonho teu desperto,
Depõe tudo no chão ante o conviva...

Braços abertos, avental descido,
E as rosas todas a juncar o chão,
Sem razão, sem conviva e sem sentido,
No silêncio deserto do salão...

10-8-1934

393

Poema após poema, íntimo, escrevia
Aquela grande obra do seu ser
Que nunca em tempo algum alguém leria
E que ele via o universo a ler.

Era mais que poeta: era profeta,
E em seus versos errados e divinos
Toca a rebate[1] o que nele era poeta,
Mas numa torre que não tinha sinos.

Viveu assim, feliz do que escreveu,
Morreu, deixando a obra como sobra
Da alma que fora... Mas, meu Deus, e eu?
Eu que nem tenho a fé nem tenho a obra?

13-8-1934

394

Ténue, uma brisa ou não vem ou esquece.
Tudo parece
Mais leve e brando só de ela ser
Um parecer.

Tão vago é tudo que se a brisa vem
Não há ninguém

1 Variante sobreposta: «Carrilhonava».

Que a note, todos conversando, mas
Há contudo as

Palavras que ficaram por falar
E que nesse ar
Que é brisa, ou quase brisa, se quebrou
Contra o que não ficou.

16-8-1934

395

Tão leve, tão suave,
Tão sem ter que ser,
Veio *a ideia ou a ave*[1]
Pousar no meu ser.

Se foi ave, foi-se:
Voou como veio.
Se ideia, não trouxe
Com que fosse enleio.[2]

16-8-1934

396

Quem foi que, em minha ausência, regou flores
E me foi bom limpando a casa suja?
Quem arrumou meus livros – os melhores
Postos no centro – em minha estante antiga?

Quem pôs em seu lugar essas cadeiras
Que desde muito o procuravam quedas,

1 Variante para o verso: «ideia ou [ave.]».

2 O autor esboçou outra estrofe, de que ficou apenas: «Não sei distinguir / Se □.».

E com boas e anónimas maneiras,
Acomodou cortinas como sedas?[1]

Foi qualquer fada, que me *amou*[2] outrora
Antes que o tempo e o espaço fossem Deus?
Não sei, mas tenho a minha casa agora
Limpa e fechada contra a terra e os céus.

17-8-1934

397

O louco olhou-me de frente.
Olhei o louco que olhava.
E eu, suposto inteligente,
Senti que já não pensava.

Que vulcão naquela calma
Com que me olhava a olhar
O outro lado da minha alma
Em que penso sem pensar...

Por seus olhos mudos fita
Ao meu coração postiço
Uma certeza infinita
Cheia de nada e de viço...

E eu, humilhado, conheço
No absurdo desse fitar
Que me olha o que sonho e esqueço
Transformado noutro[3] olhar.

---

1 O poeta esboçou a seguir uma nova estrofe, que deixou incompleta, aplicando-se depois a uma diferente, a que figura em último lugar. Eis os versos repudiados mas que não riscou: «Ninguém. Foi a hora que me turvou o verso / E me faz ver tudo isto que não há. / Entrei em casa bêbado □.».

2 Variante sobreposta: «amasse».

3 Variante sobreposta: «Transportado a esse».

Sou eu que me fito e humilho.
Esse louco é a loucura
De que meu ser mudo é filho,
Surgida da sepultura.

18-8-1934

398

Colhe todas as rosas que encontrares!
Colhe até as que sonhas; com um laço
De erva comprida prende-as regulares,
E, assim em feixe, traze-as no regaço!

Vem até mim com essas rosas plenas
E eu saberei, entre elas, distinguir
As que são reais, porque são mais pequenas,
E, maiores, as fora de existir.

Mas[1] é com realidade e ilusão,
Com um feixe de flores vindo e dado,
Que conseguimos dar ao coração
O prémio inútil que lhe nega o fado.

18-8-1934

399

A tua voz e o que ela diz,
Ao meu ouvido desatento
São duas coisas. Nada fiz
Neste momento

1 Variante sobreposta: «Que».

Senão sentir que o que dizias
E tua voz
Eram duas caixas vazias
Jazendo sós,
Como num cais mercadorias...

18-8-1934

400

Dorme, fluindo lentamente, a água,
Contudo dorme, fluida lentamente,
Como quem, porque vive, sente mágoa,
Mas, por cansado, sente que não sente.

As árvores e as ervas da ribeira
Vêem que corre a água adormecida,
E elas também, que um vento irreal peneira,
Dormem na paz anónima e tremida.

E eu, que ambas coisas perto de longe olho,
E nas mãos tenho as flores que colhi,
Lentamente as não vejo e as desfolho,
E tudo passa e trémulo sorri.

É um dia sucedente a outro dia,
É uma hora antes da hora que há a seguir.
Que voluntariamente o esqueceria
Se tivesse vontade de o fingir!

Ténue torvelinhar da água branda,
Vago murmúrio quase não ouvido
Das folhas trémulas, que Deusa anda
Tecendo em nós a iniciação do olvido?

18-8-1934

401

Há um lago para barcos de criança
No fim do meu sonhá-lo.
Quero cercá-lo de ócios e esperanças
Para poder criá-lo.

Um lago como se o pusesse ali
Quem ali o não pôs,
E onde um pequeno barco álacre vi
Puxado com retrós...

Depois a esquadra que a ninguém faz mal...
(Vieram mais brincar)
Quem me dera na vida

Ter uma alma exactamente igual
A essa esquadra que, ao irem merendar,
Ficou, como eu, calma e esquecida...

18-8-1934

402

Nas voltas todas da dança
Fica uma volta por dar:
É a que faz a tardança
Entre sentir e pensar...

Essa dá-se só depois
De, acabando de, ao dançar,
Não saber se somos dois,
Sermos dois ao apartar.

Mas a dança continua
No que sentimos de achar
Que a minha alma é só tua
E a tua é para me dar.

18-8-1934

403

Os ranchos das raparigas
Vão pela estrada a cantar.
Cantam cantigas antigas,
Daquelas que, de as lembrar,
Fazem a gente chorar.

Cantam porque outras cantaram...
Cantam por cantar somente...
E o canto que recordaram,
Cantando-o constantemente,
É sempre velho e presente.

Há qualquer coisa de eterno –
A alegria, a vida, elas –
Que vem no tom alto e terno
Que faz chegar às janelas
Dos que não cantam – aquelas

Que, na penumbra do amor,
Ou esperado ou prometido,
Sentem sua voz de dor
Vinda naquele sentido
Que ali é gritado e rido.

Porque esse canto que passa,
Sem querer, vem figurar
A grande e humana desgraça
Que é amar ou não amar –
A mesma, sem acabar...

18-8-1934

404

Por tantos e tão ásperos caminhos!
Por tanta infiel vereda,
Que para os pés tinha só pedras duras.
Pedras e espinhos,

Em vez de aquela areia, como seda,
Que os sonhos dão às aventuras...

Por tantos e tão ásperos caminhos
Cheguei aqui, inútil e perdido,
Sem razão de aqui estar ou por que ser...
Somos todos sozinhos...
Mas no meu coração tenho o sentido
De aquilo, o outro, que quis ter.

Por tantos e tão ásperos caminhos!...
Morreram as princesas da balada,
Os bobos choram quedos...
Que foi da festa por detrás dos moinhos?
E a princesa encantada –
Porque é que a sua mão *me larga os*[1] dedos?

18-8-1934

405

Como a noite chegasse e ninguém vinha,
Tranquei a porta contra todo o mundo;
E a minha casa plácida e mesquinha
Ficou comigo num silêncio fundo...

Ébrio de só, falando a sós comigo,
Despreocupadamente passeando,
Fui verdadeiramente aquele amigo
Que em cada amigo já me vai faltando.

Mas bateram-me à porta de repente
E todo um poema se apagou num salto...
Era o vizinho, que o almoço assente
Para amanhã me lembrou. Não, não falto.

E, de novo trancados porta e ser,
Tentei restituir ao coração

---

1 Variante subposta: «largou meus».

O passeio, o entusiasmo e o desejo
Com que era ébrio do que os outros são.

Mas nada... Os móveis naturais da casa,
As paredes certeiras a me olhar,
Com alguém que deixa de olhar a brasa
E não viu brasa já ao ir olhar.

19-8-1934

406

Releio, triste e com um tédio feio,
Meus versos feitos nestes quatro dias.
Quase irritadamente leio...
Que coisas ocas, que coisas frias!

Com que febre contudo os escrevi
Com que imediata suposição
De que escrevia o que deveras vi
Nesse momento no meu coração...

Mas que cordéis desatados
Esses versos, os bocados
De pão de uma refeição
Em que não prestava o pão!...

E é com isto que sou poeta?
Será com estas linhas a rimar
Que serei amanhã artista ou esteta?
Nunca serei senão a seta
Que os Deuses não souberam atirar...

20-8-1934

407

As coisas que errei na vida
São as que acharei na morte,
Porque a vida é dividida
Entre quem sou e a sorte.

As coisas que a Sorte deu
Levou-as ela consigo,
Mas as coisas que sou eu
Guardei-as todas comigo.

E por isso os erros meus,
Sendo a má sorte que tive,
Terei que os buscar nos céus
Quando a morte tire os véus
À inconsciência em que estive.

21-8-1934

408

Cansaço... Sim, cansaço do que fui
E do universo inteiro; sim, cansaço,
Não um cansaço morto, pois que flui...
Não qualquer coisa que haja em tempo e em espaço...

Não: um cansaço intérmino de tudo
Que, como um rio, vai por margens mudas
Num grande, antigo movimento mudo
Sob estrelas silenciosas e agudas.

Um cansaço de quanto possa haver,
De quanto, até, *se*[1] possa desejar,
Lentamente indo, sem se ver correr,
Para a esperança de não haver mar.

21-8-1934

1 Variante sobreposta: «eu».

409

O sol que doura as neves afastadas
No inútil cume de altos montes quedos
Faz no vale luzir rios e estradas
E torna as verdes árvores brinquedos...

Tudo é pequeno salvo o cume frio,
De onde quem pensa que de ali nos vê
Vê tudo mínimo, num desvario
De quem da altura olha quanto é.[1]

22-8-1934

410

Deixem-me o sono! Sei que é já manhã.
Mas se tão tarde o sono veio,
Quero, desperto, inda sentir a vã
Sensação do seu vago enleio.

Quero, desperto, não me recusar
A estar dormindo ainda,
E, entre a noção irreal de aqui estar,
Ver essa noção finda.

Quero que me não neguem quem não sou
Nem que, debruçado eu
Da varanda por sobre onde não estou
Nem sequer veja o céu.

[22-8-1934]

1 Verso dubitado.

411

Deixei atrás os erros do que fui,
Deixei atrás os erros do que quis
E que não pude haver porque a hora flui
E ninguém é exacto nem feliz.

Tudo isso como o lixo da viagem
Deixei nas circunstâncias do caminho,
No episódio que foi cada paragem,
No desvio que foi cada vizinho.

Deixei tudo isso, como quem se tapa
Por viajar com uma capa sua,
E a certa altura se desfaz da capa
E atira com a capa para a rua.

23-8-1934

412

Não digas nada!
Não, nem a verdade!
Há tanta suavidade
Em nada se dizer
Em tudo se entender –
Tudo metade
De sentir e de ser...
Não digas nada!
Deixa esquecer.

Talvez que amanhã
Em outra paisagem
Digas que foi vã
Toda esta viagem

Até onde quis
Ver quem me agrada…
Mas ali fui feliz…
Não digas nada.

23-8-1934

413

Os reis que fora quando o sonho o tinha
Pesavam já em sua fronte baixa.
E a sensação de nunca haver rainha
Fechava-lhe a alma numa caixa.

Tivera, como todos quantos são,
Um reinado e um reino e um diadema,
Mas a verdade é um ovo que, no chão
Caindo, espalha clara e gema.

E assim o espio, no café *do imbele*[1]
Sorvendo absorto a chávena em que o molho,
E não deixo de olhá-lo, não vá ele
Olhar-me a mim como eu o olho…

24-8-1934

414

No poço que há no fim do mundo
Vão as crianças procurar
Tirar desse poço sem fundo
A água que se não pode achar.

E uma após outra o balde deita
Preso por uma corda fina
E nada sai, e tudo espreita,
E a humanidade é pequenina.

---

1 Pessoa pôs entre parênteses «do imbele» precedido da expressão, igualmente entre parênteses, «o aquele».

No mundo que há aqui na vida,
Do poço que há onde há haver,
Sai água, sem grande descida,
E todos podem água ter.

Mas eu, que a vida sinto má,
Acho, em meu sentimento fundo
Que mais vale a água que não há
No poço que há no fim do mundo.

24-8-1934

415

Que torpor vela o olhar que quero ter?
É um sono que me obriga
A não saber quem sou ou sonho ser,
Ou qualquer vaga coisa antiga,

Que está pensando, ébria de memória,
Numa vida que não teve
Antes que a vida que há tivesse história
E que essa história fosse breve?

Nada: um cansaço que me pesa sobre
Cada órbita que vê
Na involuntária pálpebra que a cobre
O calor cego de uma fé.

[24-8-1934]

416

Que é feito de Jules Laforgue
E de Gustave Kahn?
Quem se lembra de Jean Moréas?[1]
Ah, quanta coisa vã

Foi vasta em minha juventude!
Senti-as e amei.
Hoje nem quero saber se as lembro.
Porquê não sei.

Também, se vamos a isso,
As princesas das baladas –
Que é feito delas no silêncio
De onde se foram as fadas?
E, no meio disto tudo,
Que é feito de mim,
Principalmente, principalmente,
Sem dó nem fim?...

24-8-1934

417

Tudo acabou: os campos e os pinhais
Desde que enfim fechei janela e porta.
Agora não sou mais
Que quem não vê e a quem a vida é morta.

Mas que bom o sossego de quem tem
A casa sua e a fecha contra o mundo!...
Estar só é um bem
Se de estar só há um sentimento fundo.

1 Pessoa evoca três escritores franceses que foram importantes para ele na sua juventude: Jules Laforgue (1860-1887), um dos criadores do verso livre; Gustave Kahn (1859-1936), poeta simbolista e crítico de arte; Jean Moréas (1856-1910), este com inclinação classicizante.

Tirar da consciência a natureza!
Fechar a alma contra o céu e a terra!
Basta uma tábua dupla em gonzos presa
E *correr firme*[1] um *ferro*[2] que se enterra...

Assim se apaga de quem vive a vida,
Assim o sonho tem o seu lugar
Naquela estagnação indefinida
Que está em ficar só por só ficar...

Mas, ah, fechada a casa e eu, sozinho,
O que sou e o que fui, em fúria nua,
Vem ter comigo, porque o seu caminho
Não há porta fechada que o obstrua.

E eu, que queria ser só, vejo dançando
Ante meus olhos de quem sou em mim
Um vil, irrepelível bando
Que não tem nexo mas tem fim.

Não ouso abrir de novo o que fechei.
Aqui, escravo dos sonhos que pedi,
Sou verdadeiramente rei,
Ah, mas sou rei de aquilo que perdi.

E oiço lá fora o arvoredo e o vento
Fazer barulho, rir, só rir, de quem
Quis contra eles fechar seu pensamento
Mas não o soube fechar bem.

Imagens destroçadas do passado,
Futuros frustes, ébrios de arremedo
Num ritmo falso e desdobrado
Em amplas áleas de ilusão e medo.

Porque fechei meu pobre ser comigo?
Porque vendi a natureza a quem
Não tem nem amor nem amigo?
Porque sem paz me tornei eu ninguém?

[24-8-1934]

---

1 Variante sobreposta: «pôr p'ra cima».
2 Variante sobreposta: «fecho».

418

Aquelas danças de roda
A que, menino, eu sorria,
Foram-se, e com elas todas
A meninice que as via.

Há coisas que somos nós.
Vão-se, e nós vamos com elas.
Não são nós, mas somos sós
Se elas já não são aquelas.

Eram outros a dançar
Os que não dançam agora.
Estes fazem-me chorar
Porque quem fui *a*[1] os olhar,
Porque já não é, não o chora.

25-8-1934

1 Palavra dubitada, assim como o acrescento sobreposto «os».

419

Estamos sempre na encruzilhada.
Cada dia é vários caminhos
Possíveis. Cada hora é mais que uma estrada.
Nós, os sozinhos
De nada,

Nem escolhemos, nem queremos:
Vamos...
E, seja a via pelo areal que vemos
Ou na floresta pela qual andamos,
Vamos para onde não sabemos,[1]
E não[2] sabemos onde estamos.

E a cada hora, a cada hora,
Há que virar para a direita ou esquerda
Segundo uma lei que se ignora
Ou um impulso cujo instinto se não herda.

Sempre tantos caminhos!
E nós, sem tempo para os escolher,
Apressados, ignaros e sozinhos,
Tomamos[3] o que tem que ser.

Se é bom, se é mau o por onde ir,
Ninguém o sabe ou saberá...
Tudo é não saber e seguir:
O resto Deus dará, ou não dará.

25-8-1934

---

1 Vírgula opcional.
2 Variante sobreposta: «Nunca».
3 Variante sobreposta: «Seguimos».

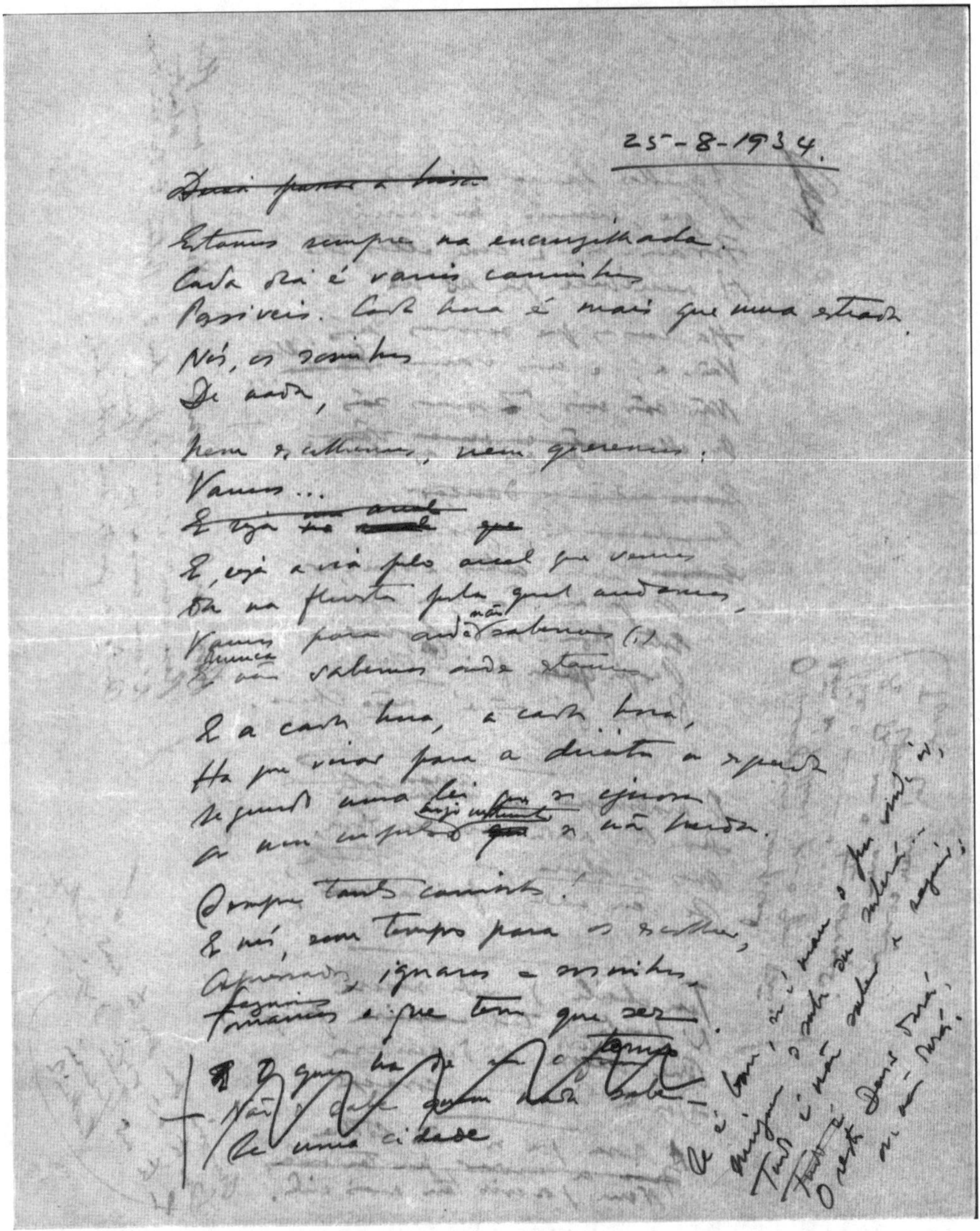

Figura 5. Fac-símile de um rascunho do poema «Estamos sempre na encruzilhada», onde perpassa o sentimento de abandono, comum a outros escritos do último ano de vida, aqui patente na expressão «sozinhos / De nada»

420

A preguiça de pensar
É uma grande alegria,
Porque pensar é achar
Que a lareira já está fria.

Não quero pensar em nada.
Quero aquecer-me a sentir
Que na lareira apagada
Arde uma lenha de ouvir.

Que lareiras e alegrias
São coisas só de sonhar...
Aquecem por fantasias,
Mas, se pensar, são frias –
São frias por se pensar.

25-8-1934

421

Debaixo de onde altos ramos
Fazem grande o arvoredo
Solitariamente vamos
Num colóquio que calamos,
Cada um com seu segredo.

Falam por nós, que, calados,
Seguimos mútuos e lentos,
Os altos ramos falados
Por ventos desencontrados
Com os nossos pensamentos.

Vamos e achamos que é uma
A dupla emoção que temos.
Os ramos têm som de espuma.
O som tem ondas de bruma.
A emoção? Já a esquecemos...

25-8-1934

422

Qual foi a suposição
De anseio ou felicidade
Que veio ao meu coração
Trazer-me mais ansiedade?

Foi o supor que, se eu fora
Quem nunca poderei ser,
Seria mais calmo agora
O ser que me sinto ter?

Foi o pensar que talvez
Um futuro imaginado
Teria em si uma vez
Em que eu fosse bem fadado?

Seja o que for, qual foi ela –
Aquela suposição
Que me foi como uma estrela
Dentro do meu coração?

Talvez, afinal, não fosse
Mais que uma nuvem passar
Restituindo ao sol que a trouxe
A luz que ele sabe dar.

[25-8-1934]

423

O riso da tua boca
É uma fita desatada
Cuja ponta solta toca
Na cara de a quem agrada.

É como um tirar de xaile
Quando se tira num jeito
Em que uma alegria baile
Por o jeito se ter feito...

É um riso que faz cantar
A vontade de sorrir
Que teu riso sabe dar
A quem, sob o rir do olhar,
Vê *a*[1] tua boca a *rir*.[2]

25-8-1934

424

Quero dormir. Não sei se quero a morte,
Nem sei o que ela é.
O que quero é não ser submisso à sorte,
Seja ela lei ou fé.

Quero poder nos campos prolongados
Meu ser abandonar
Aos seus verdes silêncios afastados,
Que amo só de os olhar.

Quero poder imaginar a vida
Como ela nunca foi,
E assim vivê-la, vívida e perdida,
Num sonho que nem dói.

Quero poder mudar o universo
De um para outro lado,
Como quem junta o seu viver disperso
E o ata com o fado.

Quero, por fim, ser coroado rei
Do nada a que enfim vou.
Será minha coroa o que serei,
E o meu ceptro o que sou.

26-8-1934

1 Artigo opcional.
2 Variante subposta: «sorrir.».

425

Ah, verdadeiramente a deusa! –
A que ninguém viu sem amar
E que já o coração endeusa
Só com somente a adivinhar.[1]

Por fim magnânima aparece
Naquela perfeição que é
Uma estátua que a vida aquece
E faz da mesma vida fé.

Ah, verdadeiramente aquela
Com que no túmulo do mundo
O morto sonha, com a estrela
Que há-de surgir no céu profundo.[2]

3-9-1934

426

Cessa teu canto! Cessa o que ele traz
De outras memórias, de outros sentimentos!
O mal mole que ele me faz
Torna confusos os momentos
Que julguei que fossem de paz.

Cessa teu canto! Basta haver
O coração; basta sentir
Só por sentir ser existir.
Para que cantas sem saber
O mal que faz a quem te ouvir?

---

1 Variante subposta: «Quando a só sabe [adivinhar.]».

2 O poeta escreveu inicialmente três versos em francês («Ah, vraiment la déesse, / Celle qu'on n'a jamais compris / Et qui mêle à l'or de sa tresse.»), que depois riscou, sendo o primeiro verso do poema uma tradução do primeiro verso em francês.

Não és tu, que não és ninguém.
Não é o canto, porque é nada.
É o mal que toda a alma tem:
Sente o desejo de encontrar o bem
E não sabe saber *onde*[1] é a estrada.

5-9-1934

427

O mar, o mar, o mar...
O mar de sempre e agora
As ondas vêm quebrar
Num som só de chiar
Que parece que chora.

O mar... Vejo-o e medito
Mas essa meditação...
É o mar infinito?
Não sei. O mar que fito
São as ondas que são.

Vem uma, e outra, e tem
O mesmo quebrar quedo
Que chia e estruge bem.
E vão-se todas sem
Que eu saiba o seu segredo.

5-9-1934

1 Variante subposta: «qual».

428

Se alguém bater um dia à tua porta,
Dizendo que é um emissário meu,
Não acredites, nem que seja eu;
Que o meu vaidoso orgulho não comporta
Bater sequer à porta irreal do céu.

Mas se, naturalmente, e sem ouvir
Alguém bater, fores a porta abrir
E encontrares alguém como que à espera
De ousar bater, medita um pouco. Esse era
Meu emissário, e eu, e o que comporta
O meu orgulho *do que*[1] desespera.
Abre a quem não bater à[2] tua porta!

5-9-1934

429

Sim, vem um canto na noite.
Não lhe conheço a intenção,
Não sei que palavras são.

É um canto desligado
De tudo que o canto tem.
É algum canto de alguém.

Vem na noite independente
De me dizer bem ou mal.
Vem absurdo e natural.

Já não me lembro que penso.
Oiço; é um canto a pairar
Como o vento sobre o mar.

1 Variante sobreposta: «que já».

2 Aparentemente, o poeta esqueceu-se do acento, que coloquei sobre o «à».

Oiço, oiço; mas ele cessa...
Tinha que ser, porque foi.
Que mais que a alma me dói?

5-9-1934

430

Todas as coisas são
Uma coisa qualquer...
Redemoinho
Ou malmequer...

Futilidade enfim...
Ou nem isso até...
Nunca se chega ao fim
Sem ter fé...

O fim, claro, é nada,
Mas o lá chegar
Sempre é ter tido a estrada
Por onde andar.

5-9-1934

431

Tudo que amei, se é que o amei, ignoro,
E é como a infância de outro. Já não sei
Se o choro, se suponho só que o choro,
Se o choro por supor que o chorarei.

Das lágrimas sei eu... Essas são quentes
Nos olhos cheios de um olhar perdido...
Mas nisso tudo são-me indiferentes
As causas vagas deste mal sentido.

E choro, choro, na sinceridade
De quem chora sentindo-se chorar,
Mas se choro a mentira ou a verdade,
Continuarei, chorando, a ignorar.

5-9-1934

432

Oiço falar onde na rua
Estão parados a falar...
Falem, falem: a fala é sua!
Não sabem que a conversa é nua
Porque a estou a escutar...

Mas afinal não ouvi nada...
Era um conjunto de mais que um
Fazendo a noite conversada...
Gostei de ouvir esse nenhum
Da conversa pegada...

Assim é tudo que há na vida.
Julgamos, só por escutar,
Que há qualquer coisa que é ouvida...
Mas a conversa é só sentida
Sem uma frase a destacar.

6-9-1934

433

Sim, tens razão...
Esqueci há muito
Meu coração
E o seu intuito.

Ando perdido
Sem perceber

Se há um sentido
Em compreender.

Mas se um momento
O sol aquece,
Meu pensamento
Dorme e conhece.

7-9-1934

434

Foi ontem ou foi nunca ou foi ninguém
O que me aconteceu
Quando esperava a ilusão ou o bem,
O mistério ou o céu...

Foi qualquer que me esqueceu já
Porque entre as nuvens do mistério dado
Alguns lagos do não-dado há
Que são cheios do Fado –

Do Fado, do Destino, do que é Tudo,
E, entre o menor mistério de viver,
Opera, entre quem fala, o rito mudo
De nada se saber.

7-9-1934

435

A vida inútil que vivi e vivo
Levo-a nos braços como um peso morto,
Com um esforço desnaturado e esquivo,
Como um navio que não quer um porto,

E como um fardo que não era meu
Deponho-me ao onde-calha do caminho

Fiel ao princípio de que sou só eu
E de que o mais é só com o vizinho.

Mas de entre os ramos do arvoredo nasce
Um canto de ave que me não conhece.
Oiço, sorrio, em mim meu ser renasce,
E ergo de novo o fardo, ainda que *pese*.[1]

9-9-1934

436

Sobe a grande escada
A que vai vestida
De ser adorada.

Seu cabelo louro
É coisa vivida
Pela vida de ouro.

Seu passo a subir
É coisa sentida
Por poder sentir.

Sobe a escadaria
Com quem convida
A nascer o dia.

Não leva ninguém
Ela é toda a vida
Com o mal e o bem.

9-9-1934

---

1 Variante sobreposta: «me empece.».

437

Já decifrei a cifra sem sentido
E achei a conclusão que nada é.
Assim ganhei direito a ser ouvido
Pelos outros de pé.

Proclamarei a minha lei inútil
A essa assembleia de concordos mudos
Prolixa, natural, rígida e fútil,
Farta de estudos

Que me ensinaram que são falsas todas
As leis e falsos todos os caminhos,
E que todas as coisas são só rodas
Ou só moinhos.

10-9-1934

438

A nuvem veio e o sol *parou.*[1]
Foi vento ou ocasião que a trouxe?
Não sei: a luz se *nos*[2] velou
Como se luz a sombra fosse.

Às vezes, quando a vida passa
Por sobre a alma, que é ninguém,
A sensação torna-se baça
E pensar é não sentir bem.

Sim, é como isto: pelo céu
Vai uma nuvem destroçada
Que é véu, mau véu, ou quase véu,
E, como tudo, não é nada.

10-9-1934

---

1 Variante sobreposta: «passou.».
2 Variante sobreposta: «me».

439

Sonho. Como uma asa que tocasse
O onde estou, ou só o vento viesse
Porque essa asa, rápida, passasse,
O seu enleio assim se tece.

Sonho. Não sei que sou, nem o que fui.
Assim se sonha. Durmo sem dormir;
E há como um rio que indistinto flui
Entre eu pensar e eu sentir.
E nesse rio como algas mortas
Vai o que quis fazer de quem eu sou...
Memórias, sonhos, sombras, como, às portas,
Murcham as folhas entre o pó.

10-9-1934

440

Divido o que conheço.
De um lado é o que sou
Do outro quanto esqueço.
Por entre os dois eu vou.

Não sou nem quem me lembro
Nem sou quem há em mim.
Se penso, me desmembro.
Se creio, não há fim.

Que melhor que isto tudo
É ouvir, na ramagem
Aquele ar certo e mudo
Que estremece a folhagem.

10-9-1934

441

Começa, no ar da antemanhã
A haver o que vai ser o dia.
É uma sombra entre as sombras vã,
Mais tarde, quente, é a manhã.
Agora é nada, noite e fria.

É nada, mas é diferente
Da sombra em quem a noite está;
E há nela só a nostalgia
Não do passado, mas do dia
Que é afinal o que será.

12-9-1934

442

A menina dorme.
Sossega enfim.
A noite é enorme.
Não chega p'ra mim...

Quero inda mais grande
A noite que há
Para que eu não ande
Onde nada está.

Que a menina quer
Dormir sossegada...
Sonha – malmequer,
Muito, pouco, nada.

13-9-1934

443

Deslembro incertamente. Meu passado
Não sei quem o viveu. Se eu mesmo fui,
Está confusamente deslembrado
E logo em mim inobservado flui.

Não sei quem fui nem sou. Ignoro tudo.
Só há de meu o que me vê agora –
O campo verde, natural e mudo
Que um vento que não vejo vago aflora.

Sou tão parado em mim que nem o sinto.
Vejo, e onde o vale se ergue para a encosta,
Vai meu olhar seguindo o meu instinto
Como quem olha a mesa que está posta.[1]

13-9-1934

444

Se há arte ou ciência para ler a sina
Ao que em nós o Destino faz de nós,
Dá-me que eu a não saiba, e que, indivina
Me corra a vida vagamente e a sós.

Que quero eu do futuro que não tenho?
Que me pesa hoje, ou alegra, o que serei?
Sei, por lembrar, de que passado venho,
E onde hoje estou incertamente sei.

O mais, o que o futuro me dará,
Deixo a quem dê e à forma como o der.
Basta a sombra que esta árvore me dá
E a sensação de nada mais querer.

13-9-1934

1 No mesmo suporte, antes deste poema, o poeta esboçou dois versos destinados, aparentemente, ao poema abandonado: «Que dia este! Quantas coisas foram / irregulares no acontecer!».

445

A febre do que me suponho
Tolda-me a fronte de o pensar.
Mas, se penso, somente sonho,
Porque a febre me faz sonhar.

Num intervalo de mim mesmo
Durmo desperto sem razão,
E sou um encontrar-me a esmo
Entre silêncios em desvão.

Delírio de quem o não tem,
Sonho que não me faz dormir –
Isto não é nem mal nem bem,
Não é pensar nem é sentir.

15-9-1934

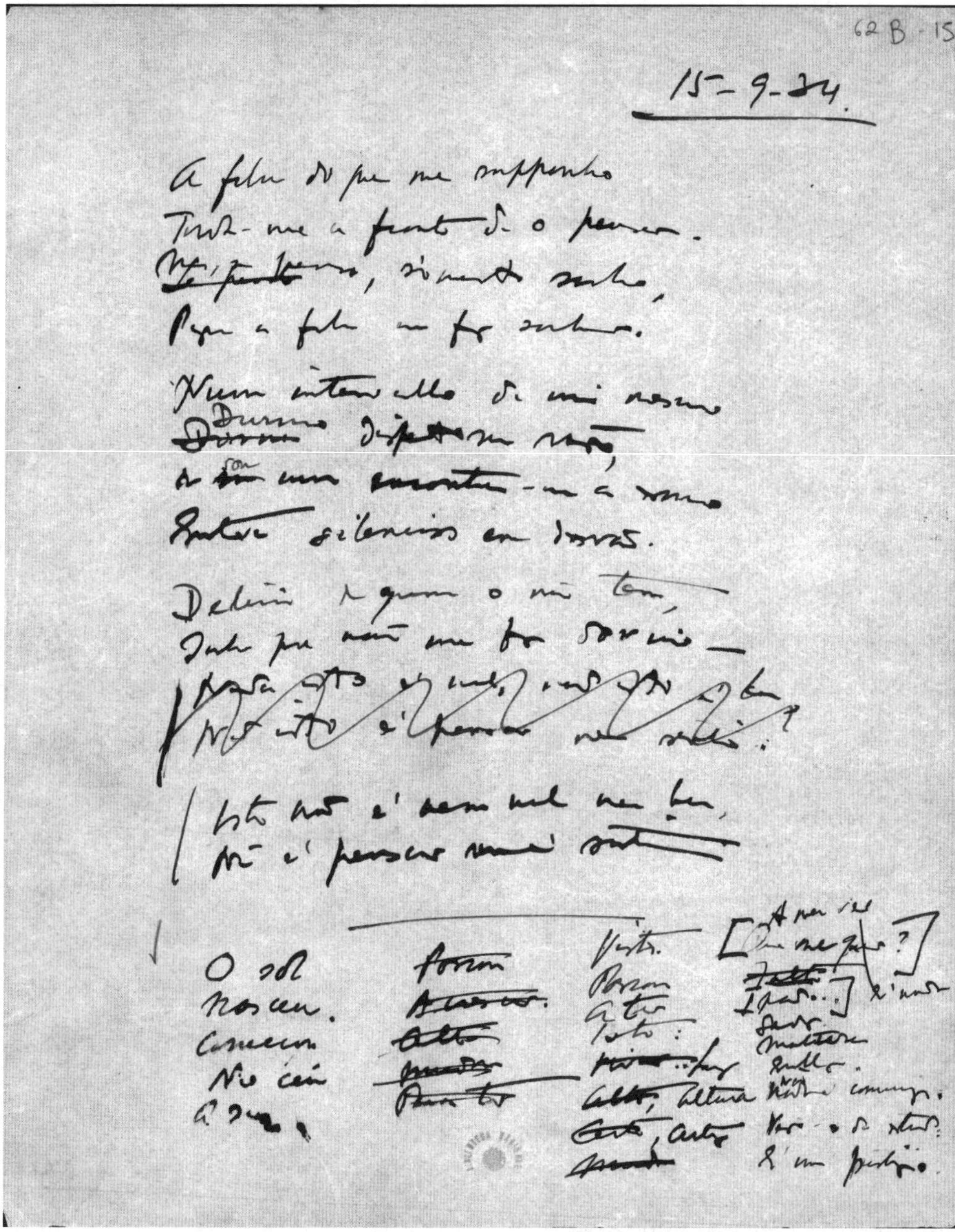

Figura 6. Fac-símile do rascunho dos poemas «A febre do que me suponho» e «O sol / Nasceu.», surgidos no mesmo momento de escrita, como frequentemente acontecia

446

O sol
Nasceu.
Começou
No céu
A ser
Visto.
Passou
A ter
Isto:
Luz,
Altura,
Certeza.
Que me quer?
A meu ver
É nada.
Seduz
Matura
Embeleza.
Nada[1] é comigo.
Vejo-o da estrada:
É um postigo.

15-9-1934

447

A pompa inútil de teus gestos quedos,
Como que à espera do ritual a dar,
Não traz ainda os segredos
Que ninguém tem para entregar.
Mas é como um prelúdio entre rochedos
Ao que é o som do mar.

Deram-me rosas para que eu viesse.
Deram-me lírios para que eu sonhasse.

1 Variante sobreposta: «Não».

A rosa murcha e esquece,
E o lírio cai antes que amarelasse.
Mas isso tudo é a teia que nos tece
Uma aranha que nos amasse.

Ah, em vez de rosas, lírios, ou o que seja,
Que me dêem o céu e o mar sem fim
E o que da aragem vaga seja
Tudo o que faz dormir assim.
E o que de tudo eu sonhe ou até veja
Que seja sempre só em mim!

15-9-1934

448

Bem sei que estou endoidecendo.
Bem sei que falha em mim quem sou.
Sim, mas, enquanto me não rendo,
Quero saber por onde vou.

Ainda que vá para render-me
Ao que o destino me faz ser,
Quero, um momento, aqui deter-me
E descansar a conhecer.

Há grandes lapsos de memória,
Grandes parábolas perdidas,
E muita lenda e muita história
E muitas vidas, muitas vidas.

Tudo isso, agora que me perco
De mim e vou a transviar,
Quero chamar a mim, e cerco
Meu ser de tudo relembrar.

Porque, se vou ser louco, quero
Ser louco com moral e siso.
Vou tanger lira como Nero.
Mas o incêndio não é preciso.

15-9-1934

449

Eu caminhava, anónimo,[1] e distante
Do que via e ouvia,
Quando, sem eu esperar, surgiu diante
Dessa minha apatia

Uma criança a rir e a correr
E a olhar para mim;
E despertei do enigma do meu ser
Com que num jardim...

Foi como se uma flor se destacasse
Ao meu olhar casual
E de seu sonho súbito o acordasse
E o tornasse normal.

Flor de ser pequenina! Como tudo
Quanto estava pensando
Se me volvia nitidamente mudo
Só de sentir-me olhando.

Riu, e deu pulos e ainda riu mais
E outra vez me olhou
E fez, com um adeus, grandes sinais
Àquilo que não sou.

15-9-1934

450

Quando se está cansado e apraz ser outro
Só porque isso é impossível, há vagar
Para pensar que há um género que é neutro
No latim virgem do sonhar.

Sim, há cansaços sem saber de quê
Que tornam toda a vida e a sua sina

---

1 Vírgula opcional.

Uma[1] coisa indecisa que não é
Masculina ou feminina.

Há estados de sem alma que se alastram
Pelos domínios quedos da razão
Com cheias de rios que desbastam
Com a sua fecundação.

Depois regressa ao leito o rio antigo
E a alma volve à quietação que teve.
E o que nos foi amigo e inimigo
Nem homem nem mulher esteve.

Foi um andrógino da noite muda
Que transmudou em nós o que pensou...
E a alma se ergueu do leito em que foi surda
E já não sabe o que sonhou.

15-9-1934

451

Vinha bêbado sempre para casa
Resmungando uma coisa só metade.
Mas os que não vêm bêbados p'ra casa,
Trarão consigo mais verdade?

Sim, o que é vinho tolda a inteligência:
O homem sonha e supõe que isso é pensar.
Mas o não beber vinho dá ciência?
O andar direito é acertar?

Não, o critério é *errado;*[2] que o que importa
Não é saber, cá neste mundo vão,
Se se pode encontrar a casa e a porta,
Mas se se encontra o coração.[3]

15-9-1934

1 Variante sobreposta: «Numa».

2 Variante sobreposta: «falso e outro».

3 O autor escreveu uma primeira versão da terceira estrofe que deixou incompleta e com sinal de dubitação, substituindo-a depois.

452

Tarda, tarda, tarda,
Tarda-me a vida toda,
E a cabeça, porque arda,
Anda-me toda à roda.

Se eu tivesse juízo
Andava-me a cabeça,
Assim como é preciso
Ao contrário, e depressa.

Mas como sou quem sou
E não sei quem sou eu,
Vou assim como vou,
E o resto Deus o deu...

18-9-1934

453

Não quero pedir nada ao fado e à vida.
Nada vale pedir-lhes, porque são
Dependentes de uma outra coisa ida
Que não lhes deixou forma nem razão.

Para que hei eu de pedir glória ou esmola
A quem não tem licença para ser?
O ar suficientemente me consola
Por[1] existir, e o campo *com*[2] o ver.

Não, nada peço. Quando a prece é inútil
É prolixo o mais curto do rezar.
Se a natureza é assim tão falsa e fútil
De que serve sentir, crer ou pensar?

---

1 Variante sobreposta: «Com».
2 Variante sobreposta: «por».

Há ramos altos cuja sombra espalha
Um sossego de fresco sobre nós,
E há um som de água, que ao cair da calha,
Nos faz mais sonolentos e mais sós.

Isso sim, isso... O resto é o que o mundo
Tem por glória ou amor ou isenção.[1]

19-9-1934

454

Domingo, Maria,
Domingo...
É uma[2] mania!...
Mas[3] distingo
Entre quem me quer
E quem me quer ver.
Faze isso...

20-9-1934

455

Ah, que maçada o piano
Eternamente a tocar
Lá em cima, no outro andar!

Ah, que tristeza o cessar!
Sempre era gente a tocar!
Sempre tinha companhia
Nessa constante arrelia.

---

1 Aparentemente, o poema teria ficado inacabado.
2 Variante sobreposta: «A tua».
3 Variante sobreposta: «Eu».

Vizinha, se não morreu,
Que aquele piano seu
Volte de novo a maçar!
Sem ele penso e sou eu,
Com ele esqueço a sonhar...

Má musica? Sim, mas há
Até na musica má
Um sentimento de alguém
Não sei quem o sente ou dá,
Não sei quem o dá ou tem.

Não deixe de me maçar
Com o contínuo tocar
Do seu piano frequente.
Ah, torne-me a arreliar
E mace-me eternamente!

A quem é só, tudo é mais
Que o que está naquilo que é.
Notas falsas, desiguais –
Não se importe: a minha fé,
Meu sonho, vão a reboque
Do que toca mal e até
Do piano, do não sei quê...
Toque mal; mas toque, toque!

20-9-1934

456

Chega-me a dança rústica por som:
Harmónio, risos, baralhada ao luar.
E isso, indeterminadamente bom,
Suspende minha pena em seu riscar
O que talvez supus que ia pensar.

Que verdade há em mim? Melhor que aquilo
Que é dança e rumor vário e rir ao vento?
Não: não há nada... Tenho um certo estilo

Quando não escrevo com o pensamento
E o que é melhor depende do momento.

Mas eles dançam, fazem qualquer cousa.
É uma maneira natural de ser
Que em mim nada deseja e nada ousa.
Sinto-me vida só para escrever.
Quem me dera dançar e não viver!

20-9-1934

457

Dias tão gastos em se não gastar
Neles mais nada que não gastar nada...
Hei-de fazer de vós as bolas *do*[1] ar,
Que o sabão dá a uma palhinha dada...

Também, pensando bem, que vida tive
Melhor que isso que sobe sob o sol
E é um ser redondo que soltando vive
Com um próprio silêncio e arrebol.

Sim, são cores aéreas, matutinas,
Que súbitas se quebram ante o céu
E não deixam saudades nem ruínas,
O resto, o resto sou apenas eu.

20-9-1934

458

Pouco da vida que tive
Foi a que devesse ter.
O que em mim ainda vive,
Deseja poder querer.

---

1 Variante sobreposta: «no».

Deseja, sim, mas não sabe
Se na grande lotaria,
É a vontade que lhe cabe
Ou só o que ela seria.

Mas, enfim, o que é que importa
O que há ou o que não há?
A vida é só estar à porta.
Só passa quem passará.

20-9-1934

459

Não, não é esta astúcia do luar,
Nem este aroma vindo, ou do arvoredo,
Ou das flores que entre ele desfolhar
Um vento incerto e quedo,
Que há-de arrancar-me o meu segredo.

Sim, tudo isso, traduzido na alma,
É uma figura *inteira*[1] de mulher
Que acaricia, perigosa e calma,
É um oásis longínquo, alvor de palma,
É o que toda a gente quer.

Mas não saio do meu assombro
De quem ouviu os astros a cantar.
E isso me vela e inibe.
É tudo o amor: visão, mulher, palmar.
Mas vou a ver e toca-me no ombro,
Para eu p'ra trás olhar
O Mestre que *consola e*[2] que proíbe.[3]

20-9-1934

1 Variante sobreposta: «abstracta».
2 Variante subposta: «dá tudo o».
3 Escrita a lápis, no final do poema há a indicação, em inglês, «perhaps last poem in the book F.P.» [talvez o último poema no livro F.P.].

460

O sol que está onde a montanha está
É um píncaro onde há
Toda a luz concentrada que o sol dá.

A noite que entra quando o dia finda
Esse píncaro ainda
Com uma vaga luz, por alto, alinda.

Na noite inteira, o píncaro aparece
Que o seu sentido é esse,
Alto, e só de ser alto resplandece.

20-9-1934

461

Passa uma nuvem ligeira
No céu sem ela vazio.
Esta nuvem passageira
Traz um momento de frio.
A nuvem tem um arrepio.

De novo o sol, que não foi
Senão trocado, aparece
E o frio já não nos dói.
A nuvem que foi esquece
E, passada, o sol a aquece.

Vai distante, perseguida
Pela luz que já velou,
E vai por isso luzida.
Encobre Deus nessa ida
E Ele doura-a na partida.

20-9-1934

462

A montanha por achar
Há-de *ser*,[1] quando a encontrar,
Um templo aberto na pedra
Da encosta onde nada medra.

O santuário que ter,
Quando o encontrar, há-de ser
Na montanha procurada
E na gruta ali achada.

A verdade, se ela existe,
Ver-se-á que só consiste
Na procura da verdade
Porque a vida é só metade.

21-9-1934

463

Grande é a noite que me cerca,
E negra a dúvida que sinto,
Mas, antes que a minha alma perca
A consciência em que me minto,

Quero que alguma coisa minha
Possa ter mais que nada ter.[2]

21-9-1934

---

1 Variante sobreposta: «ter».
2 É provável que o poema tenha ficado incompleto.

464

Pobres das hostes
Perdidas sem ser
Por entre os caminhos
Do acontecer.

São grandes armadas
Que a bruma formou.
Foram derrotadas
E por isso eu sou.

Eu sou a derrota
Daquele passado
De que não me lembro
E de quem sou nado.

23-9-1934

465

Não sei qual o caminho – se o que passa
Por onde entre o arvoredo o atalho vai,
Se o que é a estrada extensa, que se traça
Como um vinco na terra, de onde sai.

Não sei, não sei. Porque ou atalho ou estrada
São terra, e o que importa é como andar;
Nem pesa muito a estrada ir dar a nada,
Nem o atalho a nada ir a dar.

Vale só o quem anda, que é quem vive.
Assim, adulto do que quis fazer,
Vou caminhando para o que já tive
Sabendo bem que o não poderei ter.

23-9-1934

466

Ao certo não sei...
Não sei se é verdade
Se é somente lei...
Depois te direi...
Ou talvez não diga...
Que vale o dizer?

28-9-1934

467

Paira na noite um som de água
Que me ajuda a não pensar...
Não sei se é água, se é mágoa,
Se é correr ou[1] divagar.

O certo é que o som se sente
E que é água o que nele há,
E é fluido, triste, insistente,
E sono, pois nada dá.

Sim, oiço-o, e de bicas corre
Invisíveis esse som...
Mas na noite ele decorre
E, por não ser nada, é bom.

2-10-1934

1 Variante sobreposta: «Dentro em mim a».

468

Não distingo se sou eu
Que estou ouvindo, ou se é
Só um som de água que é meu
Porque está aqui ao pé.

Mas o som da água persiste
Para além de quem eu sou.
Penso: sou dormente e triste.
Oiço: quem fui despertou.

2-10-1934

469

O sol, ausência de Deus,
Ali presente,
Enche de luz estes céus
Que são gente
Veladamente.

Mas não me dá a palavra
Que com haver sol perdi.

3-10-1934

470

Porque dormes, porque dormes,
Porque dormes sem razão
Sob céus fictícios e enormes
Sem nenhuma sensação?

Desperta! Há aurora no mundo
O sol doira o que se vê,
E há um sentimento profundo
Que se não sabe o que é.

Mas tu dormes, dormes... Ah,
Quem sabe se dormes bem
E se o que em teu sono há
Não é mais *que a aurora*[1] tem.

3-10-1934

471

A ciência, a ciência, a ciência...
Ah, como tudo é nulo e vão!
A pobreza da inteligência
Ante a riqueza da emoção!

Aquela mulher que trabalha
Como uma santa em sacrifício
Com quanto esforço dado ralha
Contra o pensar, que é o meu vício!

□
A ciência! Como é pobre e nada!
Rico é o que alma dá e tem.[2]

A criança que ri na rua,
A música que vem no acaso,
A tela absurda, a estátua nua,
A bondade que não tem prazo –

Tudo isso excede este rigor
Que o raciocínio dá a tudo,
E tem qualquer coisa de amor
Ainda que o amor seja mudo.

4-10-1934

1 Variante sobreposta: «o que o sol».
2 A segunda e a terceira estrofes estão dubitadas.

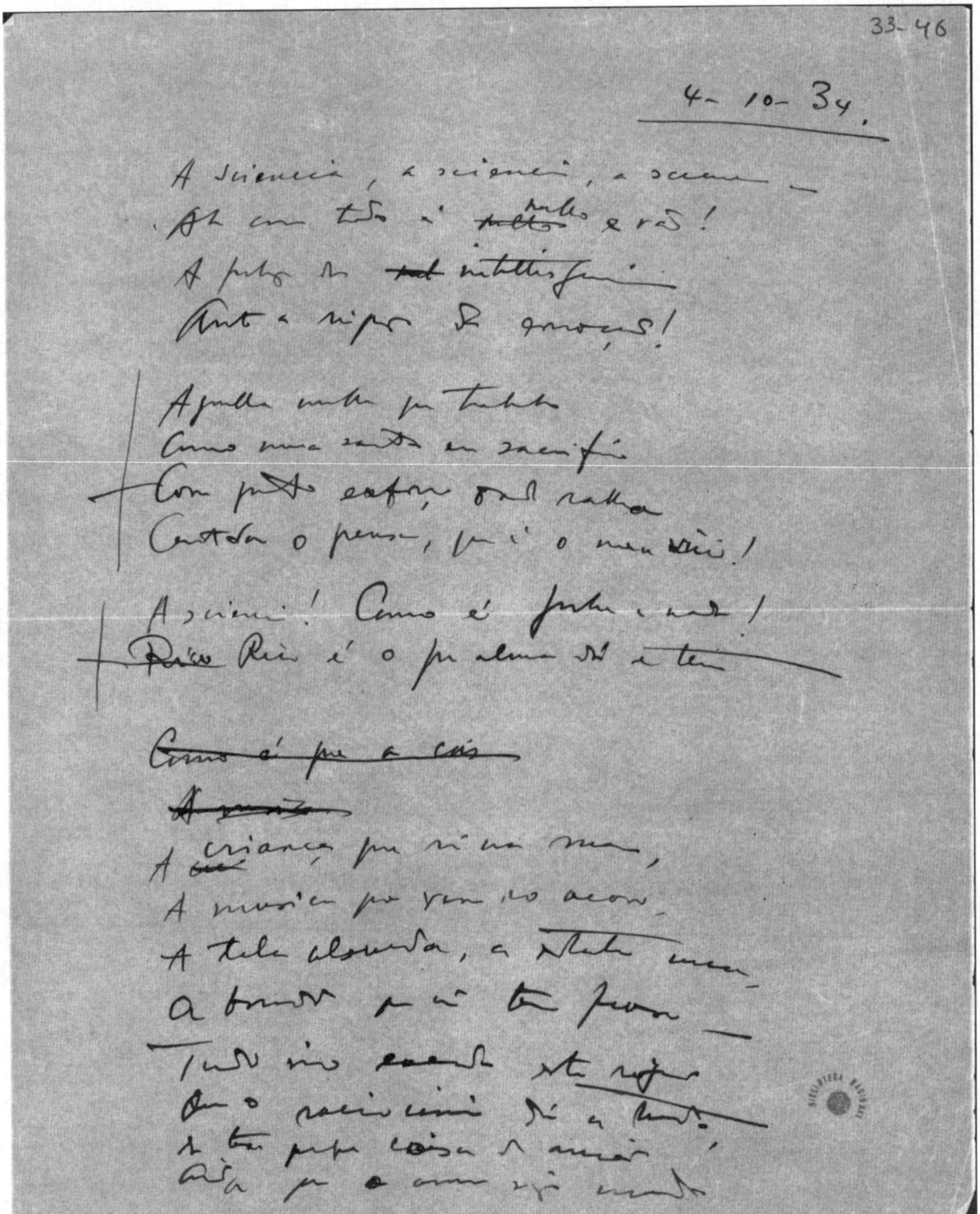

Figura 7. Fac-símile do rascunho do poema «A ciência, a ciência, a ciência...». Escrito de uma assentada com aparente facilidade, o resultado final parece não ter satisfeito o poeta, como demostram os sinais de dubitação à esquerda da segunda e da terceira estrofe

472

Sim, já sei...
Há uma lei
Que manda que no sentir
Haja um seguir
Uma certa estrada
Que leva a nada.

Bem sei. É aquela
Que dizem bela
E definida
Os que na vida
Não querem nada
De qualquer estrada.

Vou no caminho
Que é meu vizinho
Porque não sou
Quem aqui estou.

4-10-1934

473

Eu ia p'ra casa bêbado
Quando encontrei a verdade.
Como ia p'ra casa bêbado
Percebi só a metade.

Era que amor nos engana
E que razão nos não vale
E que a quem lhe der na gana
Que vença e se desiguale.

A bebedeira foi esta
Que a festa fez que eu tivesse.
Mas eu não estive na festa.
Antes eu lá estivesse.

8-10-1934

474

Que fútil toda essa tristeza
Que uns vagos versos vácuos dão,
Num modo de nem sim nem não,
À quente e abstracta singeleza
De se sentir o coração!

8-10-1934

475

Bem sei que ela era a Rainha.
Tantas vezes a sonhei
Que julguei até que a tinha
Com quanto a imaginei...

Porque a gente, por pensar,
Julga que pode querer,
Até sentir que sonhar
É pensar sem poder ter.

Bem sei. Mas era a Rainha
E não abdico encontrá-la.
Faltam-me o ser ela minha
E as condições e a sala.

8-10-1934

476

Bem sei que todas as mágoas
São como as mágoas que são
Parecidas com as águas
Que continuamente vão...

Quero, pois, ter guardada
Uma tristeza de mim
Que não possa ser levada
Por essas águas sem fim.

Quero uma tristeza minha
Uma mágoa que me seja
Uma espécie de rainha
Cujo trono se não veja.

9-10-1934

477

Na véspera de nada
Ninguém me visitou.
Olhei atento a estrada
Durante todo o dia
Mas ninguém vinha ou via,
Ninguém aqui chegou.

Mas talvez não chegar
Queira dizer que há

Outra estrada que achar,
Certa estrada que está,
Como quando *na*[1] festa
Se *distrai*[2] quem lá está.

11-10-1934

478

Não digas nada a quem te disse tudo –
Tudo, esse tudo que se nunca diz...
Essas palavras feitas do veludo
A que se não sabe o matiz.

Não digas nada a quem te deu a alma...
Que a alma não se dá. O confessar
É feito só para se obter a calma
De nos ouvirmos a falar.

Tudo é inútil e também mentira.
É um pião que um garoto na estrada
Deita só para ver como ele gira.
E[3] ele gira. Não digas nada.

11-10-1934

479

A reunião foi marcada
Para a véspera de nada.
Todos traziam segredos;
Os de alguns eram só medos,

---

1 Variante sobreposta: «da».
2 Variante sobreposta: «esquece».
3 Palavra dubitada.

Os de outros a vida errada
Ou a esperança perdida
A que chamamos a vida.

Mas ninguém apareceu.
Uns iam a achar o céu,
Outros a cair no inferno,
E outros, num ritmo mais seu,
Num caminho mais eterno.

Apareci eu, só eu;
E à sessão, que não havia,
Presidi, e nomeei-me
Secretário, e falei-me.
Entrei na ordem do dia.

Se isto aconteceu agora,
Ou fora de toda hora
Que possa haver neste mundo,
Não sei, nem quero saber.
Sofro um descanso profundo
Da reunião por haver.

18-10-1934

480

Bate dura na vidraça
A chuva que o vento açula.
Bate, cessa; bate e passa.
Minha sensação é nula.

Acostumado a sentir
O que os outros já sentiram,
Não sei com que alma hei-de ouvir
Aquilo que outros ouviram.

Não sei se hei-de achar-me bem
Em casa, ouvindo chover,

Ou chorar que a chuva tem
Um pranto por esquecer.

E assim me vou distraindo
Da chuva que bate ou cessa,
Sem saber se estou sentindo,
Com a íntima alma possessa

De não saber se hei-de ser
Quem sou ou quem eu seria
Se eu fosse quem o chover
Convencesse que chovia.

1-11-1934

481

Bem sei, bem sei: eu sou essa criança
Que encontraram na estrada
Após aquela intérmina tardança
Que não quer dizer nada.

Sou a criança que não pude ser.
Dormem mundos em mim.
E ergo a cabeça que não sei erguer
Para mais que o meu fim.

Sim, tenho alma para os astros todos,
Eu sei o que é sonhar,
Com todos os sentidos e os modos
De nada vir a achar.

20-11-1934

482

Sob olhos que não olham – os meus olhos –
Passa o ribeiro, que nem sei se é
Rápido ou lento, passa incerto ao pé
Dos invisíveis espinhos e abrolhos
Da margem, minha estagnação sem fé.

É como um viandante que passasse
Por um muro de quinta abandonada
E, por não ter que olhá-lo, por ser nada
Para seu interesse, o não olhasse,
Fiel somente ao nada seu – a estrada.

22-11-1934

483

Nunca faz mal o que escrevas
Desde que não escrevas nada
Como não faz mal que bebas
Se não bebes à canada.

Vinho ao copo é muito pouco,
Vinho aos copos é ou não.
Eu vou fingir-me de louco
Que bêbado já eu sou.

28-11-1934

484

Não! Isso não!
Não tragas com essa cantiga –
Esse mero som de canção –
A tristeza de uma alegria antiga
Ao meu coração.

Essa cantiga de Lisboa
Era a que me cantava
Minha mãe quando eu mal andava.
A vida então era eu bebé e boa
E dia a dia a mesma estava.

Porque foste cantar
O que veio acordar
Em meu coração, que *dormia!*[1]
Como que um som de mar
Como que um ar de maresia?

Já sou triste bastante
Para que precise
Que a tua voz, a distraída, cante,
Sem que com o canto encante
O antigo, o amigo. *Ah, dize,*[2] dize...

Dize, ainda que eu sofra... Canta bem –
Ou mal – nada me importa – essa canção
Com que me embalava minha mãe,
Longe, longe, quando eu era ninguém
E andava ao colo, e também
Não tinha que pensar nem ter razão.

28-11-1934

1 Variante sobreposta: «aquecia».
2 Variante subposta: «Mas enfim».

485

Quando os anjos são gente são crianças,
Crianças pequeninas que não crescem
Porque, como aqui são
Visitas, só, das nossas esperanças,
Sorriem *para*[1] o nosso coração
Só um ano ou dois;[2] depois desaparecem.

Será que o céu não pode aqui deixá-las
Mais que o tempo, tão pouco!, que há que dar
Para que o coração aprenda a amá-las,
E assim possa aprender a tudo amar?

Não sei... Talvez saudades da outra vida
As façam regressar depressa ao céu
Depois de estar sua missão cumprida –
Qualquer missão, *por*[3] nós desconhecida,
De amor e paz, que Deus nos deu.

Vêm, sorriem, passam, como a flor
Deixa cair as pétalas já fanadas...

Ai, Maria Leonor,[4]
Teus olhos cujo azul era o amor,
E as tuas pequenas mãos tão lindas!

29-11-1934

---

1 Variante sobreposta: «ante».

2 Variante sobreposta: «pouco tempo e».

3 Variante sobreposta: «a».

4 O nome Maria Leonor está abreviado (M.L.). O poema é inspirado na sobrinha, filha de Teca, que tinha falecido ainda um bebé de dois anos.

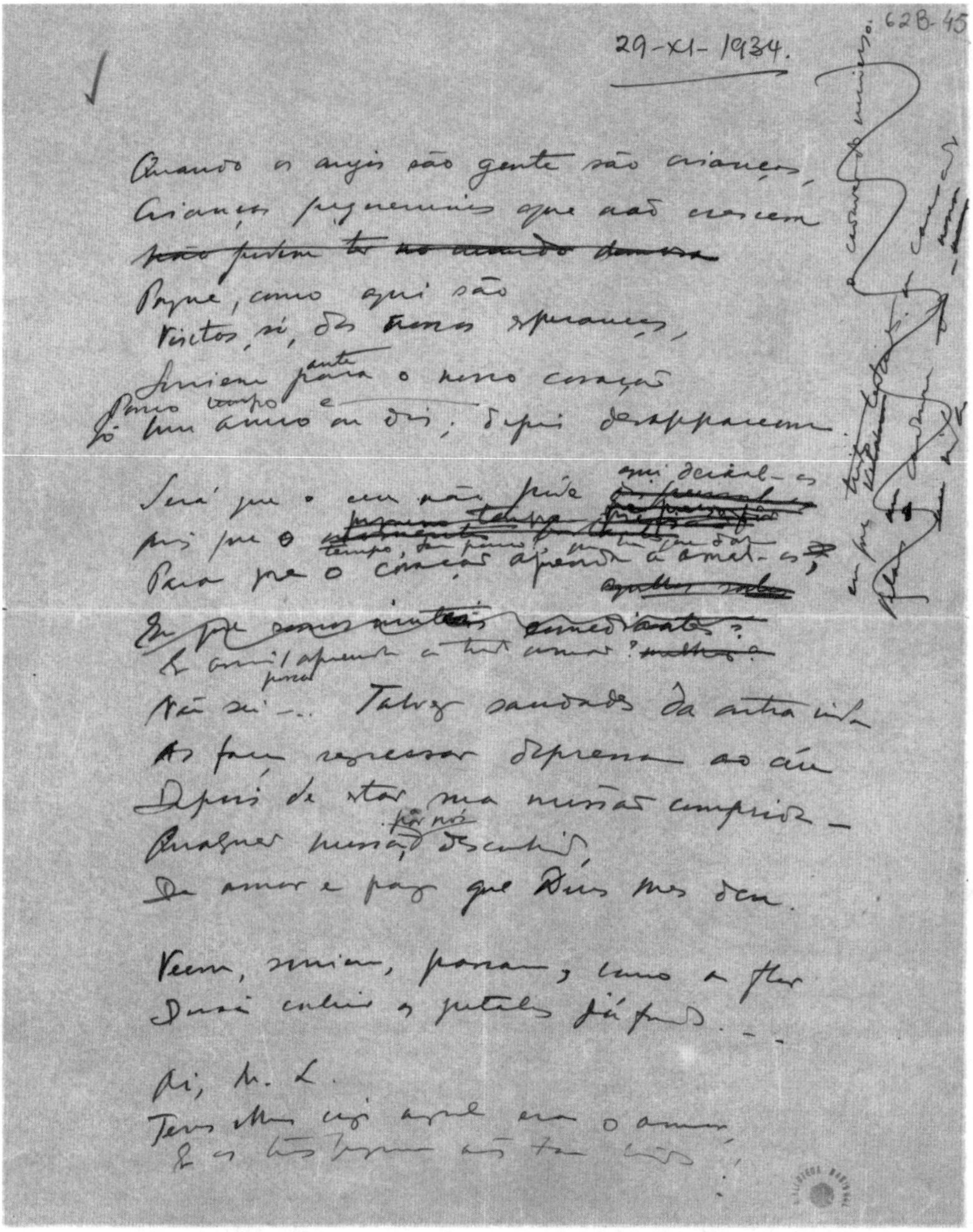
29-XI-1934.

Quando os anjos são gente são crianças,
Crianças pequeninas que não crescem
Porque, como aqui são
Vistos, só, das nossas esperanças,
Sorriem ante o nosso coração
Só um anno ou dois; depois desapparecem.

Figura 8. Fac-símile do rascunho do poema «Quando os anjos são gente são crianças,», talvez inconcluído, já que o último verso não tem rima correspondente. Teriam as linhas riscadas no canto superior da folha essa intenção não conseguida?

486

Sonhei – Quem não sonhara? – porque a tarde
Baixava o azul do céu e já se via
Uma estrela pequena, sem alarde,
Ainda em dia a desmentir o dia.

Tudo quanto mal fiz ou não queria
Numa fogueira que não vejo arde,
Meu coração, que espera e não confia,
É como um poço *ao qual*[1] a água tarde.

Sonhei. Pois não havia de sonhar
Vendo ante mim este céu brando e o mar,
Ao longe um lago, parecer parado...

Sonho... Não sei de quê, mas foi de um bem
Que não sei se era algum ou se era alguém
E que só conheci como ignorado.

29-11-1934

487

Num diminuendo que vem
Desde o princípio do mundo,
Meu coração não contém
Já mais que o seu próprio fundo.

Como quem vem dando esmola,
A quem vem sendo roubado,
Neste caminho, que é escola,
Do mundo que nos á dado,

Chego quase nu de mim
À hora de ser quem sou.
Não sei se é isto o meu fim.
Aqui conheço: aqui estou.

17-12-1934

1 Variante sobreposta: «aonde».

488

O burro vai nos caminhos
Do modo que os burros vão.
Eu vou na vida que vivo
Como os burros que *ali*[1] estão.

Sou como os inconscientes
Que andam só por ter andar.
Penso, mas pensar não serve
Para chegar a um lugar.

Mas chego, e eles também,
Porque chegar é viver.
Dêem-me com que eu me entenda
E deixarei de *escrever.*[2]

26-12-1934

489

Não quero rosas, desde que haja rosas.
Quero-as só quando não as possa haver.
Que hei-de fazer das coisas
Que qualquer mão pode colher?

Não quero a noite senão quando a aurora
A faz em ouro e azul se diluir.
O que a minha alma ignora –
É isso que quer possuir.

Para quê?... Se o soubesse, não faria
Versos para dizer que inda o não sei.
Tenho a alma pobre e fria...
Ah, com que esmola a aquecerei?...

7-1-1935

1 Variante sobreposta: «aqui».
2 Variante sobreposta: «entender.».

490

Mas tu mulher, tu homem, tu criança,
Tu, menino da incógnita clareza,
Em que sonhos de sombra e de beleza
Banhaste de ouro e alarme a tua esperança?

Príncipe falso de domínios idos
Vivendo louco entre o que vive a estar,
Não tinhas aqui casa nem lugar,
Senhor pardo dos sonhos esquecidos...

Teu coração batia de outro modo
Que o ritmo que faz coisas das estrelas.
Para ti as manhãs seriam belas
Se ali *coubesse o universo*[1] todo.

E assim, tomando a vida por brinquedo,
A escangalhaste, ainda se fora a tua.
Amuaste porque te não deu a lua
Quem dá a dor, as fórmulas e o medo.

E assim partiste, como um cavaleiro
Da Idade Média que só há em nós
À procura de anónimos avós
Que fossem donos do universo inteiro.

18-1-1935

---

1 Variante sobreposta: «pudesse estar teu sonho».

491

Liberdade[1]

Ai que prazer
Não cumprir um dever,
Ter um livro para ler
E não o fazer!
Ler é maçada,
Estudar é nada.
O sol doura
Sem literatura.
O rio corre, bem ou mal,
Sem edição original.
E a brisa, essa,
De tão naturalmente matinal,
Como tem tempo não tem pressa.

Livros são papéis pintados com tinta.
Estudar é uma coisa em que está indistinta
A distinção entre nada e coisa nenhuma.

Quanto é melhor, quando há bruma,
Esperar por D. Sebastião,
Quer venha ou não!

Grande é a poesia, a bondade e as danças...
Mas o melhor do mundo são as crianças,
Flores, música, o luar, e o sol, que peca
Só quando, em vez de criar, seca.

O mais do que isto
É Jesus Cristo,
Que não sabia nada de finanças
Nem consta que tivesse biblioteca...[2]

16-3-1935
Seara Nova, nº 526, Lisboa, 11 de Setembro de 1937

---

1 No dactiloescrito, Pessoa acrescentou a seguir, entre parênteses, «falta uma citação de Séneca».

2 O poema, dactilografado datado e assinado por Fernando Pessoa, foi nitidamente preparado para publicação, o que só aconteceu postumamente, em 1937, em *Seara Nova*.

492

Um dia baço mas não frio...
Um dia como
Se não tivesse paciência p'ra ser dia,
E só num assomo
Num ímpeto vazio
De dever, mas com ironia,
Se desse luz a um dia enfim
Igual a mim,
Ou então
Ao meu coração
Um coração vazio
Não de emoção
Mas de buscar um fim –
Um coração baço mas não frio.

18-3-1935

493

Azul, azul, azul, o mar fraqueja
Em orlas brancas pela praia fora.
Só esse som, alegre e antigo, rumoreja
No lúcido silêncio desta hora.

O mais – quietude, e no horizonte ralo
Um nevoeiro ou bruma ou ilusão
Que é como que um inútil intervalo
Do[1] amplo azul que céu e águas são.

Sossega em mim, de ver, de ver, de ver,
Essa intranquilidade, a mágoa *antiga*[2]
Que vem de *se*[3] sentir viver,
Que vem de não poder querer
E de não ter uma alma nossa amiga.

---

1 Variante sobreposta: «No».
2 O poeta riscou esta palavra, creio que por lapso.
3 Palavra dubitada.

Ah, mas essa dor,
Cheia de consciência do mutável
Da pobreza da vida e do amor
É tão antiga como o mar
E tem marés,
Cessa para recomeçar
Mais uma vez.

9-4-1935

494

A paz do dia, a luz que faz a paz –
Tudo isso faz
Que eu um momento esqueça quem me fiz –
O poeta abstracto e infeliz,
Que escreve para dar a entender
Que não tem nada que dizer.

19-4-1935

495

O meu sentimento é cinza
Da minha imaginação,
E eu deixo cair a cinza
No *cinzeiro*[1] da Razão.

12-6-1935

1 Pessoa encarou usar a palavra no plural, acrescentando -s entre parênteses.

496

Já estou tranquilo. Já não espero nada.
Já sobre meu vazio coração
Desceu a inconsciência abençoada
De nem querer uma ilusão.

20-7-1935

497

Começa a ir ser dia.
O céu negro começa,
Numa menor negrura
Da sua noite escura,
A ter uma cor fria
Onde a negrura cessa.

Um negro azul cinzento
Emerge vagamente
De onde o Oriente dorme
Seu tardo sono informe,
E há um frio sem vento
Que se ouve e mal se sente.

Mas eu, o mal-dormido,
Não sinto noite ou frio,
Nem sinto vir o dia
Da solidão vazia...
Só sinto o indefinido
Do coração vazio.

Em vão o dia chega
A quem não dorme, a quem
Não tem que ter razão
Dentro do coração,
Que quando vive nega
E quando ama não tem.

Em vão, em vão, e o céu
Azula-se de verde
Acinzentadamente.
Que é que a minha alma sente?
Nem isto, não, nem eu,
Na noite que se perde.

23-7-1935 (a.m.)

498

Através da radiofonia
A melancólica voz
De não sei que melodia,
Ou de quem a canta a sós
Ante um microfone morto
Como que chega ao porto
Quando chega até nós.

Quantos, como eu,
Sentem agora
A atracção de banalidade e céu
Dessa canção
Que foi marcada nos jornais para esta hora
Mas punge o coração.

Ah, não há hora, nem há emissora,
Nem aparelho surdo a que cantar
Que possa enganar
O que o coração chora,
Que possa evitar
Que se levante o véu
Do que se passa nesta hora
Entre a banalidade e o céu.

Que estúpida canção
É, palavra a palavra,
O que esse francês vem cantar
Da sua lavra.
Enchem-se-nos os olhos de lágrimas.
Porque não?

Mas não, não quero chorar.
Um poeta ter lágrimas
Perante um cantar!
Que vergonha para a poesia!
Mas o coração
Com o que quero nada quer,
E vai na esteira de essa voz e melodia
Sem eu o saber.

28-7-1935

499

Há quanto tempo isso foi!
Nem sei se foi nesta vida...
Lembrá-lo dói
Não conseguir lembrá-lo é uma ferida...

Sim, eras tu,
Ou alguém que hoje és,
O teu pé nu
Pousava sobre *um*[1] leão que era a teus pés.

Isto, está claro, nunca poderia
Ter acontecido,
Mas, se pudesse, a gente viveria
Menos aborrecido.

Ah, teu longínquo olhar!
Teus beiços do passado!
Já os não sei amar
Por nunca os ter amado.

E tudo isto, que promete
Abismos de emoção
Vem só de eu estar olhando p'ra um tapete
Que está, como tudo, no chão.

10-8-1935

1 Variante sobreposta: «o».

500

Este nó no lenço é
Para eu me lembrar, e até
Não me esquecer de lembrar...
Tem vantagem, já se vê.
Já sei que me hei-de lembrar,
Que tenho que me lembrar,
Mas que me lembrar de quê?

18-8-1935

501

Sei bem que não consigo
O que não quero ter,
Que nem até prossigo
Na estrada até querer.

Sei que não sei da imagem
Que era o saber que foi
Aquela personagem
Do drama que me dói.

Sei tudo. Era presente
Quando abdiquei de mim...
E o que a minha alma sente
Ficou nesse jardim.

18-8-1935

502

Se eu pudesse não ter o ser que tenho
Seria feliz aqui...
Que grande sonho
Ser quem não sabe quem é se sorri!

Mas eu me estranho
Se em sonho me vi
Tal qual no tamanho
O que nunca vi.

18-8-1935

503

Aquilo que a gente lembra
Sem o querer lembrar,
E incerto se desmembra
Como um fumo no ar,
É a música que a alma tem,
É o perfume que vem,
Vago, inútil, trazido
Por uma brisa de agrado,
Do fundo do que é esquecido,
Dos jardins do passado.

Aquilo que a gente sonha
Sem saber de sonhar,
Aquela boca risonha
Que nunca nos quis beijar,
Aquela vaga ironia
Que uns olhos tiveram um dia
Para a nossa emoção –
Tudo isso nos dá o agrado,
Das flores que flores são[1]
Nos jardins do passado.

Não sei o que fiz da vida,
Nem o quero saber.
Se a tenho por perdida,
Sei eu o que é perder?
Mas tudo é música se há
Alma onde a alma está,

1 Variante ao fundo da página: «Do aroma que as flores são».

E há um vago, suave sono,
Um sonho morno de agrado,
Quando regresso, dono,
Aos jardins do passado.

[2-9-1935]

504

Desce a névoa da montanha,
Desce ou nasce ou não sei quê...
Minha alma é a tudo estranha.
Quando vê, vê que não vê.

Mais vale a névoa que a vida...
Desce, ou sobe: enfim, existe.
E eu não sei em que consiste
Ter a emoção por vivida,[1]
E, sem querer, estou triste.

2-9-1935

505

Já não me importo
Até com o que amo, ou creio amar.
Sou um navio que chegou a um porto
E cujo movimento é ali estar.

Nada me resta
Do que quis ou achei.
Cheguei da festa
Como fui para lá ou ainda irei.

Indiferente
A quem sou ou suponho que mal sou,

1 Verso dubitado.

Fito a gente
Que me rodeia e sempre rodeou,

Com um olhar
Que, sem o poder ver,
Sei que é sem ar
De olhar a valer.

E só me não cansa
O que a brisa me traz
De súbita mudança
No que nada me faz.

2-9-1935

506

Pedrouços

Quando eu era pequeno não sabia
Que cresceria.
Pelo menos não o sentia.

Naquela idade o tempo não existe.
Cada dia é a mesma mesa
Com o mesmo quintal ao fundo;
E quando se sente tristeza
Está tristeza, mas não se está triste.

Eu era assim
E todas as crianças deste mundo
Assim foram antes de mim.

O quintal grande estava dividido
Por uma frágil grade, alta, de *tiras*[1]
Cruzadas, de madeirinha,
Em horta e jardim.

1 Palavra dubitada.

Meu coração anda esquecido,
Mas não minha visão. De ela não *tires*[1]
Tempo, esse quadro onde o feliz que eu fui
Dá-me uma felicidade ainda minha!

Inútil o teu frio curso flui
Para quem das lembranças se acarinha.

22-10-1935

507

Triolet, rondeau, balada –
Tudo isso é nada.
Balada, rondeau, triolet –
Tudo isso o que é?

A espuma do que a vida atira
À praia e a tira
De onde a pôs, e a ouviu, a chiar
Voltar ao mar.[2]

28-10-1935

508

Teus olhos entristecem.
Nem ouves[3] o que digo.
Dormem, sonham, esquecem...
Não me ouves, e prossigo.

1 Palavra dubitada.
2 Variante: «[De onde a pôs], e volta a chiar / Ao eterno mar.».
3 Variante, ao lado: «Estagnas para».

Digo o que já, de triste,
Te disse tanta vez...
Creio que nunca o ouviste
De tão tua que és.

Olhas-me de repente
De um distante impreciso
Com um olhar ausente.
Começas um sorriso.

Continuo a falar.
Continuas ouvindo
O que estás a pensar,
Já quase não sorrindo,

Até que, neste ocioso
Sumir da tarde fútil,
Se esfolha silencioso
O teu sorriso inútil.

29-10-1935

509

Lembro-me vagamente
Ou sonho sem me lembrar?
Havia água corrente
Nesse lugar.

Que lugar? Ora, era onde a quinta
Nos parecia que acabava
Mas não lhe servia de cinta
O muro que ali perto se avistava.

E o som da água a correr
Cercava-nos, como me cerca
O relembrar, de o esquecer,
Até que a música se perca.

30-10-1935

510

Argumentamos em vão.
Distraído, certo, bate
Por trás do nosso debate
O coração.

Sei bem que gostas de mim,
Sabes bem quanto te quero,
E argumentamos assim,
No tom arrastado e insincero
De quem fala só de coisas
Que nada têm connosco,
Como quem com mãos ociosas,
Num gesto alheado e manso,
Limpa o pó de um manipanso
Santo e tosco.

2-11-1935

511

Navega inútil pelas águas mansas
A barca que não chega a qualquer porto.
Leva consigo as minhas esperanças,
Deixou no cais a fé com que eu as tinha.

5-11-1935

512

Meu pobre Portugal,
Dóis-me no coração.
Teu mal é o meu mal
Por imaginação.

Tão fraco, tão doente,
E com a boa cor
Que a tísica põe quente
Na cara, o exterior.

Meu pobre e magro povo
A quem deram, às peças,
Um fato em estado novo
Para que o não pareças!

Tens a cara lavada,
Um fato de se ver
Mas não te deram nada,
Coitado, que comer.

E aí, nessa cadeira,
Jazes, apresentável.
□
O transeunte amável.

8-11-1935

513

Conselho

Cerca de grandes muros quem te sonhas.
Depois, onde é visível o jardim
Através do portão de grade dada,
Põe quantas flores são as mais risonhas,
Para que te conheçam só assim.
Onde ninguém o vir não ponhas nada.

Faze canteiros como os que outros têm,
Onde os olhares possam entrever
O teu jardim como lho vais mostrar.
Mas onde és teu, e nunca o vê ninguém,
Deixa as flores que vêm do chão crescer
E deixa as ervas naturais medrar.

Faze de ti um duplo ser guardado;
E que ninguém, que veja e fite, possa
Saber mais que um jardim de quem tu és –
Um jardim ostensivo e reservado,
Por trás do qual a flor nativa roça
A erva tão pobre que nem tu a vês...

Sudoeste: cadernos de Almada Negreiros, nº 3, Novembro de 1935

514

Mas eu, casual e fortuito,
Factício até no que sou,
Sonho muito, penso muito
E indeterminadamente estou.
Levantar-me da cadeira?
Que canseira!
Fazer um esforço a valer?
Para conquistar o quê?
A glória? A ciência? O poder?
O que é que tudo isso é?

Pastor que não és ninguém
Porque ninguém de ti cura,
A[1] frescura que a tua alma tem
Tenho-a também, mas sem frescura.
Mas ao menos guardo
A fidelidade à inocência,
No que não faço ou no que tardo.
Que o Diabo leve, porque é dele a ciência!

[1935]

1 Pessoa encarou, ao lado, anteceder o artigo da palavra «Que».

POEMAS SEM DATA E ALGUNS DATADOS

Sentenças e aforismos

515

É uma grande coisa
        A celebridade
Faz-se nos jornais.

A maior verdade.
        A outra porta
        É *portão*[1] de arte.

Se o jornal lhe diz
        Que é grande
Não se sinta feliz.
        Ande.
Sinta-se também
Grande e estará bem.

Tudo é fingimento
Nos jornais e em nós.
Mas isso é o sentimento,
A sós.

1 Variante subposta: «porta».

516

FRAGMENTOS DE UM LIVRO

I[1]

O Medo, o Ódio, a Dor escravizam e consomem
Brutal e eternamente o nosso coração,
E coisas mil e vãs, inúteis, sem razão,
Minam e minam mais o coração do homem.

A Vaidade, o Poder, a Convenção, a Fé
Fazem-nos animais, e muito e muito vício
Abre-nos bem aos pés um fundo precipício
P'ra onde avançamos como autómatos o pé.

Mas se é mau ter horror à Justiça, à Verdade[,]
Se é pior admirar os chefes e os reis –
De mais ignóbil há – animalmente às leis –
O medo da revolta, o horror à liberdade.

Falo convosco, oh vós que em boticas e em tendas
E em grupos estacando em frente às livrarias
Levais a discutir, com vãs palavras frias,
As velhas opressões, já podres e delendas.

Falo contigo – sim – tu de chapéu de coco
Pássaro preso na gaiola do Usual...

---

1 Tal como está apresentado, numa só página, o poema parece incompleto: só apresenta os dois primeiros versos da última quadra. Pode, contudo, ter-se extraviado o seu seguimento. Aliás, o poema traz a indicação «I», que faz supor que Pessoa escreveu, ou tencionou escrever, outros «Fragmentos». A caligrafia remete para a juventude do poeta.

517

Não fites o destino frente a frente
O que a vida te oculta quer oculto...
Não queiras que o futuro seja um vulto
Com feições, ao teu espírito doente.[1]

518

Nada temas! Teu dia és tu, não morre
E a noite p'ra onde vais está em ti...

A tua vida é uma ideia tua
Tua morte seu contorno de escultura.[2]

Não sabes fora do círculo que és.
Todo o Universo, Deus, Vida, Morte
Pertence-te... É teu, és tu... Tua sorte
É um sonho teu, sombra tua a teus pés.

519

Deus te livre de estar onde estás,
de ser o que és e de ter o
que terás.[3]

Deus te livre de tudo menos
De não ter deveres, e dos vários venenos.

Deus te livre de que te tomem
Por mulher, e também por homem.

1 Talvez esta quadra avulsa se destinasse a um poema mais longo que não teria chegado a escrever.

2 Variantes: subposta a «escultura», «ideia una»; variante a todo o verso, ao lado, «Tua morte □ / Seu contorno de ideia *una* [variante subposta: «única»] e nua.».

3 No manuscrito autógrafo, os dois últimos versos da estrofe começam com letra minúscula.

520

Quem mata um bicho no caminho
        Diminui Deus...
Quem pisa uma flor sem carinho
        Desfeia os céus...
Tudo tem um sudário e obscuro
        fim
Contíguo ao seu humilde e escuro
        Ser ser e afim.

521

Faz de ti um mistério, porque o és
Deves à essência do universo o culto
Do imo do teu ser manter oculto

522

O abismo é o muro que tenho
Ser eu não tem um tamanho.

523

Dizem?
Esquecem.
Não dizem?
Disseram.[1]

Fazem?
Fatal.

---

1 Não foi encontrado o testemunho original deste poema. Pergunto-me se este verso não terá sido incorretamente transcrito ou se, respeitando a rima, o poeta não terá escrito «Dissessem», em vez do que foi publicado.

Não fazem?
Igual.

Por quê
Esperar?
– Tudo é
Sonhar.

524

Se já não torna a eterna primavera
Que em sonhos conheci,
O que é que o exausto coração espera
Do que não tem em si?

Se não há mais florir de árvores feitas
Só de alguém as sonhar,
Que coisas quer o coração perfeitas,
Quando, e em que lugar?

Não: contentemo-nos com ter a aragem
Que, porque existe, vem
Passar a mão sobre o alto da folhagem,
E assim nos faz um bem.

15-9-1933

Novo paganismo

525

Ó Juliano apóstata, que laço
É esse que me prende a quem tu foste,
Imperador sombrio e calmo, quem
É que em nós ambos é o mesmo alguém?
Porque sinto eu teu gesto no meu braço
Na minha vida tua morte.

Quem foste tu, que hoje me sabes tanto
A eu ter sido tu. Porque é que lembro
Teu vulto sério, o mando teu augusto,
Teu porte de alma, calmo e □ e justo,
Como o por Maio e Junho estéril pranto
Quando é Dezembro?

Imperador aceite pelas gentes
Do teu império em gritos de te qu'rer,
Sóbrio, vergado sobre os livros □

Fecho os olhos, medito
E, se invoco, revivo.
Um momento meu ser é infinito
No inteiro eu entre mim e o que fui.
Depois estagno, e o meu ser morto e esquivo
Rio *fundo*[1] por mim flui.

Agora, renascido,
Quero outra vez erguer os deuses mortos.

[3-6-1916]

---

1 Variantes: sobreposta, «vago»; subposta, «vasto».

526

Outrora

No crepúsculo do Império,
Eu, Julião o Apóstata, mandei
Os templos dos meus Deuses reerguer.
Não era minha a Hora.
Tua era, ó Cristo, e □
□ [1]

Às vezes, quando cismo, e incerto vou
Através do meu ser em confusão
Procuro ver, sentir, sem olhos ler
Na minha consciência a alvorecer
De que anterior Presença humana sou
A reincarnação.

Então, aos olhos com que sonho olhando,
Meu próprio vulto outro se ergue, e eu sei
Que fui, num grande ocaso de □ gentes
Entre sonhos nas almas confluentes
Alguém com gesto e mando,
Imperador ou rei.

Triste, *profundamente*[2] triste, calmo
Sim, calmo como a morte, eu quis fazer
Com que em não sei que terra revivesse
Um belo culto morto, a incerta messe
□

3-6-1916

1 Juntei no mesmo poema esta estrofe às seguintes, por fazerem fisicamente parte de um todo, embora interrompidas pelo projecto, que subitamente lhe ocorreu, «Julião Apóstata – biografia / estátua ou busto».

2 Palavra dubitada.

527

Juliano em Antioquia

No azul da tarde o hino cristão se mexe
Com os beijos vendidos
Pouco a pouco □ o César desce
Os degraus denegridos...

O templo ruiu e Cristo enfim venceu
A terra é um logo-deus.

23-11-1918

528

Juliano em Antioquia

Quem governa mais longe que só os gestos?
Quem pode mandar mais do que o Destino?
Mithras, meu pai, □
□
Regente inútil de um império extinto,
Portador de um cadáver sobre mim,

Minha vontade morre no precinto
Da minh'alma, sem alma alguma afim.
Meus decretos são água tal qual um
Homem só a consegue arremessar
Sobre o incêndio de um país. Nenhum

Salva o que a si se não pode salvar.
Minha voz em nenhuma alma calha,
Meu trabalho por nada e vil trabalha,
Passeio o esforço meu entre desastres.[1]

[1919]

529

Juliano em Antioquia

Agir, sabendo
Que a acção é vil e o esforço nada.
Ir para a frente por dever, mas vendo
Que não há estrada.
Tornar a pôr altares, templos mortos
Aos deuses reerguer, sem ignorar
Que as almas são de Cristo já, e há outros
Homens □

O esforço inútil feito por dever
E o amor à verdade inaceitável,
A teimosia estóica em dever ser.
□

Venceste, Galileu. Mas nada prova
Da verdade de ti teres vencido.
Constantemente o mundo se renova
Um dia é o dia do mal
□

Ai de quem nasce no dever absurdo
De conquistar à morte um moribundo,
De falar □ a um império surdo
E dar ao mundo leis estranhas ao mundo

1 Sobre o projecto «Juliano», Pessoa explica-se numa nota que precede o poema: «O poema simboliza a alma elevada que, num tempo de decadência, luta inutilmente, procura infrutiferamente entravar a corrupção e a degenerescência gerais.». Segue-se um longo parágrafo de nove linhas, encerrando a nota com esta advertência: «No tratamento do tema deve vir penumbrado o fim de Juliano.».

Quando o corrupto corpo não conhece
Por saúde senão o céu que adoece
E o natural repugna porque não
Lhe é natural, por □ a razão,
Que força ter a força para □

Que ao menos ao meu esforço condenado
Ao exílio do êxito, o Destino
Renascimento dê nunca melhorado
Tempo aos antigos deuses mais benigno.

Assim falou com a voz que hoje trago
Há mil anos e meio o Imperador.
Se ergo da obra para a minha alma o olhar
Com que comigo encaro e □
E o sentido da minha vida
É uma estátua antiga reerguida
Do fundo de um lago.

A sombra de outros deuses enche os hortos.
Que vale não crer neles, se eles vieram?
E se os deuses, em nós mortos,
Levaram para o abismo o que era seu
O amor à vida, que □ nos deram
Hoje só o amor a amar □.

Bate o sol só em casas de eremitas.
Que importa não querer o ermitério?
O que de nova seiva enche as contritas
Almas, e o próprio saber é já de Cristo.
Choras? Para que choras as avitas
Ruínas da vida □[1]

Grinaldas tece para o amor que é morto
Nem só papoulas põe ou claras flores.
Violetas busca, e no deixado horto
Vê se colhes as flores da tristeza...
Flor's sem perfume como estes amores,
Flores, como estas sebes, sem beleza.

E quando, de grinalda já composta
Só restar dar-lhe o uso e ao uso os beijos,

1 Os últimos três versos estão dubitados.

Com lentas mãos desfá-la □
Penélope sonhará, sem marido □
Desfá-la como aos □ desejos
Quando realizá-los □

E assim na inútil obra em que compões
Sem mesmo ser para as compor, as flores
Que com cuidado nas grinaldas pões
E sem cuidado continuas pondo,
Vai vivendo a sonhar esses amores
Que em meu sonho de ti eu vou compondo;

E um dia, ou é dos deuses, ou de além,
Que em outros corpos volta a nova alma
Em que esta dor nossa consciência tem,
Se entre outros hortos □

Talvez que estranhos um ao outro nós
Cruzemos no caminho e um só momento
Olhando-nos, venha um súbito e veloz
E autêntico assombro e □ medo
Uma emoção no nosso pensamento
Uma oculta vida de segredo.

E será que nada o amor enfim
(Por que esta grinalda morta é feita;)
E um e outro, pesando-nos na alma,
Perguntamos: *porque estremeci?*[1]
Mas já parámos...

22-5-1919

1 Variante sobreposta: «que houve agora em mim?».

530

JULIANO EM ANTIOQUIA[1]

[I]

Mas ah que um ente vil e tão *mesquinho,*[2]
Estrangeiro à virtude e à inteligência,
Assim ponha em submisso desalinho
O edifício □ da nossa ciência!

Estudo-te e odeio com desprezo e mágoa.
Plebe dos sexos, sem pudor nem ciência,
Instável e amoldável como a água,
Incapaz de justiça e de consciência.
Vil no próprio carinho dedicado,
E na própria bondade anjo malvado.

Tudo aproveitas, tudo ao gozo chamas.
E se a ti mesmo enganas quando mentes,
Não tanto enganas que □

Ah que contra uma alma que aprendeu
Na *vária*[3] sorte e rudez má da vida
A ter a firme □

Possam as tuas redes valer tanto,
Tanto o teu próprio suspeitado encanto.
Porque de nada vale conhecer-te,
De nada desprezar-te e ver-te nada.
Fazes querer-te a quem não quer querer-te,
Quem vê os espinhos na tua rósea estrada
Não menos segue a estrada que vê ser
Da perdição, esquecendo-a por te ver.

---

1 O poeta acrescentou, em inglês, «Love-poem».

2 Sobre a palavra, em inglês, escreveu: «An ascete's name as title to this.».

3 Variante sobreposta: «incerta».

Que fraqueza se é força sermos fortes,
Que força, se ser fortes é fraqueza,
Nos dá escravos aos pés □
Podemos desprezar-te e *não podemos*[1]
Fazer os gestos com que desprezemos.

Vã loucura buscar te resistir!
Inútil força querer não ser teu servo!
Sem força ou arte sabes conseguir.
E cada estria em nós de cada nervo
Clama contra o domínio da razão
Se o mero braço sente a tua mão.

Contra Vénus Minerva não construe
Armaduras que durem mais que um beijo.
Não tem Jove justiça que subdue
A revolta insolente do desejo.
Se a tua boca fala, tudo cala
Em nós saber o que em nós *ouve a tua*[2] fala.

Entre o livro, onde a ciência é lida, e a mente
A imagem se interpõe do teu carinho.
Na estrada para o Olimpo eternamente,
Teu vulto surge, Circe do caminho.
Entre nós e a ambição que quer erguer-nos
Anseiam teus humanos olhos □ ternos

E com teu meigo amplexo, inda sonhado,
A alma fraqueja, a ciência é fria e dói.
Não te ter dá a força e o alto agrado,
Não te ter todo o agrado e bem destrói.
Tudo, salvo a razão, em nós te quer.
Tudo, a não ser □

Perene peso da matéria em nós,
Símbolo eterno da imperfeita vida,
Que, havido é o mal, e não havido é atroz,
Que tanto dóis tida como não tida,
Que se o corpo te tem, a mente adoece,
Se te não tem, de te não ter padece.

---

1 Variante sobreposta: «nem queremos».

2 Variante subposta: «te ouve». É admissível que o poeta tivesse em mente, como redação alternativa, «te ouve a fala», não tendo, entretanto, registrado o artigo «a».

Que força sobre-humana é que é precisa
Para, firme e constante, rejeitar-te,
□

[III]

Se me amas, não me ames. Deixa só
Quem não quer mais que a glória e a imortal vida
Busca quem possa querer-te, tendo dó
Que mal te fiz para que tu me ames,
Que ódio me tens à minha vida para amar-me[1]
□

[1919]

531

Nos bons tempos

Nosso patrão é bom,
É franca a sua mão:
Bebamos à saúde
E à sorte do patrão!
Vá uma tigela cheia
Do vinho abençoado!
Bebamos pelos campos
Onde passou o arado,
P'los nossos companheiros
Neste trabalho duro,
Pelo cavalo branco,
Pelo cavalo escuro!
Nosso patrão é bom:
Que Deus sempre o ajude!
Bebamos a nós mesmos
E à nossa saúde

---

1 O poeta acrescentou: «*No fim* / E a noite que nos □ e nos espera – / E a madrugada, breve primavera.». Creio que este poema sobre o amor, assaz deslocado em «Juliano», já é contemporâneo do encontro com Ofélia Queirós, no final de 1919.

532

PRAÇA DA FIGUEIRA

Santo António

Nasci exactamente no teu dia –
Treze de Junho, quente de alegria,
Citadino, bucólico e humano,
Onde até esses cravos de papel
Que têm uma bandeira em pé quebrado
Sabem rir...
Santo dia profano
Cuja luz sabe a mel
Sobre o chão de bom vinho derramado!

Santo António, és portanto
O meu santo,
Se bem que nunca me pegasses
Teu franciscano sentir,
Católico, apostólico e romano.

(Reflecti.
Os cravos de papel creio que são
Mais propriamente, aqui,
Do dia de S. João...
Mas não vou escangalhar o que escrevi.
Que tem um poeta com a precisão?)

Adiante...Ia eu dizendo, Santo António,
Que tu és o meu santo sem o ser.
Por isso o és a valer,
Que é essa a santidade boa,
A que fugiu deveras ao demónio.
És o santo das raparigas,
És o santo de Lisboa,
És o santo do povo.
Tens uma auréola de cantigas,

E então
Quanto ao teu coração –
Está sempre aberto lá o vinho novo.

Dizem que foste um pregador insigne,
Um austero, mas de alma ardente e ansiosa,
Etcetera...
Mas qual de nós vai tomar isso à letra?
Que de hoje em diante quem o diz se digne
Deixar de dizer isso ou qualquer outra coisa.

Qual santo! Olham a árvore a olho nu
E não a vêem, de olhar só os ramos.
Chama-se a isto ser doutor

Ou investigador.

Qual Santo António! Tu és tu.
Tu és tu como nós te figuramos.

Valem mais que os sermões que deveras pregaste
As bilhas que talvez não consertaste.
Mais que a tua longínqua santidade
Que até já o Diabo perdoou,
Mais que o que houvesse, se houve, de verdade
No que – aos peixes ou não – a tua voz pregou,
Vale este sol das gerações antigas
Que acorda em nós ainda as semelhanças
Com quando a vida era só vida e instinto,
As cantigas,
Os rapazes e as raparigas,
As danças
E o vinho tinto.

Nós somos todos quem nos faz a história.
Nós somos todos quem nos quer o povo.
O verdadeiro título de glória,
Que nada em nossa vida dá ou traz,
É haver sido tais quando aqui andámos,
Bons, justos, naturais em singeleza,
Que os descendentes dos que nós amámos
Nos promovem a outros, como faz
Com a imaginação que há na certeza,

O amante a quem ama,
E o faz um velho amante sempre novo.
Assim o povo fez contigo
Nunca foi teu devoto: é teu amigo,
Ó eterno rapaz.

(Qual santo nem santeza!
Deita-te noutra cama!)
Santos, bem santos, nunca têm beleza.
Deus fez de ti um santo ou foi o Papa?...
Tira lá essa capa!
Deus fez-te santo? O Diabo, que é mais rico
Em fantasia, promoveu-te a manjerico.

És o que és para nós. O que tu foste
Em tua vida real, por mal ou bem,
Que coisas ou não-coisas se te devem
Com isso a estéril multidão arroste
Na nora de erros *duns burros que puxam*[1], quando escrevem,
Essa prolixa nulidade, que se chama a história.
Quem foste tu ou foi alguém,
Só Deus o sabe, e mais ninguém.

És pois quem nós queremos, és tal qual
O teu retrato, como está aqui,
Neste bilhete postal.
E parece-me até que já te vi.

És este, e este és tu, e o povo é teu –
O povo que não sabe onde é o céu,
E nesta hora em que vai alta a lua
Num plácido e legítimo recorte,
Atira risos naturais à morte,
E, cheio de um prazer que mal é seu,
Em canteiros que andam enche a rua.

Sê sempre assim, nosso pagão encanto,
Sê sempre assim!
Deixa lá Roma entregue à intriga e ao latim,
Esquece a doutrina e os sermões.
De mal, nem tu nem nós merecíamos tanto.
Foste Fernando de Bulhões,

---

1 Verso muito emendado. Creio que o poeta quereria escrever «que uns burros puxam».

Foste Frei António –
Isso sim.
Por que demónio
É que foram pregar contigo em santo?

S. João

Ó Precursor, fizeste-la bonita!
Não que teu Cristo, incarnação do Bem
Não seja *o teu Divino*[1] Anunciado.
O mal são os que após, sem mística divina,
Nem ternura cristã, ou só humana,
Meteram a Jesus na cela da doutrina
Com as algemas do ódio manietado
Para depois manchar de falsa fé
O pobre homem que todo homem é [.]

A cruel multidão negramente infinita
Que tem sido o algoz ou o ladrão
Da ingénua humanidade aflita –
Esses que, aqui mesmo, pelos modos,
Dão ao inferno realização...
Ah, *nem*[2] podiam ser piores, nem
Que a mulher do Diabo, se ele a tem,
Os tivesse parido a todos.

Eu bem sei que houve muito santo e crente,
Muito puro, bondoso e inocente.
Bem sei, bem sei:
Sei-o eu e sabe-o toda a gente.
Mas esses, cuja alma está em Cristo
São só isto –
Qualquer remédio que se dissolvesse
No chá que para isso há,
E cujo gosto nele se perdesse;
O chá fica sabendo só a chá.
Se o remédio faz bem,
Não o sabe ninguém.
Que o chá não presta, não duvida alguém.

---

1 Variante sobreposta: «quem».

2 Variante sobreposta: «não».

Sabemos isso, e sabê-lo-ia antes
De todos nós o teu Mestre que viria,
Profeta, Deus e guia dos errantes.
Quão dolorosamente o saberia!
Sei que houve astros no céu da fé vazia.
Sei, mas repara que falso isso soa!
Por mais astros que a noite use brilhantes,
Que Diabo!, a noite não se chama dia.

Ó Precursor! Fizeste-a boa!

Deliro. Para nós, os de Lisboa,
Não és o precursor de nada.
És um rapaz ainda menino
Que tem por missão boa,
Por missão sorridente e sossegada
Ter ao colo um cordeiro pequenino.

Lá o que esse cordeiro significa
Não tem cheiro
Para o povo, que tem a alma rica
Da emoção que não conhece.
Para ele o cordeiro é um cordeiro,
E o menino sorri e a vida esquece.

O resto são fogueira
E os saltos dados a gritar
Com um medo exagerado
Feito tudo de maneira
A mostrar
O riso, as pernas e o agrado.

É quente e anónima a aragem,
Tudo é juventude e viço
Num arraial multicolor e vasto.
Bonito serviço
Como homenagem
A quem, ainda com cabeça, foi um casto!

Mas é assim que és
E é assim que serás,
Até que pisem esta terra os pés
Do último fado que o Destino traz.

Então, esperamos, eu e todos,
Ver-te «surgir no céu», como quem vence
Tudo que é realidade ou ilusão
Por o menino ser que lhe pertence,
E os seus bons e santos modos
«Com o cordeirinho na mão»,
Como te viu Catulo Cearense.

Mas, desçamos à terra,
Que, por enquanto, o céu aterra,
Porque antes disso mete a morte.
Há muita coisa desconhecida
Na tua vida.
Tens muita sorte
Em ninguém saber da partida
Que em mil setecentos e dezassete
Tu fizeste à Igreja constituída.
Estavas, eu bem sei, cansado
Com o que a Igreja se intromete
Com tua vida e o teu divino fado.

E foi então que, para te vingar
E, à maneira de santo, os arreliar,
Desceste mansamente à terra
Perfeitamente disfarçado
E fizeste entre os homens da razão
Um milagre arrojado,
Mas cuja assinatura se erra,
Quando em teu dia, S. João do Verão,
Fundaste a Grande Loja de Inglaterra.

Isto agora é que é bom,
Se bem que vagamente rocambólico.
Eu a julgar-te até católico,
E tu sais-me maçon.

Bem, aí é que há espaço para tudo,
Para o bem temporal do mundo vário.
Que o teu sorriso doure quanto estudo
E o Teu Cordeiro
Me faça sempre justo e verdadeiro,
Pronto a fazer falar o coração
Alto e bom som

Contra todas as fórmulas do mal,
Contra tudo que torne o homem precário.
Se és maçon,
Sou mais do que maçon – eu sou templário.

Esqueço-te santo.
Deslembro o teu indefinido encanto.

Meu Irmão, dou-te o abraço fraternal.

S. Pedro

Tu, que Diabo!, és velho.
És o único dos três que traz velhice
Às festas. Tuas barbas brancas
Têm contudo um ar terno
A que o teu duro olhar não dá razão.
Parece que com essas barbas brancas
Por um fenómeno de imitação
Pretendes ter um ar de Padre Eterno.

Carcereiro do céu, isso é o que és,
Basta ver o tamanho dessas chaves –
As que Roma cruzou no seu brasão.
Segundo aquele passo do Evangelho
Do «Tu és Pedro» etcetera (Tu sabes),
Que é, afinal uma fraude
Meu velho, uma interpolação.

Carcereiro do céu, que chaves essas!
Nem dão vontade de ser bom na terra,
Se, segundo evangélicas promessas
Vamos parar, no fim, a um céu claustral.
Isso – fecharem-me – não quero eu,
Nem com Deus e o que é seu
Que o estar fechado faz-me mal
Até na beatitude do teu céu,
Entre os santos do paraíso,
(A liberdade Deus dá a Deus –
Um Deus que não sei se é o teu),
O estar fechado, aqui ou ali, dizia eu
Faz-me terríveis cócegas no juízo.

Enfim, que direi eu de ti, amigo,
Que não seja uma coisa morta,
Anti-popular, gongórica,
Por fruste deselegante,
Como de quem, sem saber nada, exorta.
Começo por duvidar bastante,
Desculpa-me chaveiro antigo,
De que tivesses existência histórica.

Mas isso, é claro, não importa
Se nos trazes
A alegria da singeleza
Ou a bondade que não sabe ter tristeza.
O pior é que nada disso fazes.
O teu semblante é duro e cru
E as barbas que roubaste ao Deus que tens
Só arrancam aos dandies teus loquazes[1]
Ditos de dandicíssimos desdéns.
Que diabo, és uma série de ninguéns.
O santo são as chaves, e não tu.

Para uns és S. Pedro, o grão porteiro,
Para outros as barbas já citadas,
Para uns o tal fatídico chaveiro
Que fecha à chave as almas sublimadas.
Para uns tu fundaste a Roma do Papado
(Andavas bêbado ou enganado
Ou esqueceste
O teu Mestre quando o fizeste)
E para outros enfim, como é o povo
E segundo as ideias que ele faz,
És quem lhe não vem dar nada de novo –
Umas barbas com S. Pedro lá por trás.

É difícil tratar-te em verso ou prosa,
Tudo em ti, salvo as barbas, é incerto.
Tudo teu, salvo as chaves, não tem ser.
E a alma mais humilde é clamorosa
De qualquer coisa que se possa ver,
Em sonho até, qual se estivesse perto.

---

1 Verso dubitado.

Olha, eu confesso
Que nunca escreveria
Este vago poema, em que me apresso
Só para me ver livre do teu nada,
Se não fosse para dar *o*[1] cunho
A este livro da trilogia
(Santo António, S. João, S. Pedro –
De popular, que bem que soa!)
Mas por que diabo de intuição errada
É que vieste parar a Junho
E a Lisboa?

Isto aqui ainda tem
Um sorriso que lhe fica bem,
Que até, até
No teu dia,
(Ó estupor velho
Como um chavelho,)
Nas ruas
O povo anda com alegria,
É fé,
Não em ti nem nas barbas tuas
Mas no que a alegria é.

Olha, acabei.
Que mais dizer-te, não sei.
Espera lá, olha.
Roma, fingindo que viceja,
Lentamente se desfolha.
Um gesto volvente e mudo
Teu último gesto seja.
Se tens poder milagroso,
Se essas chaves abrem tudo,
Deixa esse céu lastimoso.
Deixa de vez esse céu,
Desce até à humanidade
E abre-lhe, enfim, no maior gesto teu,
As portas da Justiça e da Verdade.

9-6-1935

---

1 Variante sobreposta: «um».

533

À Grécia

Não foram os teus deuses destronados,
Pois não têm trono a graça e a beleza.
Nem fora do Olimpo foram desterrados,
Fora do tempo e espaço e da incerteza

Que às vidas naturais a essência lesa,
Viveis ainda, calmos, recortados,
Sonhando mundos de tal inteireza
E perfeição, que o nosso □

Viveis[1] ainda, mais reais do que este
Mundo cansado que *vos sonha*[2], e chora
O tempo quando *fostes*[3] e tu deste
Ó Grécia o exemplo que *comemora*[4]
Cada manhã[5] que de orvalho veste
Ao coração pagão de quem a adora.

1 Variante sobreposta: «Vivem».
2 Variante sobreposta: «vos sonhou».
3 Variante sobreposta: «foram».
4 Variante sobreposta: «rememora».
5 Variante sobreposta: «Em cada aurora».

534

Mnemosyne

A deusa da Memória é sempre triste.
Bóia na estagnada calma do seu olhar
Uma dor fixa e estranha que consiste
Em querer esquecer e ter que relembrar.

A deusa da Memória tem por mar
Seu ser de *relembrar*[1] todo o passado;
A sua vida d'alma é uma nau
Errando de um mar morto ao grado
A leste e a oeste da sua alma.

1 Variante sobreposta: «ser».

Sátiras

535

Dizia o Guerra Junqueiro
Em versos de um grande adeus
Verbalmente derradeiro
Aos homens e aos mitos seus:

«Declaro-me aposentado.
Acabei. Ponto final.
Restam-me o céu estrelado
E as rosas do meu quintal.»

Ah, é o vero misticismo!
(E é mentira, por sinal.)
Muitas vezes nele cismo.
Não tenho, porém,[1] quintal.

24-5-1932

536

Auto do circo[2]

Era mouco, mouco, mouco.
Sabia sem *perceber*[3]
Muito pouco, pouco, pouco
Do pouco que há que saber.

1 Variantes subpostas: «Falta-me só o»; «Ninguém me dá um»; «Vou ver se arranjo um».
2 Pessoa pôs o título entre parênteses.
3 Variante, entre parênteses: «entender».

E por isso, isso, isso
Sabia *isso*[1] de cor,
Porque é nisso, nisso, nisso
Que está o saber sem dor.

E assim indo, indo, indo,
Chegou a ministro *ao*[2] fim,
Porque é lindo, lindo, lindo
O ter um saber assim.
Pim!

2-6-1934

537

Eu falei no «mar salgado»,
Disseram que era plagiado
Do Correia de Oliveira.
Ora, plagiei-o do mar.
Eu sou tal qual Portugal
Faz-me sempre mal o sal
E ando *agora*[3] com azar.

[1935]

538

Quando cheguei a Belinho[4]
Meu peito desfez-se em loas.
Linho de neve, branquinho,
Todo cheiroso a gamboas...

---

1 Variante, entre parênteses: «tudo».
2 Variante, entre parênteses: «em».
3 Variante subposta na margem: «sobretudo».
4 Aí residia António Correia de Oliveira, cujo estro e sentimentalidade, num estilo maviosamente tradicionalista e católico, Pessoa satirizava.

Meu Loiro, dize quem passa,
Mesmo que seja a Rainha.
Eu quero tossir por graça,
Aquela tosse que eu tinha...

Lua, rodinha de prata.
Nossa Senhora a brincar...
A tosse que a todos mata
A mim não pôde matar.

Soldado que vais à guerra,
Se lá ficaste, não digas.
Suor de mortos emperra
A viola das cantigas.

Foste corneta na França,
Lá morreste em tambor-mor.
Quem te mandou ser criança?
Eu fiquei e foi melhor...

Botei-te de longe as falas,
Orações de bem-morrer...
Muito mais longe que as balas
Vai o papel de escrever.

Meu Portugal Doentinho,
Cinco chagas no pendão,
Vai viver para Belinho
Se queres ter um vidão.

Roupa de neve, branquinha,
Arcas de sândalo e prata;
Enfermeira a manhãzinha,
A Lua por açafata...

Os pobrezinhos da rua
Tantos piolhos que têm!
Não há pobreza tão nua
Que a outra não faça bem.

Micróbio, pequeno santo,
Ninguém te chame ruim.
Nosso Senhor deu-te tanto
Que me sustentas a mim.

E vou cantando o País
E para o povo trabalho.
Nosso Senhor em petiz
Só comia açorda de alho...

Toda a gente foi na onda.
Portugal deu-me a palavra.
Cantam os ranchos da monda
Os versos da minha lavra.

O dinheiro é pão com mel.
Humildade é desfastio.
Ganhar o Prémio Nobel
É cantar ao desafio...

Nem «Maranas» nem «Belkisses»,
Coisas que o Povo não leu.
Ó País das pieguices,
O teu Poeta sou eu!

Pascoaes[1] é muito escuro,
O Eugénio encarniçado.
São plantas ruins do muro
Branquinho do meu eirado.

Meu Belinho de aconchegos,
Meu lar tão morno e tão lindo:
Eu sou irmão dos borregos
Que vão mamando e balindo.

O chá quentinho no bule
Não é bênção de enjeitar.
Mal haja esse Rei de Thule
Que deitou a taça ao mar.

Há quem traga por enfeite
O marfim da minha cor.
Amarelinho é o azeite
E arde por Nosso Senhor.

---

1 Referência a Teixeira de Pascoaes e, na linha seguinte, a Eugénio de Castro.

539

Sim, sim, eu conheci-o.[1]
Realmente era negro, luzidio,
Madrugador, jovial.
Sim, e de manhã cedo
Deveras se encontrava entre o arvoredo
Mas sem risadas (de ave fazem medo),
Nem (que quer dizer isso?) de cristal.
Nesta altura, acabado o romantismo,
Um melro só a um melro é que é igual.

Quanto à história, nem cismo.
Acabou mal,
Com Natureza contra Bíblia, como,
Em épocas de um outro assomo,
Seria Bíblia contra a Natureza,
Com igual misticismo.

Veio o Junqueiro, filho da Certeza,
E o melro morreu realmente
(Mas morreu de o fazerem gente),
Caindo do ar real e insciente
Num gesto de asa que despreza.

E o gesto de asa diz – pois tudo fala
No romantismo, ainda quando cala:

«Sou um melro, e não um sócio vil
Da Associação do Registro Civil.
Sou um melro totalmente, e existo

Alheio *a*[2] Cristo *ou*[3] não-Cristo,
Sem dar lição alguma sobre nada,
Mera alimária alada,
Inconsciente, como o céu de estar
Onde está, de mover-me e de cantar.
E se morri, arre!, morri.

---

1 No testemunho misto (60-39 e 40), de 21-5-1929, figura o título: «O anti-melro (Remelro)». Trata-se de uma sátira de um conhecido poema de Guerra Junqueiro, inserido em *A Velhice do Padre Eterno*.

2 Por aparente lapso o poeta escreveu «e».

3 Variante, entre parênteses: «e».

Com isso provo que vivi.
Morri: pois deixem-me morrer
Sem me quererem compreender.

«E quanto aos versos subversivos
De Igrejas e Escrituras,
Deixem-se disso: são motivos
De audácias que já nem são bravuras.
Vejam claro,
Escrevam raro,
Tenham verdade ao menos no sentir,
E então por certo me ouvirão a rir,
Madrugador, jovial,
Logo de manhã cedo
Cantando entre a verdade do arvoredo
E não entre a mentira universal.

540

Guerra Junqueiro

Viveu a vida reles e completa,
Em glória e arte o eco de um trovão.
Converteu-se por fim à religião.
Antes se convertesse *a*[1] grande poeta.

---

1 Variante, entre parênteses: «em».

541

Um retrato

Nasceu para ladrão e errou caminho
Ficando sem ser o ladrão que era,
Perto da ladroeira como a hera
Duma ruína, ou inda mais vizinho,

Lidando, sem ser bêbado, com vinho,
Tomou-lhe o hábito que deletera
E tudo baço a confusão altera;
Tudo que toca sobrevém daninho.[1]

542

Balada do último romântico[2]

Naquela grande descida
Que desço todos os dias,
Muitas vezes a correr,
Encontrei-o de partida
(Partia todos os dias);
Ia também a descer.

Ora é de todos sabido
(Sabido todos os dias)
Que a companhia é agrado,
E que o agrado é devido

1 No fim da folha, há um verso ou frase solta: «E convocadamente mandatário.».
2 No cimo da folha, o autor escreveu: «Nota: O papel é simbólico».

(Devido todos os dias)
P'lo Destino ao destinado.

E, ambos descendo, contávamos,
No tom de todos os dias,
A mesma história diversa:
Falhava o com que contávamos
(Falhava todos os dias)
Nos acasos da conversa.

Ó meu romântico último
(Último todos os dias,
Porque todos são iguais),
Vou contigo – sou o penúltimo –,
E iremos todos os dias,
Falando cada vez mais

Do que não falha ou não volta,
Do fim de todos os dias,
De tudo, menos de ter
Todos os dias revolta
De termos todos os dias
Este descer que descer.

O PENÚLTIMO ROMÂNTICO

543

Há um método infalível
Conquanto pareça incrível
De sempre ter a verdade
É ouvir um padre ou frade.
O critério *não*[1] é vário:
É sempre certo – o contrário.

1 Variante sobreposta: «nunca».

544

Dizem que vão apresentar
Na Sociedade das Nações
Um livro feito p'ra provar
(Não sei se em forma clara ou escura)
Que os abexins não têm razões
Pois na Abissínia há escravatura.

Se isto é feito a favor da Itália,
É argumento que não dura
O tempo que uma criatura
Leva a esfolhar □ ou dália:
A Itália é toda[1] escravatura.[2]

1 Variantes subpostas: «Na Itália fasce a»; «Na Itália tudo é».

2 Escrito no verso de uma folha com indicações bibliográficas, sobre Maçonaria, entre elas um livro de 1932 – prova que o poema é posterior a esta data. O poema é contra Mussolini, a que Pessoa foi sempre adverso.

Cancioneiro / Música

545

Eu amo tudo o que foi
Tudo o que já não é,
A dor que já me não dói,
A antiga e errónea fé

O *que só*[1] dor deixou
O que deixou alegria
Só porque foi, e voou
E hoje é já outro dia.[2]

546

Música... Que sei eu de mim?
Que sei eu de haver ser ou estar?
Música... Sei só que sem fim
Quero saber só de sonhar...

Música... Bem sei que faz mal
À alma entregar-se a nada...
Mas quero ser animal
Da insuficiência enganada.

Música... Se eu pudesse ter
Não o que penso ou desejo
Mas o que não pude haver
E que até nem em sonhos vejo,

Se tudo isso eu pudesse fruir
Entre as algemas de aqui estar!
Não faz mal. Flui,
Para que eu deixe de pensar!

---

1 Variante sobreposta: «Ontem que».

2 Os dois últimos versos da estrofe estão dubitados, tal como os dois primeiros.

547

Sou o espírito da Treva,
A Noite traz e leva;

Moro à beira irreal da Vida,
Sua onda indefinida

Refresca-me a alma de espuma...
P'ra além do mar há a bruma...

E p'ra aquem? há Coisa ou Fim?
Nunca olhei p'ra trás de mim...

548

Dai-me música, só música, não a vida.
        Leva a hora e o amor
Com os papéis de cena e as máscaras, na vida
        Do último actor.

Ah viver só em cena e Ficção
        Não ter deveres nem gente
Sonhar até nem se sentir a emoção
        Com que *se sonha e*[1] se sente!

Porque só viver é que faz mal à vida,
        Só amar, querer não existe
Para quem tira a máscara e vê, na sala despida,
        Que só a ficção não *é*[2] triste.

---

1 Variante sobreposta: «esse sonho».
2 Variante subposta: «era».

549

Tudo quanto sonhei tenho perdido
Antes de o ter.
Um verso ao menos fique do inobtido,
Música de perder.

Pobre criança a quem não deram nada,
Choras? É em vão.
Como tu choro à beira da erma estrada.
Perdi o coração.

A ti talvez, que não te têm dado,
Darão enfim...
A mim... Sei que obscuro e incerto fado
Me espera a mim?

550

Flor que não dura
Mais do que a sombra dum momento
Tua frescura
Persiste no meu pensamento.

Não te perdi
No que sou eu,
Só nunca mais, ó flor, te vi
Onde não sou senão a terra e o céu.

551

E, ó vento vago
Das solidões,
Minha alma é um lago
De indecisões.

Ergue-a em ondas
De iras ou de ais,
Vento que rondas
Os pinheirais!

552

O meu menino não dorme.
Não sei como dormirá.
Lá fora a noite é enorme
E não há lua, não há...

Meu menino chora, chora,
Não tem sossego consigo.
Voltei-o p'ra mim agora,
Mas não dorme, não consigo...

Já cantei quanto se canta...
Já lhe falei do papão...
Já lhe disse como encanta
A fada que tem condão...

Mas ele não dorme, vejo
Sempre os seus olhos abertos...
Dou-lhe um beijo e outro beijo
E estende os braços despertos...

Dorme, meu menino, dorme
Que a mãezinha vai dormir!
Lá fora a noite é enorme...
Dorme, meu menino, dorme
Que já te vejo a sorrir...[1]

19-1-1935

1 Verso dubitado.

553

Onde, em jardins exaustos
Nada já tenha fim,
Forma teus fúteis faustos
De tédio e de cetim.
Meus sonhos são exaustos,
Dorme comigo e em mim.[1]

554

Seja o mar um lago
E a terra mal perto,
Com um vento vago
Sob o céu aberto.

Mas nunca cheguemos
A essa terra; longe
Mas perto[2] fiquemos,
Marinheiro-monge!

De que serve a vida
Se ela nos não for
Sempre indefinida
Como o gozo e a dor?

Rema pois p'ra longe
Quero a solidão
Marinheiro-monge
Dói-me o coração.[3]

1 O poema em tom de *berceuse, diz tu* a uma presença com que faz corpo, no último verso.
2 Preferi a variante sobreposta porque o poeta, tendo escrito «Mas sempre», riscou «Mas».
3 Verso dubitado.

555

Chora-a, chora-a, chora
A tristeza não tem hora.
Tarda no *nítido*[1] horizonte
Indefinidamente a aurora,
Chora, que da tristeza insonte
A melodia se enamora,
E melodia em dor envolta
E dor envolta em melodia
Solta a tua canção dorida, solta
Desde a manhã ao declinar do dia.

556

Ai vira que vira,
Ai vira virou,
Ai vira que vira
Que o vira acabou.

Se o vira acabou,
Viremos depressa,
Que quando ele acabou
É *quando*[2] começa.

E quando[3] começa
E[4] não acabou.
Ai vira que vira
Que o vira virou.

Viremos o vira
Só pelo virar
Põe alma no vira[5]
Que vai acabar.

---

1 Palavra dubitada.
2 Variante sobreposta: «que ele».
3 Variante sobreposta: «Agora».
4 Variante sobreposta: «Já».
5 Variante, ao lado, entre parênteses, para o verso: «Ai vira que vira».

No vira, no vira
No vira é que estou.

Ai vira que vira,
Que vira ao virar
Que o virou que vira
Não pode acabar.

Andemos no vira
Porque eu já cá estou,
Ai vira que vira,
Ai vira que vira,
Ai vira que vira
Que o vira virou.

557

A tristeza portuguesa

A tristeza lusitana
Embala-a o choro do mar
E às vezes tem um sorriso
Irmão-gémeo de chorar

Tristeza antiga
Tristeza amiga
Do nosso luar.

Tristeza de Portugal
Baixo e terno soluçar
A tristeza que é só nossa

Tristeza nossa
□

Nem por flores, nem riquezas,
Nem por prendas sem igual
Ninguém trocar-te quisera
Tristeza de Portugal

Nossa somente
Doce mal
Só de quem sente
Mais suavemente
Que outro qualquer.

Tristeza como a tristeza
D'algum leve passarinho[1]
Que chora co'o[2] coração
E aos pobres diz «coitadinho»

Tristeza imensa
Terna e intensa
Do Algarve ao Minho[3]

Tem saudade, e saudades
Só as sente e mais ninguém
Quem tem aquela palavra
Para dizer que as tem.

O povo de Portugal
Doa ou não ao seu mal
Só ele o conhece bem.

Ó mar que morres na praia
Acasos mortos no mar
Talvez que cantar cuideis
A alma do nosso penar.

Não sabeis, não o sentistes
Lágrimas dores[4] e tristezas
Só nós sabemos chorar.

A tristeza lusitana
Ninguém fala nela, não
Senão nós que a sentimos
Em lugar do coração.

O nosso amor
O nosso ardor
Tristeza são.

---

1 Verso dubitado, assim como o anterior.
2 Variante sobreposta: «Tem choro no».
3 Verso dubitado.
4 Variante sobreposta: «Aquelas lágrimas».

558

Olhos verdes cor do mar,
Tão cheios de vago qu'rer...[1]
Oh, *que*[2] eu pudesse dizer
O que me sinto pensar!
Poder-me-eis vós amar,
Olhos verdes, cor do mar.[3]

559

Dança de fadas

No círculo feito na erva ao luar,
    Vejo-as dançar.
A um lado e outro no luar que falha
    Vêm e vão,
E a dança que *dançam*[4] luar espalha
    No meu coração.
Danças pequenas até que a mágoa
    Com um som de água
Marulha contra meu ser estranho
    E anseia a achar
E a *sombra*[5] de tudo quanto eu não tenho
    Me vem afagar
O amor inútil, o sonho morto
    O incerto porto,
A busca estéril das mágoas verdes
    O rio em dor
E fica agora, ao luar na relva
    Da vaga selva,
Meu coração desolado – frio
    Ao[6] luar vazio.

---

1 Os dois primeiros versos estão dubitados.
2 Variante sobreposta: «se».
3 Ao lado, a anotação em inglês «repeated?», pondo em causa a repetição do primeiro verso.
4 Palavra dubitada.
5 Variante sobreposta: «asa».
6 Variante subposta: «No».

560

Não há tormenta tão grande
Que o sol um tempo não vença;
Não há dor que não sucumba
Enfim à humana indif'rença.

Pouco a pouco, d'era em era,
O mar sobre a terra avança;
É assim o pensamento –
Tudo mata – oh, alma, espera
Ao menos uma esperança,
Memória dum sentimento.

561

Na quinta entre ciprestes
Secaram todas as fontes,
As rosas brancas agrestes
Trazidas do fim dos montes
Vós mas tirastes, que as destes...

No rio ao pé de salgueiros
Passaram as águas em vão,
Com tristezas de estrangeiros
Passaram pelos salgueiros
As ondas, sem ter razão.

Diariando

562

Nos jardins municipais
As flores também são flores,
Assim, na vida e no mais
Que a vida é de estupores,

Podemos todos ser nossos
E florir como quem somos.
Quando a casa é só destroços
É que a fruta é só de gomos.

(*E*[1] esta última verdade
Que arquivei aí em cima
Veio sem necessidade.
É certa, mas foi de rima.[2])

Vi ao longe a vendedeira
Vir baloiçando na lida,
E eu que ando, por alma inteira,
Forasteirando na vida,

Olhei-a ao aproximar-se
Com aquela atenção pajem
Com que, no bom viajar-se,
Se goza o que há na viagem.

Chegou, passa e um olhar seu
Rápido meio sorri.
Parece que percebeu.
O quê, se eu não percebi?

---

1 Opcional.

2 Variante subposta: «Nasceu, sem pai, só *da* [variante: "de uma"] [rima.]».

563

E que[1] sossego feliz
À beira de não há estrada!
□

Os jardins só com aroma,
A vida *uns sons vagos*[2] só...
E que o *sono*[3] que me *toma*[4]
Me faça dormir de dó.

De[5] dó da vida perdida
De[6] dó da alma deserta,
Como uma *música*[7] ouvida
Pela janela entreaberta.

564

Um cansaço febril, uma tristeza informe[8]
O meu espírito intranquilamente dorme.
Combati, fui o gládio e o braço e a intenção
E dói-me a alma na alma e no gládio e na mão...
Meu gládio está caído aos meus pés... Um torpor
Impregna de cansaço a minha própria dor...

565

Raças da cor do ouro ou cor do cobre,
A mesma terra as tem e sol as cobre,

---

1 Variante sobreposta: «Quero um».
2 Variante sobreposta: «respirar».
3 Variante sobreposta: «sonho».
4 Variante ao lado: «doma».
5 Variante sobreposta: «Um».
6 Variante sobreposta: «Um».
7 Variantes: sobreposta, «ária»; ao lado, «toada».
8 O poema é precedido de uma citação do livro *Sempre*, de Teixeira de Pascoaes: «Que seja uma Ascenção / Ó almas, toda a queda...».

Nem fica da cor de uma ou da cor de outra
Mais nada que lembrar, nem sob nem sobre.

Já quase quatro vezes dez
Meu sol me ao mesmo ponto trouxe e fez
Velho tanto quanto há velhice em tudo
Quanto o Destino fez porque desfez.

566

A noite desce tranquila,
Lâmpada desapagada,
De argila
Negada.
Traz sossego? Não sou nada.

A noite baixa na calma
De o dia deixar de ser.
Minha alma?
Que quer
O que em mim sabe ser querer?

567

Na paz da noite, cheia de tanto durar,
Dos livros que li
Que eu li a sonhar, a sentir, a mal meditar,
Nem vendo que os vi,

Ergo a cabeça subitamente estonteada
Do lido e do vão
De ler e vejo que há paz na noite acabada –
Não no meu coração.

Criança, era outro... Naquele em que me tornei,
Cresci e esqueci.
Tenho de meu agora um silêncio, uma lei.
Ganhei ou perdi?

568

Meus dias passam, minha fé também.
Já tive céus e estrelas em meu manto.
As grandes horas, se as viveu alguém,
Quando as viveu, perderam já o encanto.

569

Aqui neste profundo apartamento
Em que, não por lugar, mas mente estou,
No claustro de ser eu, neste momento
Em que me encontro e sinto-me o que vou,

Aqui, agora, rememoro
Quanto de mim deixei de ser
E, inutilmente, choro
O que sou e não pude ter.

570

Dormi. Sonhei. No informe labirinto
Que há entre o mundo e o nada me perdi.[1]
Em bosques de mim mesmo me embebi,
Misto indeciso do que *vejo*[2] e sinto.

Estagno incorpóreo. No infiel recinto
Leio o transtorno do que nunca li,
E o labirinto nunca está em si,
Nem há mundo no incerto e abstracto plinto.

---

1 O poeta esboçou este soneto noutro sítio (60A-19), deixando-o incompleto. Só os dois primeiros versos coincidem: «Dormi. Sonhei. No informe labirinto / Que há entre a vida e a morte me perdi. / E o que, na vaga viagem, eu senti / Com exacta memória não o sinto. // Se quero achar-me em mim dizendo-o, minto. / A vasta teia, estive-a e não a vi. / Obscuramente me desconcebi.».

2 Variante entre parênteses: «vi».

Minha alma é um ser em que a verdade engana,
Memória da partida dos navios
Na praia que de espuma se engalana.

Não voltaram dos longes os sombrios
Barcos, e o luar mole deixa ver
A praia com a espuma a escurecer.

571

Eu *tive*[1] um sonho
Que me encantava.
Se a manhã vinha,[2]
Como eu a odiava![3]

Volvia a noite,
E o sonho a mim.
Era o meu lar,
Minha alma afim.

Depois perdi-o...
Lembrar? Quem dera!
Se eu nunca soube
Que sonho[4] era.[5]

[3-8-1930]

---

1 Variante sobreposta: «tinha».
2 Variantes: sobreposta a «manhã», «vida»; ao lado, para todo o verso, «odiava a aurora,».
3 Variante, ao lado: «Que mo tirava.».
4 Variante subposta: «O que ele».
5 No final do poema, Pessoa passou a limpo a terceira estrofe, que tinha sido objeto de grandes hesitações.

572

E toda a noite a chuva veio
E toda a noite não parou,
E toda a noite o meu anseio
No som da chuva triste e cheio
Sem repousar se demorou.

E toda a noite ouvi o vento
Por sobre a chuva irreal soprar
E toda a noite o pensamento
Não me deixou um só momento
Como uma maldição do ar.

E toda a noite não dormida
Ouvi bater meu coração
Na garganta da minha vida.

Posterior a 11-9-1930

573

Olha-me rindo uma criança
E na minha alma madrugou.
Tenho razão, tenho esperança
Tenho o que nunca me bastou.

Bem sei. Tudo isto é um sorriso
Que é nem sequer sorriso meu.
Mas para meu não o preciso
Basta-me ser de quem mo deu.

Breve momento em que um olhar
Sorriu ao certo para mim...
És a memória de um lugar,
Onde já fui feliz assim.

574

Tempo houve *quando*[1] prado, e bosque,
A terra, e o mais *vulgar*[2] que veste
Me parecia[3]
Vestido de uma luz celeste,
Um sonho em sua glória e *alegria.*[4]
Já não é hoje como foi outrora
Onde quer que me acoite
De dia ou noite
Essas coisas que vi[5] não posso ver agora.
O arco-íris *surge ou vela,*[6]
A rosa é sempre *bela,*[7]
A lua com agrado
Quando há céu limpo olha em redor.
Azuis, no céu estrelado,
Têm um belo[8] torpor.
No sol a vida me descerra
Mas, onde vá, conheço já
Que desaparece em glória da terra.

575

Ó ódio, sê minha alma; ó raiva, sê meu braço!
Meu coração, corcel ébrio do seu cansaço,
Põe em jazer todo o querer da sua vida.
Mas minha alma o sacode e o cospe e a toda a brida
O lança trémulo e fogoso pelo espaço...
Inda que morno do galope, gose a vida!

---

1 Variante sobreposta: «em que».
2 Variante sobreposta: «comum».
3 Variante sobreposta ao verso: «Para mim era».
4 Variante sobreposta: «primavera.».
5 Variante subposta: «Isso, que outrora vi».
6 Variante sobreposta: «vem e passa».
7 Variante sobreposta: «graça».
8 Variante sobreposta: «São belos em».

576

Que fiz da vida?
Que fez ela de mim?
Quanta coisa feliz ignorada e perdida!
Quanto princípio que não teve fim!

Que sinto ante estas águas e este céu?
Ai de mim! Só o coração que é meu...

E no súbito azul em que reparo
Do mar, do antigo mar,
Pois despertei do sonho em que caíra,
Há uma carícia vaga, há um sorriso raro
Que parece falar
De qualquer paz além de gozo e dor,
De qualquer novo amor
Que transcende a verdade e a mentira.
E, desperto de todo, eu que dormia
O sono natural da sensação,
E que por isso não ouvia,
Oiço o som das ondas, claro, fresco, e uma
Brisa me passa pelo coração,
E estendo ao mar a mão
E o mar me estende sua mão, a espuma.

577

No amarelecer do outono
E na paisagem esvaída
Dorme o seu último sono
Uma esperança perdida.
Perdendo-a como que perdi a vida,
Como que a morte começou em mim...

578

Fumo

Não sei porquê, estou triste...

Tão-pouco um sonho perdido
Ou o amor que morreu...
O sonho não tem sentido,
O amor nunca foi meu.

Mas dentro de mim persiste
Um *vago*[1] amargurar.
Não sei em que consiste.
Não sei porquê, estou triste
Sem sentir nem pensar.

579

A luz do sol *entra pela*[2] floresta,
Uma sombra de vento passa e esquece
E o filósofo mudo a encosta desce
        Do ensombrado monte
Ora a luz toca-o, como a uma fonte
Ora a folhagem fecha o horizonte.

Paz que há nos campos, som dos arvoredos
Quando o vento soergue a *folha*[3] verde
Comoção imprecisa que se perde
        E não teve razão,
Como ante vós a angústia se ergue em medos
E falece no peito o coração!

---

1 Variante sobreposta: «negro».

2 Variante sobreposta: «peneira na».

3 Palavra dubitada.

580

O céu, azul de luz quieta...
As ondas brandas a quebrar
Na praia lúcida e completa –
Pontas de dedos a brincar.

No piano anónimo da praia
Tocam nenhuma melodia,
De cujo ritmo por fim saia
Todo o sentido deste dia.

Que bom se isto satisfizesse!
Que certo, se eu pudesse crer
Que esse mar e essas ondas e esse
Céu têm vida e têm ser.

29-5-1934
Revista *presença*, ano 11, vol. 3, nº 53/54, Novembro de 1938, p. 11

Fragmentos avulsos

581

Entre o sossego e o arvoredo,
Entre a clareira e a solidão,
Meu devaneio passa a medo
Levando-me a alma pela mão.
É tarde já, e ainda é cedo.[1]

582

Tudo quanto sonhei se me volveu
Sonhos, quando acordei, e era escasso
O tempo que, sonhando, procurei
Tornar meu ser, meu dia e meu cansaço.

583

Que órfão em mim dorme
Num degrau, e enorme
Rua vaga e informe.
É aquela? Que norte
Toma o vento... Corte...
Que é que em mim não dorme?

1 Esta estrofe parece esboço do poema «Entre o luar e a folhagem / Entre o sossego e o arvoredo», datado de 19-8-1933.

584

O relógio sonolento
Lento no fundo do olvido,
É um velho sentimento
Que trago ainda no ouvido.

Na velha casa que é hoje
O passado intensamente
Seu som dura, seu som foge,
E só quem fui é o que o sente.

585

Ó andorinha dos céus amante
Ó andorinha dos céus adorada
Quem te chamou a[1] viver além?
A vida é triste e a cada instante
Falham ao ver como é longa a estrada
As pobres almas que *nela*[2] vêm.

586

Oscila a lâmpada vazia
Ao vento só na igreja erma.
Como ela há uma alma que está fria
E que de saber que sabe enferma.
Oscila a lâmpada vazia.[3]

---

1 Variante sobreposta: «Bem fazes tu em».
2 Variante sobreposta: «por ela».
3 Ver poema da p. 66 cujo primeiro verso é o mesmo, mas diferente depois no seu desenvolvimento.

587

Nas entressombras de arvoredo
Onde mosqueia a incerta luz
E a noite ocupa a medo
O incerto espaço em que transluz...

588

E a extensa e vária natureza é triste
Quando no vau da luz as nuvens passam.

589

São velhas as estrelas, e elas são
Grandes. Velho e pequeno é o coração,
E contém mais do que as estrelas todas,
Sendo, sem espaço, mais que a imensidão.[1]

590

Navegadores[2]

Na expressão clara e ao sol das velas pandas
Por sobre o vulto negro dos navios
Pairam sonhos, e as largas ondas brandas
Sorriem-lhes azuis reflexos frios.

---

1 No final da página, esta reflexão avulsa: «O homem está acima do cidadão. Não há Estado que valha Shakespeare.».

2 «Navegadores» sugere que este fragmento poderia ser uma passagem avulsa a integrar num poema com este tema e título.

591

Vercingetorix, eras
Gaulês deveras.
Não te serviu de nada.
Tens a legenda
Que é a maneira
De nos ser compensada
A perda na contenda.

592

Reza, criança, reza
Por esta pátria moribunda,
Por esta pátria em estertor,
E que de tua voz presa
A minha alma em sofrer profundo
Encontre[1] mais branda a sua dor.

593

Um grande sol voga nos campos ledos.
Penso nos montes, penso nos segredos,
E no meu coração que sofre e ignora
A alegria do dia dói e chora.

---

1 Variante subposta: «Sinta».

594

Muda, sozinha, a magna treva desce.
Se eu esquecesse tudo, se esquecesse?
Bem sei, bem sei: ninguém me compreende.
Mas eu pedi que alguém me compreendesse?

595

A Baudelaire

As podridões geram flores
Bem o sei,[1] ó alma doente
Ó exilado dos amores
Espírito *do*[2] poente.

1 Expressão dubitada.
2 Variante sobreposta: «todo».

«Canções da criança adulta»

596

Pia, pia, pia
O mocho
Que pertencia
A um coxo...

Zangou-se o coxo
Um dia.
E meteu o mocho
Na pia, pia, pia.

[9-11-1924]
Revista *presença*, nº 48, Julho de 1936.

597

Canções da criança adulta

[I]

Ó borboleta de algumas cores
Quem me dera ir *aonde*[1] tu fores,
Talvez a vida seja melhor

---

1 Variante sobreposta: «para onde».

Fora *de aqui,*[1] seja onde for.
Aqui a vida tem sempre gente
E há muita coisa que *a gente*[2] sente
Por não ser sempre inteligente.
Ó borboleta, quem dera ter
As tuas asas para viver;
Que inda que o fim *fosse*[3] morrer,
Que mais fé tem quem sabe ler?

[II]

Tanta gente a pensar, tanta gente a fazer
E a vida sempre a correr
Num sentido que não tem nada com isso...
E isso tem alegria?
Ó vida, deixa-me viver!...

Tanta gente a ser diferente
E tudo a mesma gente!
Tanta gente fora de aqui
Mas toda ela indo estar ali.
Tanta gente a pensar, tanta gente a sentir,
E afinal só o que acontece
É que se pode conseguir.

[III]

Casas com gente, e gente na rua,
E a gente, despida, *fica só*[4] nua.
Buscam alguns um brinquedo só
Os outros buscam p'ra fazer dó
Com vidas e coisas que vão vingando
E toda a gente vive enganando.
Se toda a gente dissesse a verdade
A vida da gente era só metade,
Por isso é preciso buscar seu riso,

---

1 Variante sobreposta: «da minha».
2 Variante sobreposta: «se».
3 Variante sobreposta: «seja».
4 Variante sobreposta: «ficava».

Quer com brinquedos quer com a vida
E fazer de conta que há cristo
E puxar à linha a máquina partida.

[IV]

Boneca, quem sabe se és alguém?
A gente toda que a vida tem
Ama-se mais que a boneca, sim,
Mas está toda fora de mim,
Como a boneca que é só assim.
Quem sabe o que é ser boneco hem?
Quem sabe se todos somos assim?

24-11-1924

598

Anti-gazetilha

No comboio descendente
Vinha tudo à gargalhada,
Uns por verem rir os outros
E os outros sem ser por nada –
No comboio descendente
De Queluz à Cruz Quebrada...

No comboio descendente
Vinham todos à janela,
Uns calados para os outros
E os outros a dar-lhes trela –
No comboio descendente
Da Cruz Quebrada a Palmela...

No comboio descendente
Mas que grande reinação:
Uns dormindo, outros com sono,

E os outros nem sim nem não –
No comboio descendente
De Palmela a Portimão...

Diário *Sol*, 13-11-1926

599

Ele era um sapato roto
Na sola roto e desfeito
Que jazia contrafeito
A esperar um garoto.

Jazia na rua suja
Duma cidade deserta
Ao pé de uma porta aberta
Onde um gato se enrabuja.

E veio o carro do lixo
E retirou o sapato
Mia □ o gato
(Costume daquele bicho)

E o sol cai (e não cai nunca)
No horizonte amarelado.
A morte no gato irado
Cravará a garra adunca...

E ele nunca mais verá
O sapato solitário
Sofrendo o triste fadário
De esperar por uma pá...

Sim, de forma □ e inglória
Num dia qualquer enfim
O gato teve seu fim
Como aqui tem esta história.[1]

1 Poema nitidamente da juventude que Pessoa parece ter passado a limpo, embora deixado duas lacunas.

600

O avô e o neto

Ao ver o neto a brincar,
Diz o avô, entristecido,
«Ah, quem me dera voltar
A estar assim entretido!

Quem me dera o tempo quando
Castelos assim fazia,
E que os deixava ficando
Às vezes p'ra o outro dia;

E toda a tristeza minha
Era, ao acordar p'ra vê-lo,
Ver que a criada já tinha
Arrumado o meu castelo.»

Mas o neto não o ouve
Porque está preocupado
Com um engano que houve
No portão para o soldado.

E, enquanto o avô cisma, e, triste
Lembra a infância que lá vai,
Já mais uma casa existe
Ou mais um castelo cai;

E o neto, olhando afinal
E vendo o avô a chorar,
Diz, «Caiu, mas não faz mal:
Torna-se já a arranjar.»

601

Na Rua do Volta-Atrás
Antes de chegar ao fim,
Encontrei o meu rapaz
E, tem graça, ao mesmo tempo
Ele me encontrou a mim.
Na Rua do Volta-Atrás
As coisas passam-se assim.

Na Rua do Volta-Atrás
Passam coisas do amor...
São coisas que a gente faz...
E fá-las enquanto é tempo
Que depois não tem sabor.
Na Rua do Volta-Atrás
Parar é que tem valor.[1]

Na Rua do Volta-Atrás
A todos que vão seguir...
Mas vêem que a vida faz
Mais sentido a passar tempo
Para quem só quer partir.
Na Rua do Volta-Atrás
Voltei-me para trás a vir.

25-11-1928

602

Um, dois, três...
Pé ante pé...
O que é?
Há só luar
Arvoredo
Um homem a medo

---

1 Variantes, na margem direita: «É parar que dá calor.»; «Quem pára é que tem calor.».

Um dois três
A passar.

Um, dois, três
Outra vez
Pé ante pé
Vai,[1] vêm, vão...
Não virei, por causa do mês,
Apesar de tudo sou marquês...
Um, dois, três
Quem é?
Quem são?

[20-8-1930]

603

Bateram com uma bota na cabeça de metade do silêncio
Os botões de calças das Ruas Estreitas roeram as unhas dos pés...
O meu amigo Fernando António Nogueira Pessoa sou eu. E vence-o
Uma frase bela, como esta «As desinências dos dez»

Se à palavra Olga tirassem o l e juntassem um s ficaria Ogas
Se o mar não tivesse praias, as nuvens brincavam mais...
O incenso que as Luas Mortas desejam é o remo que tem que dar para 14
[pirogas...
(Ora até que enfim cá estão as pirogas dos canibais!)

No país dos galhos de lábios pintados os lenços é que acenam aos homens...
Nos jardins há geralmente flores... Se as não há devia havê-las.
As velas das naus são primas das canelas dos lobisomens,
E não são só as naus, mas também os castiçais que têm velas.

Caíram pela escada abaixo todas as minhas ascensões
Lei das compensações... Os arquitectos tossiram
Quantos fantasmas são apenas asas de corujões!
Os lobos riram, e as lobas riram, e os lobinhos riram, e as lobinhas riram...

1 Variante subposta: «Vão».

Farto de chamar nomes à minha ideia de várias coisas
Assoei-me e abotoei todos os botões do meu sorriso...
Descobri a América... (É uma mulher com duas bocas) Que curiosas
Que são aquelas coisas com que se tapam as garrafas e a que a gente chama
[rolhas quando é preciso!

Todos os tanques se fartaram de não servir senão para tanques.
Tornaram-se criados de café e irritaram-se com Gorjetas...
Palavra de honra que me não importo que os desanques.
Uma prima da minha avó paterna (já morreu) *tinha*[1] uma criada preta.

E visto que isto (ó Cristo) tem de parar em qualquer ponto... Ah a tinta
Que falha na minha caneta Waterman (comprei-a com dinheiro que não pedi
[emprestado!)
O meu estar a escrever estes versos é uma mulher muito fina que se pinta,
Foi por andar num país que nunca existiu que fiquei assim constipado.

Ficaram para outro dia as conferências dos cisnes sobre a questão de Ambaca
Nunca há uma greve que não se diga que é instigada por monárquicos...
Quero escrever mais... e cada meu desejo de o fazer é um Cardeal Patriarca
Pois sim... Mas a falta de tempo e o acabar aqui o papel são os seus superiores
[hierárquicos...

604

Rondeau

Faz noite em meu coração.
Tenho sono de dormir.
Já me esqueci do porvir.
Não demorem muito, então!
Que[2] o Bi fez chichi no chão.

Não precisam consentir.
Basta-lhe só comichão.
Na cara esfregou o pão

1 Variante sobreposta: «tem».
2 Opcional.

E a manteiga no sorrir,
E fez um chichi no chão.

Vendo bem, e com razão,
Onde o faria? (Advertir
Que o penico é para rir)
No tecto? Claro que não.
O Bi fez chichi no chão.

Envoy

Princesa, este mundo a ir
Para o nada é um sonho vão.
Mande uma (com um esfregão)
Dama de honor aqui vir
Que o Bi fez chichi no chão.[1]

25-9-1932

605

Tambor da banda que não há
Toca sempre, toca já,
Toca duro, toca louco,
Toca achando sempre pouco
O que tocas – tão, tão, tão,
Toca, que tocar é vão!

Toca até partir quem és
E que ao tom que em ti houver
Dançam outros – é sua vez! –
Toca que é o teu dever!
Toca! Tão, tão, tão, tão,
Toca, que és meu coração!

[23-6-1934]

1 Poema inspirado pelo sobrinho, Luís Miguel (então ainda bebé), familiarmente tratado por Bi.

606

Casa Branca – Barreiro A

Poema pial

Toda a gente que tem as mãos frias
Deve metê-las dentro das pias.

Pia número UM,
Para quem mexe as orelhas em jejum.

Pia número DOIS,
Para quem bebe bifes de bois.

Pia número TRÊS,
Para quem espirra só meia vez.

Pia número QUATRO,
Para quem manda as ventas ao teatro.

Pia número CINCO,
Para quem come a chave do trinco.

Pia número SEIS,
Para quem se penteia com bolos-reis.

Pia número SETE,
Para quem canta até que o telhado se derrete.

Pia número OITO,
Para quem parte nozes quando é afoito.

Pia número NOVE,
Para quem se parece com uma couve.

Pia número DEZ,
Para quem cola selos nas unhas dos pés.

E, como as mãos já não estão frias,
Tampa nas pias!

Moita*

*Silêncio ou estação, à escolha do freguês.[1]

607

A fada das crianças

Do seu longínquo reino cor-de-rosa,
Voando pela noite silenciosa,
A fada das crianças vem, luzindo.
Papoulas a coroam, e, cobrindo
Seu corpo todo, a tornam misteriosa.

À criança que dorme chega leve,
E, pondo-lhe na fronte a mão de neve,
Os seus cabelos de ouro acaricia –
E sonhos lindos, como ninguém teve,
A sentir a criança principia.

E todos os brinquedos se transformam
Em coisas vivas, e um cortejo formam:
Cavalos e soldados e bonecas,
Ursos e pretos, que vêm, vão e tornam,
E palhaços que tocam em rabecas...

E há figuras pequenas e engraçadas
Que brincam e dão saltos e passadas...
Mas vem o dia, e, leve e graciosa,
Pé ante pé, volta a melhor das fadas
Ao seu longínquo reino cor-de-rosa.

---

1 O poema foi enviado a Ofélia Queiroz com a carta datada de 11-1-1930, assinada por Íbis, o jovem semi-heterónimo que usava para brincar com os sobrinhos e muitas vezes com a própria Ofélia. Aqui explica que escreveu o poema «entre as estações de Casa Branca e Barreiro A, terminando a inspiração, entretanto, na Moita».

608

Dois gatos, numa grande discussão,
Qu'riam ambos um rato morto. «É meu!»
Dizia um. O outro dizia, «Não!»

Com o pelo eriçado e os olhos feios,
Olharam-se, assopraram, e um no outro
Enterraram as unhas, sem rodeios.

Mas uma gata velha, em vez de a açoite,
A golpes de vassoura sem demora
Pô-los ambos na rua, e «boa noite!»

Não, «boa noite» não, que estava frio;
Havia um vento de cortar a pele,
E, além disso, caía a neve a fio.

Com tanto frio esfriou logo o furor
Dos rivais, que já estavam com saudades
Da cozinha e o seu cheiro e o seu calor;

E, no degrau sentados, tiritando,
Lá fizeram as pazes, e, quietinhos,
P'ra onde estavam trataram de ir tornando.

609

O Íbis,[1] ave do Egipto,
Pousa sempre sobre um pé
        (O que é
        Esquisito).
É uma ave sossegada
Porque assim não anda nada.

---

1 O Íbis foi uma personagem criada muito cedo por Pessoa, nome com que baptizou a sua empresa tipográfica, que funcionou entre 1909 e 1910, mas também personagem literária, criador de poemas para divertir as crianças da família. Escreveu ainda cartas a Ofélia, que carinhosamente se dirigia a Pessoa tratando-o por Íbis, e, às vezes, se autodesignava «a Íbis do Íbis».

Uma cegonha parece
Porque é uma cegonha.
        Sonha
        E esquece –
Propriedade notável
De toda ave aviável.

Que vejo esta Lisboa,
Digo sempre, Ah quem me dera
        (E essa era
        Boa)
Ser um íbis esquisito,
Ou p'lo menos estar no Egipto.

610

O estribo

Ponho o pé no estribo, e o pajem
        Olha-me estridentemente...

Subo... (Não subo – Este é ninguém,
        E é um poema inconsequente,[1]
Mas há a necessidade
        Quando se escreve poesia,
De construir a verdade
        Com *quadras*[2] de fantasia
Para que quem leia sinta
        A verdadeira emoção
E sonhe, em sonhos pressinta,
        Ou se conheça, ou então
Aguarde, enquanto me inibo,
        O que segue ao intervalo.)
Está bem... Ponho o pé no estribo...
        Ora andar! Falta o cavalo!...

---

1 Verso dubitado.

2 Variante sobreposta: «pedras».

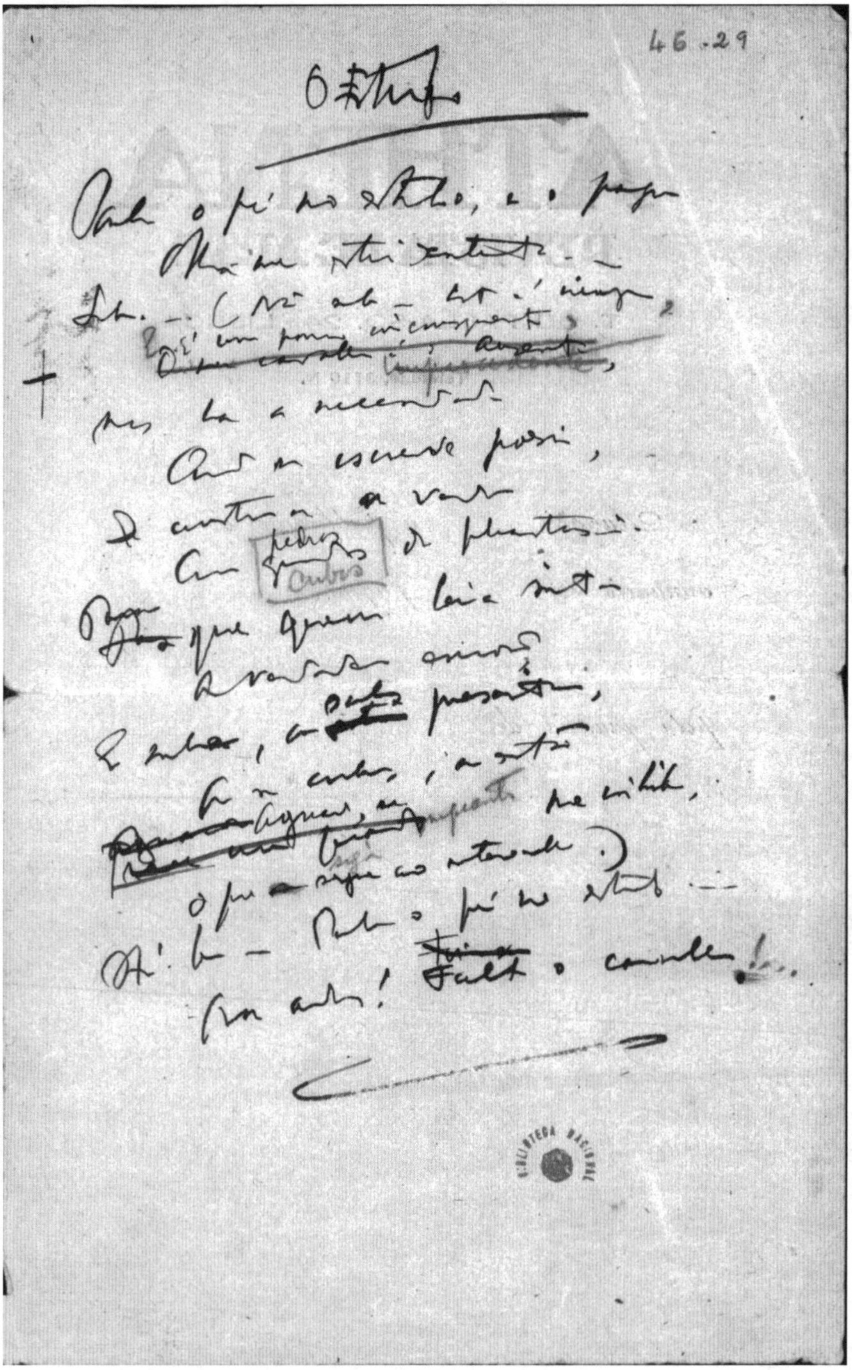

Figura 9. Fac-símile de um rascunho do poema «O estribo», de inspiração lúdica, género a que prezava dedicar-se, como atestam numerosos poemas neste registo

611

Coitada da Josefina,[1]
Faz riscas pretas na sala.
São das lágrimas que chora
Com saudades da sanzala.

Seu uso p'ra cada terra.
Cada roca com seu fuso.
Não *queremos beber*[2] genebra
Senão com água do Luso.

612

O soba de Biká

Tra*j*édia

O soba de Biká, maravilhoso gajo,
Constantemente usava um admirável trajo
Que era feito de pele e de coisa nenhuma.
Havia uma harmonia entre ele e o trajo; em suma,
O soba de Biká, ou de noite ou de dia,
Era sempre da cor do trajo que vestia.

---

1 O poema foi inspirado provavelmente por Josephine Baker (1906-1975), artista norte-americana de music-hall que, por volta de 1925, era célebre em Paris, dançando no «Folies Bergères», com um «cinto de bananas» – a que Pessoa faz referência no final do poema: «Com o cinto de bananas / Que trouxe da bananeira».

2 Variante sobreposta: «beberemos».

Mas o soba, coitado!, um dia em sua casa,
Sentou-se por descuido em cima de uma brasa,
E, em vez de gritar «Ai, minhas calças!», «Uh!»,
Gritou ele, esquecendo o trajo, «ai o meu cu!»[1]

613

Quando os povos da Dalmácia
Fizeram guerra aos da Grécia,
Saiu muita gente sécia
Da casa do rei da Trácia.
Houve disto grã falácia
Lá p'rás bandas da Fenícia,
Porém temendo a malícia
De gente tão pouco sócia,
Lá se foram p'ra a Beócia
P'ra se curar da icterícia.

614

Dá dois pulos de contente,
Dá dois pulos a pular,
Dá dois pulos
Dá dois pulos
Dá dois pulos pelo ar

Pim, pim, pim, pim, pim, pim
Pim, pim, pim, pim, pim, pá
Quando a gente não se avista

---

1 Este é um dos poemas recitados aos sobrinhos, na pele do tal Íbis: a sobrinha Manuela Nogueira ainda o sabe de cor, trocando o final «ai o meu cu» pelo eufemismo usado pelo tio: «minha fisionomia contrária».

Quando a gente não se avista
A gente não se avista
É a única *coisa*[1] que há.

Mas pula, pula
Pula enquanto cá não estou
Antes tu pules,
Pules, pules, pules, pules
Que sejas quem já pulou.

Pim, pim, pim, pim,
Pim, pim, pim, pá
Pula lá que quando eu vir
Também eu pularei cá.

Pula que pá
Pula que pim,
Dá dois pulos de contente,
Dá dois pulos com a gente
Que para isso é que eu vim.

615

O regedor de Pardelhas
Punha o chapéu às avessas.
Nunca foram a Pardelhas?
É um sítio singular:
Há casas para morar,
Lavam a roupa em celhas
E comem a mastigar.

E apesar disso, apesar
De essas coisas serem essas,
O regedor de Pardelhas
Punha o chapéu às avessas.

---

1 Variante sobreposta: «vista».

Ninguém soube, ninguém sabe
Porque ele o usava assim.
Pode ser que o mundo acabe
Amanhã: será o fim.
Mas nem então, nessas pressas
De o mundo cair nas celhas
Onde, onde já se vê,
Qualquer pessoa se gabe
De em vida saber porque é
Que o regedor de Pardelhas
Punha o chapéu às avessas.

616

Um grande monstro que é ghe
Será bonito só se
Lhe untarem o nariz com
Papa de galinha ao som
Do ofofone a tocar
Enquanto o ghe vem ao ar.
Xixi no chão a enxugar
Om... om...

617

Na padaria lá de baixo
Vendem broas a dez reis
Vendem broas a dez reis
Quem é reles lá as compra.

No restaurante cá em cima
Vendem broas a vintém
Vendem broas a vintém
Quem se preza de ser fino

Não as compra lá em baixo
Cá a cima comprar vem.

E o padeiro lá de baixo
É quem fornece a dez reis
É quem fornece a dez reis
As broas que cá de cima
A vintém saem p'ra fora
P'ra quem quer ser como os reis.[1]

E o padeiro lá de baixo
É quem as broas fornece
É quem as broas fornece
Ao restaurante cá de cima
Onde quem *quer ser*[2] fino
A comprar as broas vem.

Quem se preza de ser fino
Tem a escada de subir
Tem a escada de subir
E mais *dez*[3] reis que pague
Que pague para ser fino
É para levar a rir.

618

Um animal industrial
Pois sim, o homem é um animal que faz
Ferramenta e asneiras.
Ferramenta bastante, isso a verdade assenta
Mas mais asneiras do que ferramenta.

---

1 Verso dubitado com quatro pontos de interrogação.

2 Variante ao lado: «se chama».

3 Pessoa escreveu antes de «dez», «um», seguido de «vi», creio que para escrever «vintém».

619

Levava eu um jarrinho
Para ir buscar vinho;
Levava um tostão
P'ra comprar um pão;
Levava uma fita
Para ir bonita.

Correu atrás
De mim um rapaz.
Foi o jarro p'ra o chão,
Perdi o tostão,
Rasgou-se-me a fita...
Vejam que desdita!

Se eu não levasse um jarrinho
Para ir buscar vinho,
Nem levasse um tostão
P'ra comprar um pão,
Nem levasse uma fita
Para ir bonita,
Nem corresse atrás
De mim um rapaz
Para ver o que eu fazia,
Nada disto acontecia.

Poemas na fronteira

620

Visitámos desertos, e os lugares
Onde outrora viveram as pintadas
Capitais dos impérios solitários,
Impérios hoje só deserto e assombro.
Nossa memória antiga andou connosco
Pelos vestígios e as sepultas ruínas
Com o sentido trágico das sombras
Escrito[1] em sua boca dolorida.
Visitámos os lívidos espaços
D'onde os vestígios das cidades mortas
Olhavam para nós, órbitas ocas,
Sem os olhos da vida que viveram.
Nas nossas almas, como sobre um lago,
Passou a sombra fria da Memória
E a Morte remexeu na escuridão.

Tínhamos, entre exílios desta vida,
Um momento solene convivido
Com as antigas civilizações.
Nosso afastado ser, sonhado e vasto,
Tinha entrado nos templos e nos[2] palácios
Das cidades d'outrora, e tinha visto
As cerimónias régias doutros tempos
Passar, pompas asiáticas na pompa,
Com luxos de ouro, pálios constelados
E um luzir de armas sob o sol eterno.

10-5-1915

1 Pessoa escreveu «escrita».
2 Pessoa escreveu «os».

621

Ela era rainha destronada...
Vivia no jardim d'um palácio sempre à hora do poente.
(Assim eu a via, se fechava os olhos e estava triste).
O seu desterro estava cheio de sonhos e de flores.
Mas o próprio jardim era antiquíssimo, amarelado,
Pálido como □
Era ali que a rainha passava os seus poentes sem dia.
E tudo isto num reino que nunca houve.
Não... Era mais longe do que isso...

Estou defronte do espelho e não consigo
Compenetrar-me da minha realidade definitiva.
Olho-me, e o estrangeiro que está diante de mim
Chegou dum país do outro lado do espelho,
E quando anda em direcção a mim não anda no espaço...
Fecho os olhos, fito o espelho... O estrangeiro desapareceu...

A tua voz reflecte na minha ideia de espelhos
Alcovas ao crepúsculo...
Falas de não sei que tristezas... A tua voz é plana
Vertical à minha espiritualidade que te não ouve...
E a mão com que se aparta o reposteiro não pertence
À imperfeição das mãos que apertam as nossas no mundo...

Sombras das árvores...
Perfume das flores...
Riso frio dos rios...
Fecho os olhos e a vida
Cai do meu pensamento
Como uma coisa pesada na água
Que chega e se afunda...

Estendo a mão na noite.
Não encontro o que procuro.
Mas eu não procurava nada.
Estendi a mão para ver se estendendo-a ao acaso,
Alguma coisa de Deus vinha ter com o meu gesto,
Com o meu gesto triste que implora auxílio na noite...
Mas Deus está dentro do meu gesto como numa caixa de □
E não me pode tocar e confortar-me da alma.

É alta noite e há na rua passos de duas pessoas
Que passeiam juntas.
O som dos passos é o de quem volta para casa.
Oiço falar as duas pessoas. São dois homens.
Oiço-os contar toda a tristeza da vida. Ah que angústia!
Mas os homens que passam na rua não trocaram palavra.
Não ouvi mais que os seus passos, e a sua voz era isso.
A tristeza dos passos na noite, nas ruas desertas.
É uma outra cidade, numa outra época, hoje...

[1915]

622

Coa-se através da minh'alma
Como através d'um vitral
Toda a agonia voluptuosa e incerta
De uma outra espécie de alma, mais jóia, mais pálio,
Gémea da minha, mas com Deus de permeio...

Cai sobre as mãos que alongo
– Olho-as distraidamente e *esqueço*[1] –
Sobre o livro indecisamente lido
Parte da luz coada pelo vitral em febre,
E a cor que estagna nas minhas mãos dói-me nos olhos
Por um esquecimento corpo análogo a sombras...

Entretanto, não há a igreja, nem a solidão fria e ampla,
Nem o resto do incenso que faz tremer,
Nem a consciência de haver o altar pesando na alma...
Não; só o vitral e tudo isto através dele...

De aí a febre que, como uma antecâmara de templo secreto,
De templo para cultos inversos,
Me enche de possibilidades coloridas de meus sentidos,
A vista e o ouvido e o olfacto tendo só a vista...

Passos...

13-4-1916

1 Variante sobreposta: «ignoro».

623

Tenho um segredo que nem eu próprio conheço...
Data de almas minhas anteriores à actual...
Outras paisagens sugerem-se através das janelas
E a hora visível recua até ao fundo
Do meu ser e intercala-se
Uma ideia de mim entre *mim* e *a realidade*...[1]

Tenho um segredo que o Tempo não inclui,
Nem a Vida, nem a sombra nos vales
Chamada sentir, nem os palmeirais do sonho,
Não – nem o teu gesto lento só enfado
Escrito ainda mole nas pregas da tua túnica
(Tudo com sombrias águas ao fundo).
Em torno ao meu sono falso ou profundo eu circulo
E a voz do encantador afastando-me de agir...

Murmúrio das águas...
Humidade das pedras...
Nitidez sem arestas dos rochedos...
O segredo disto tudo é outras eras...
O sentido para que tudo isto se inclina espelha-se no infinito...
E a vida que vivi em tudo isto, e que sofri e amei
Antes do Tempo, parece hoje visto assim ser meu de longe,
É a bailadeira ao canto esperando a vez da dança
Árabe e com a luz da porta oblíqua sobre os ombros.

13-4-1916

624

1

A do chale vago chegou à janela.
A noite lá fora não era coisa nenhuma.
Todo o silêncio estava preso pela proa ao único insecto remotamente estrídulo.

1 Variantes sobrepostas: «compreender [e] olhar...».

Ela ajeitou o seu gesto na sombra de encontro ao coração
E ter amado fez-lhe pena com a testa de encontro à vidraça.
E[1] por detrás dela o silêncio do porto também espera em vão.

2

O casario de Lisboa vai por ali abaixo em degraus
E pára à beira da minha emoção,
E à minha emoção chama-se o Tejo,
Há ondas ao fundo da minha emoção e na superfície do Tejo.[2]

24-6-1916

625

A casa branca nau preta

Estou reclinado na poltrona, é tarde, o verão apagou-se...
Nem sonho, nem cismo, um torpor alastra em meu cérebro...
Não existe amanhã para o meu torpor nesta hora...
Ontem foi um mau sonho que alguém teve por mim...
Há uma interrupção lateral na minha consciência...
Continuam encostadas as portas da janela desta tarde
Apesar de as janelas estarem abertas de par em par...
Sigo sem atenção as minhas sensações sem nexo,
E a personalidade que tenho está entre o corpo e a alma...

Quem dera que houvesse
Um estado não perfeitamente interior para a alma,
Um objectivismo com guizos imóveis à roda de em mim...
A impossibilidade de tudo quanto eu não chego a sonhar
Dói-me por detrás das costas da minha consciência de sentir...

---

1 Palavra dubitada.
2 Ambos os poemas estão claramente na fronteira com Bernardo Soares.

As naus seguiram,
Seguiram viagem não sei em que dia escondido,
E a rota que deviam seguir estava escrita nos ritmos,
Nos ritmos perdidos das canções mortas dos marinheiros de sonho...

Árvores paradas da quinta, vistas através da janela,
Árvores estranhas a mim a um ponto inconcebível à consciência de as estar vendo,
Árvores iguais todas a não serem mais que eu vê-las,
Não poder eu fazer qualquer coisa género haver árvores que deixasse de doer,
Não poder eu coexistir para o lado de lá com estar-vos vendo do lado de cá,
E poder levantar-me desta poltrona deixando os sonhos no chão...

Que sonhos?... Eu não sei se sonhei... Que naus partiram? para onde?...
Tive essa impressão sem nexo porque no quadro fronteiro
Naus partem... Naus não: barcos, mas as naus estão em mim,
E é sempre melhor o impreciso que embala do que o certo que basta,
Porque o que basta acaba onde basta, e onde acaba não basta,
E nada que se pareça com isto devia ser o sentido da vida...

Quem pôs as formas das árvores dentro da existência das árvores?
Quem deu frondoso a arvoredos e me deixou por verdecer?
Onde tenho o meu pensamento, que me dói estar sem ele,
Sentir sem auxílio de poder parar quando quiser, e o mar alto
E a última viagem, sempre para lá, das naus a subir...

Não há substância de pensamento na matéria de alma com que penso...
Há só janelas abertas de par em par encostadas por causa do calor que já não faz,
E o quintal cheio de luz sem luz agora ainda-agora, e quase eu...

Na vidraça aberta, fronteira ao ângulo com que o meu olhar a colhe
A casa branca distante onde mora... (O morador é abstracto.)
Fecho o olhar e os meus olhos fitos na casa branca sem a ver
São outros olhos vendo sem estar fitos nela a nau que se afasta,
E eu, parado, mole, adormecido,
Tenho pela vista o tacto do mar lá em baixo embalando-me longe de aqui,
Tenho-o na inconsciência e sofro.

Aos próprios palácios distantes a nau que penso não leva.
As escadas dando sobre o mar inatingível ela não alberga.
Aos jardins maravilhosos nas ilhas inexplícitas não deixa.
Tudo perde o sentido com que o abrigo em meu pórtico
E o mar entra por os Teus olhos o pórtico cessando...

Caia a noite, não caia a noite, só importa a candeia
Por acender nas casas que não vejo na encosta e eu lá...
Húmida sombra nos sons do tanque nocturno sem lua, as rãs rangem,
Coaxar tarde no vale, porque tudo é vale onde o som dói...
Milagre do aparecimento da Senhora das Angústias aos loucos...
Maravilha do enegrecimento do punhal tirado para os actos...
Os olhos fechados, a cabeça pendida contra a coluna certa
E o mundo para além dos vitrais paisagem sem ruínas...

A casa branca nau preta...
Felicidade na Austrália...

11-10-1916
Fernando Pessoa
Director de *Orpheu*[1]
O Heraldo, Faro, Julho de 1917

626

Marinha

O vento do Norte[2] cheio de espuma e de frio
Soprou sobre a tua sorte e *sobre*[3] a minha sorte
E a nossa sorte, como uma areia levada, fugiu.
Perdeu-se na noite,
Perdeu-se na noite e no longe com o vento a soprar
E só fica na minha memória a memória do açoite
Do vento na noite que levou a minh'alma *a uivar, a uivar...*[4]

Pela praia nocturna, meu amor perdido, pela praia...
Pela praia nocturna sob um céu sem lua e sem calma
Nós demos as mãos

---

1 Atente-se ao facto de o poema ser assinado por «Fernando Pessoa / Director de *Orpheu*» e não por Álvaro de Campos, a quem a Ática (*Poesias de Álvaro de Campos*. Fernando Pessoa. Lisboa: Ática, 1944) e suas derivadas atribuíram o poema, com algumas diferenças relevantes, atribuição de que discordo por não ser o estilo característico deste heterónimo.

2 Antes do poema a solta expressão «Mas o vento do Norte,» que Pessoa abandonou.

3 Opcional.

4 Variante sobreposta: «e a espuma do mar».

E esquecemos a vida, e o mundo, a nossa própria alma...
O som do mar embalava, o seu ruído brusco perdia
A rudeza, o ser só exterior, vinha aureolar
Aquilo invisível de nós que nos alava e prendia
E o resto era a noite longínqua e o suspiro do mar.

Passámos por tantas terras dentro das emoções!
Buscámos tão órfãos a pátria e a mãe da nossa alma!
Mas as mãos que se tinham presas sentiram os corações
Acharam-se no nosso· silêncio e na noite *talvez*[1] calma.

Nós éramos o Amor. Fora de nós o oceano
Levou na noite de trás para diante o sossego do ruído
Que tarda como nós, mas não morre, embalou meu engano
Que era certo agora em nós e no nosso absorto sentido.

Sempre estava connosco salvo a abdicação do mundo
Que toca na alma na noite e no céu e no mar
Mas o nosso amor era uma ilha no oceano sem fundo
Do consolo da vida, das ondas lá longe e do vento a esperar.

Nada jurámos. A alma era tudo, o corpo da hora
Velou-se na sombra da noite absoluta e no mar que tremia...
Quem havia além de nós com alma e com vida agora?
Fora de nós de quente e humano e certo, o que havia?

Não tínhamos vivido antes daquele momento
Antes tinha sido o nosso corpo e a nossa alma...
Vindo de uma outra *banda*[2] o nosso pensamento
Que[3] era uma calma morte e a dita da noite sem calma.

Tudo pensámos menos o amor, e só ele havia...
Cada um era só ele: o outro não era preciso...
As mãos tornando-se leves na alma que não as sentia
E tudo estava em cada um por ser o outro, o indeciso...

Pela primeira vez nada sobrava ou faltava –
Pela primeira vez nada era aos nossos pés,
Nada era em nada sobre o não que ali estava
Pela primeira vez, pela primeira vez.

Uma pessoa impossível feita da morte dos dois

---

1 Palavra dubitada.
2 Variante sobreposta: «alma».
3 Variante subposta: «E isso».

Passeava sozinha, era o nada tudo, ali na areia...
E o mundo era uma ilusão, com seus dias e com seus sóis,
E a alma era falsa com a sua dor *e a alegria com que anseia.*[1]

Não bem alma, não bem vida, apenas o amor...
Não bem nós, nem o mundo, uma outra coisa real...
E o espaço vazio em que isso era verdadeiro, um sabor
À unidade suprema, além do bem e do mal.[2]

25-2-1917

627

À la manière de A. Caeiro

A mão invisível do vento roça por cima das ervas.
Quando se solta, saltam nos intervalos do verde
Papoilas rubras, amarelos malmequeres juntos,
E outras pequenas flores azuis que se não vêem logo.

Não tenho quem ame, ou vida que queira, ou *morte que roube.*[3]
Por mim, como pelas ervas um vento que só as dobra
Para as deixar voltar àquilo que foram, passa.
Também por mim um desejo inutilmente bafeja
As hastes das intenções, as flores do que imagino,
E tudo volta ao que era sem nada que acontecesse.

30-1-1921

1 Variante subposta: «e toda a ilusão era alheia.».

2 Apesar de ter algumas afinidades com poemas precedentes (com a «Floresta do alheamento» no horizonte), «Marinha» experimenta novos ritmos e práticas, nomeadamente de rima interior.

3 As palavras «morte» e «roube» estão dubitadas.

628

Quais milagres de Lourdes, meu amigo!
Milagres da Rússia.
Curar paralisias!

Curar egoísmos, isso é que é milagre.
Ah Lourdes, Lourdes, quantas Lourdes há!

26-9-1923

629

Há doenças piores que as doenças,
Há dores que não doem, nem na alma,
Mas que são dolorosas mais que as outras.
Há angústias sonhadas mais reais
Que as que a vida nos traz, há sensações
Sentidas só com o imaginá-las
Que são mais nossas do que a nossa vida.
Há tanta coisa que, sem existir,
Existe, existe demoradamente,
E demoradamente é nossa *e*[1] nós...
Por sobre o verdor turvo do amplo rio
Os circunflexos brancos das gaivotas...
Por sobre a alma o adejar inútil
Do que não foi, nem pôde ser, e é tudo.

Dá-me mais vinho, porque a vida é nada.[2]

19-11-1935

1 Variante sobreposta: «, é».
2 Situo o poema na fronteira com Álvaro de Campos.

630

À la manière de António Botto[1]

Para quê tanta clareza?
Às vezes *os dias longos*[2]
Pesam tanto!

Devemos ser misteriosos.
Dizes-me sempre o que sentes...
Ah, esconde-me qualquer coisa!...

No amor deve haver segredo.
Os corpos não precisam explicados
Para serem formosos.[3]

631

Se a ciência não pode consolar,
 Não busquemos consolo.
Não peçamos à fé que seja certa
 Mas só que seja nossa.[4]

1 Conforme o próprio título esclarece, o poema situa-se intencionalmente na fronteira com A. Botto.
2 Variante ao lado, entre parênteses: «os grandes dias».
3 Variante na margem inferior: «Não precisamos explicar os corpos / Para os achar formosos.».
4 Na fronteira com Ricardo Reis.

Poemas religiosos / esotéricos

632

Alli sim

Quando, por fim, o houvéramos achado,
Desnudando-o do pó da sepultura
A que sinistras mãos o haviam dado,
Seco o sangue em três pontos da alva fronte,
E, a sepultura achada recoberta,
Plantado, para a achar, o ramo insonte
Naquela solidão fria e deserta,

E quando, *a Salomão*[1] nós, revertendo,
Lhe contáramos tudo[2] com dor e pranto,
Ele nos ordenou que, ali volvendo
Onde jazia, com Palavra a dar,
O erguêssemos do pó, vendo o que havia
Na maneira de erguê-lo de ali estar,
E o que é que cada um vendo-o, dizia,

Nós, cumprindo a ordem magna, registámos
No fundo da alma atenta os cinco *pontos,*[3]
E a dupla exclamação em nós gravámos...
Mas ficou sempre, no ermo coração,
Sepulto o Mestre, sim, morto e sepulto
E na mudez da inútil invocação.

---

1 Variante sobreposta: «ao grande Rei».

2 Variante sobreposta: «Tudo contáramos».

3 Variante sobreposta: «gestos».

Mas uns de nós, sem nome nem idade,
Dispersos pela mão do atroz Destino
Que fazia perder nossa verdade
□

Até que, *terras e eras percorridas*[1]
Em ermitagem casual num monte
A um lado e outro vimos
Palavras substituídas
E a meio erguida, na nostalgia viva,
A Palavra perdida.

[11-8-1931]

1 Variante, ao lado: «através de eras e mistérios».

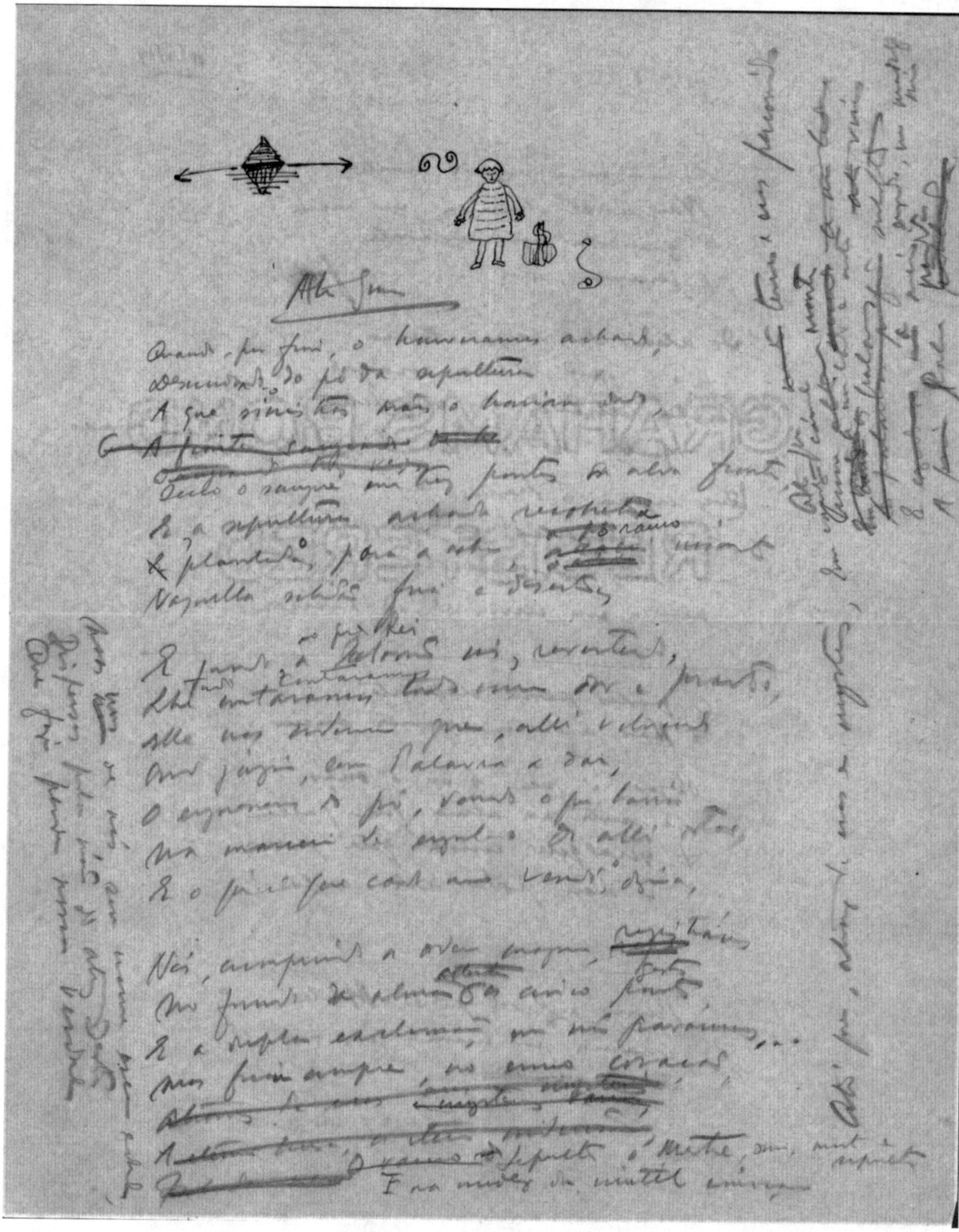

Figura 10. Fac-símile de rascunho do poema «Alli sim», de inspiração religiosa, contrastando com os motivos lúdicos que desenhou ao cimo da página

633

Chamou uma voz do monte,
Não sei se chamou por mim.
Sei que está ali defronte
E chama sem nenhum fim.[1]

Porque é que só eu a ouço
E sinto na alma que fala
A qualquer coisa que posso
E meu poder não iguala?

De além de espaços etéreos
Se me estende ao coração,
Vinda através dos mistérios.
Aquela invisível[2] mão

Que[3] ergueu o Mestre sepulto
E o converteu no seu ser.
Mas esse prodígio oculto
Ainda em mim é só morrer.[4]

11-8-1931

634

Iniciação

Não dormes sob os ciprestes,
Pois não há sono no mundo.
....
O corpo é a sombra das vestes
Que encobrem teu ser profundo.

1 Variante embaixo dos dois últimos versos: «O pastor passa defronte: / Não a ouviu chamar assim.».

2 Variante na margem direita: «A voz de Esse cuja».

3 Palavra dubitada.

4 No final da página, existe o esboço de uma estrofe: «Por isso a voz que do Monte / Chama por mim, por mim só, / □». A segunda estrofe vem depois das variantes aos dois últimos versos da primeira.

Vem a noite, que é a morte,
E a sombra acabou sem ser.
Vais na noite só recorte,
Igual a ti sem querer.

Mas na Estalagem do Assombro
Tiram-te os Anjos a capa.
Segues sem capa no ombro,
Com o pouco que te tapa.

Então Arcanjos da Estrada
Despem-te e deixam-te nu.
Não tens vestes, não tens nada:
Tens só teu corpo, que és tu.

Por fim, na funda caverna,
Os Deuses despem-te mais.
Teu corpo cessa, alma externa,
Mas vês que são teus iguais.
....

A sombra das tuas vestes
Ficou entre nós na Sorte.
Não estás morto entre ciprestes.
....
Neófito, não há morte.

23-5-1932
Revista *presença*, ano 6, vol. 2, nº 35, Março/Maio de 1932

635

Monte Abiegno[1]

Estou só. Do alto supremo do ermo monte
Vejo o que há em baixo, onde já estive e fui.

1 «Abiegno» está abreviado: «AB.».

É, até ao calmo e pálido horizonte,
Um verdejar de campos e arvoredo,
Um rio de aqui parado, e que ali flui,
E os casais onde o fumo acorda cedo.

É toda a vida humana e natural
Extensa a meus olhos que estou longe e acima.
Vai em socalcos íntimos, que anima
O arvoredo vário, até ao vale.
No vale forma aldeia e como espuma.
Depois, qual rio, de novo abre o curso,
E do vale ao horizonte, sem percurso,
As casas tornam a ser uma a uma.

É tudo quanto já não sou que doura
O sol universal longe de mim.
Há ainda em mim um hálito que implora
Que volte aonde há casas e arvoredo,
Que deixe o alto, que é o ermo e o fim.
Mas aqui a saudade acaba cedo.
E eu quero não querer, sozinho assim.

Com grandes mágoas e saudades tantas
Até este ermo altíssimo subi.
Subi porque lá baixo homens e plantas
(Que são a mesma coisa, como eu vi)
Fecham a vista, fazem sono e gozo,
E eu queria aquilo que não consegui –
O monte no alto e o seu cruel repouso.

Por isso, embora me prendesse, como
Um braço à cinta de quem se ama, o lar
Em que tudo que o vale tem consiste,
Tomei por bom o meu incerto assomo,
E vim subindo até onde ousei estar –
Esta alta solidão, sublime e triste.

Aqui ninguém solícito me chama,
Aqui ninguém anónimo me odeia,
Aqui ninguém me prende, porque me ama,
Ou, porque me não ama, me procura.
Aqui, sem árvores, não tece teia
A aranha da ventura e desventura.

Aqui farei meu lar, onde estou só.
Aqui, enquanto vive o que em mim vive
Do que eu sou que é igual ao sol e ao pó,
Terei não ter aquilo que ontem tive.
Serei rico de quanto eu abdiquei,
E nem com saudades amarei
Esse vale visível onde estive.

Lá em baixo vejo – o sol lhe doura a quinta,
E há um brilho vago, que é o do tanque ao sol –
O lar onde morei a vida extinta
De que subindo me desapeguei.
Outrora a sombra *fresca*[1] ante o arrebol
Vinha pelo pomar quase indistinta.
Tantas vezes, desperto, a vi e amei!

Também, o um pouco à esquerda, onde há a ponte,
(Vejo de aqui o rio um pouco além,
Mas não a ponte) me recorda o quando
Meditei, jovem, meu destino insonte,
Como o queria e via meditando...[2]
Amar, vencer, ser tudo – era o horizonte.
Melhor é o nada que este monte tem.

Tudo me lembra qualquer coisa... Tudo
Tem qualquer coisa minha ou eu de ali.
Não há nada visível, neste estudo
Do meu passado, feito já de aqui,
Que não tenha de meu uma saudade,
Que não tenha de seu a realidade
Invisível do que eu ali vivi.

Mas mais que o gozo, certo ou só sonhado,
Da vida nesse vale e campos vastos,
Valeu o gesto de deixar o *prado*[3]
E os campos que são plácidos e pastos,[4]
E tomar o caminho da montanha,
Que o sol que nasce e o sol que morre banha,
E a eterna neve enche de mau agrado.

---

1 Variante sobreposta: «áurea».
2 Variante a lápis ao lado, na linha: «Na ponte recostado».
3 Variante ao lado: «gado».
4 Variante ao lado: «Sozinho, entregue à vastidão dos [pastos]».

Aqui estou, e contento-me de ver
Sem saudades o que abandonei
Com saudades que não julguei ter,
Com prantos e amarguras que sequei.
Aqui, na alta e solene soledade,
Sozinho com a neve e a verdade,
Tenho-me a mim, porque tudo abdiquei.

Nada me tira a mim neste degredo
A que os astros não faltam. Nada aqui
Floresce ou lança sombra. Nem a medo
Um passo se aproxima ou se recua.
As nuvens, vivas rente ao meu segredo,
Fecham-se aos que do vale onde vivi
Vivem *a vida natural e sua.*[1]

Aqui sem lar nem casa morarei.
Nesta caverna altíssima, que fita
Entre o poente e o sul, descansarei.
Sobre a própria alma, D, reinarei,
Liberto da ventura e da desdita.

Meu corpo mirrará de solidão.
Minha alma secará de estar sozinha.
Minha voz perderei de não ouvida.
Mas serei dos que, na órbita mesquinha
Da vida, por ser altos, nada são;
Dos que preferem a Montanha à vida.

26-9-1932

636

Na sombra do Monte Abiegno
Repousei de meditar.
Vi no alto o alto Castelo
Onde sonhei de chegar.
Mas repousei de pensar
Na sombra do Monte Abiegno.

---

1 Variante subposta: «de alheio vestindo a vida sua.».

Quanto fora amor ou vida,
Atrás de mim o deixei.
Quanto fora desejá-los,
Porque esqueci não lembrei.
À sombra do Monte Abiegno
Repousei porque abdiquei.

Talvez um dia, mais forte
Da força ou da abdicação,
Tentarei o alto caminho
Por onde ao Castelo vão.
Na sombra do Monte Abiegno
Por ora repouso, e não.

Quem pode sentir descanso
Com o Castelo a chamar?
Está no alto, sem caminho
Senão o que há por achar.
Na sombra do Monte Abiegno
Meu sonho é de o encontrar.

Mas por ora estou dormindo,
Porque é sono o não saber.
Olho o Castelo de longe,
Mas não olho o meu querer.
Da sombra do Monte Abiegno
Quem me virá desprender?

3-10-1932

637

Mas[1] essa paz, que aqui não há,
Nem Vale de Kilwinnig
Nem Montanha de Heredon a dá.
No Monte Abiegno a névoa está.

[1932]

1 Este início leva a crer que o poema possa ser continuação de outro sobre este tema.

638

Do vale à montanha,
Da montanha ao monte,
Cavalo de sombra,
Cavaleiro monge,
Por casas, por prados,
Por quinta e por fonte,
Caminhais alheados.

Do vale à montanha,
Da montanha ao monte,
Cavalo de sombra,
Cavaleiro monge,
Por penhascos pretos,
Atrás e defronte,
Caminhais secretos.

Do vale à montanha,
Da montanha ao monte,
Cavalo de sombra,
Cavaleiro monge,
Por plainos desertos
Sem ter horizonte,
Caminhais libertos.

Do vale à montanha,
Da montanha ao monte,
Cavalo de sombra,
Cavaleiro monge,
Por ínvios caminhos,
Por rios sem ponte,
Caminhais sozinhos.

Do vale à montanha,
Da montanha ao monte,
Cavalo de sombra,
Cavaleiro monge,
Por quanto é sem fim,
Sem ninguém que o conte,
Caminhais em mim.

24-10-1932

639

Que temes? A névoa desce
Velando tudo ao olhar,
Mas o que desaparece
Continua ali a estar.

A morte mata somente
O poder-nos outrem ver.
Nosso ser segue presente
Naquilo que é nosso ser.[1]

Não temas. Se o outro vale
Deste vale tu não vês
A quem a montanha escale
Estão os dois vales aos pés.

Procura, pois, o caminho
Por onde sobe à montanha
Quem sabe, austero e sozinho,
Na noite infinita e estranha,

Subir e ver do alto monte,
Em treva melhor que a luz,
Os dois vales, o horizonte,
□

E até de aqui o que, puro,
Saiba à montanha subir,[2]
Ainda que andando no escuro,
Vê ambos vales luzir.

16-12-1932

---

1 Existe um testemunho dactilografado, do mesmo dia, destas duas quadras, a que o poeta acrescentou estes dois versos: «Não temas. Há uma montanha / Entre dois vales ou prados.». Não creio que quisesse reduzir o poema a esta simples versão, como tem sido admitido por alguns editores, mas que apenas a não acabou.

2 Antes deste verso e do anterior, o poeta escreveu dois outros versos, que abandonou, alterando ligeiramente o primeiro e mantendo o segundo igual ao da primeira tentativa.

640

Cabeça augusta, que uma luz contorna,
Que há entre mim e o mundo que me faz
(Porque em espinhos a auréola se torna?)
Ansiar a minha morte e a tua paz?

A tua *história*[1] – Pilatos ou Caifás
Que tem? São sonhos que o narrar transtorna.
Não é esse o Calvário a que te traz
Tua sina onde todo o fel se entorna.

Não. É em mim que se o Calvário ergueu.
É em meu coração abandonado
Que Ele, cabeça augusta, alto sofreu.

Quem na Cruz onde está ermo e pregado
O pregou? Foi Romano ou foi Judeu?
Bate-me o coração. Meu Deus, fui eu!

20-1-1933

641

Eros e psique

... E assim vedes, meu Irmão, que as verdades que vos foram dadas no Grau de Neófito, e aquelas que vos foram dadas no Grau de Adepto Menor, são, ainda que opostas, a mesma verdade.
Do ritual do Grau de Mestre do Átrio na Ordem Templária de Portugal

Conta a lenda que dormia
Uma Princesa encantada
A quem só despertaria
Um Infante, que viria
De além do muro da estrada.

1 Palavra dubitada.

Ele tinha que, tentado,
Vencer o mal e o bem,
Antes que, já libertado,
Deixasse o caminho errado
Por o que à Princesa vem.

A Princesa Adormecida,
Se espera, dormindo espera.
Sonha em morte a sua vida,
E orna-lhe a fronte esquecida,
Verde, uma grinalda de hera.

Longe o Infante, esforçado,
Sem saber que intuito tem,
Rompe o caminho fadado.
Ele dela é ignorado.
Ela para ele é ninguém.

Mas cada um cumpre o Destino –
Ela dormindo encantada,
Ele buscando-a sem tino
Pelo processo divino
Que faz existir a estrada.

E, se bem que seja obscuro
Tudo pela estrada fora,
E falso, ele vem seguro,
E, vencendo estrada e muro,
Chega onde em sono ela mora.

E, inda tonta do que houvera,
À cabeça, em maresia,
Ergue a mão, e encontra hera,
E vê que ele mesmo era
A Princesa que dormia.

8-7-1933
Revista *presença*, ano 8, vol. 2, nº 41/42, Maio de 1934

642

Depus, cheio de sombra e de cansaço,[1]
As armas da magia entre onde estão
Os livros sacros com quem *tive*[2] o laço
Que dá à alma a Força e a Visão.
Ai, não pude depor meu coração!

Quão alto fui para o que todos são!
Quão baixo para quanto quis em mim!
Vi e toquei o que a outros é visão
Em sombras ou desejos, vaga e escura,
Na confusão de confins sem fim.
Sou hoje minha própria sepultura.
Tenho deserto e alheio o coração.

Quantos, com longo estudo e fiel vontade,
Tentam pisar as sendas do Poder,
Sem que sintam uma única verdade,
Sem que o invocado espírito apareça,
Sem que o dominem, se é aparecido,
Sem que sintam, como eu, sobre a cabeça,
A coroa dos magos – ah, mas essa,
Se é de glória no nítido esplender,
É de espinhos no íntimo sentido.

Por mais que o Mago suba e atinja
O comércio dos Anjos, que há no Além,
E da cor lívida do Além se tinja,
Que mais que os outros, que aqui dormem, tem?
Se a ilusão, o símbolo e a sombra
São o que rege tudo, regerão
O mesmo Além que o nosso esforço empana
Com o que de ilusão a si se ensombra.
Se tudo que nos fala nos engana,
Porque é que os Anjos não enganarão?

Vi Anjos, toquei Anjos, mas não sei
Se Anjos existem. Tal me achei ao fim

---

1 Precedem o poema as seguintes indicações: «*Omnia Fui* – Sev. // Rit. M.G. – Darkness Visible / Morning Star. *Omnia fui*» remete à frase do imperador romano Severo, com a qual o poeta conclui a sua «Elegia na Sombra»: «Fui tudo, nada vale a pena». As abreviaturas seguintes parecem remeter para a Golden Dawn, ordem iniciática a que pertencia Aleister Crowley. «*Darkness visible*» é uma expressão de *Paradise Lost*, de Milton, usada por Pessoa noutro texto.

2 Variante ao lado, entre parênteses: «tenho».

Desse caminho de que regressei
E vi que nunca sairei de mim.

Vã ciência, inda que aqui, no rito certo,
Os Anjos certos viessem à chamada,
Servos da invocação que os trouxe perto,
Mestres do templo que lhes foi a estrada.
Arte vã, porque tudo, inda que obtido,
Deixa as névoas que somos tais quais são,
Sem mais que uma presença sem sentido,
Passando, como um cheiro ou um ruído,
Nas câmaras rituais da ilusão.

Anos e anos de confusa ciência,
Lida e relida até me ser meu ser,
Me ergueram a submersa consciência
À superfície clara do querer.
Tracei os sinais certos, invoquei.
Obedeceram Anjos ao que eu quis.
Nada sou, nada fiz e nada sei.
Quantos se orgulhariam do que eu fiz!
....
Quem me diz que não há, Senhor do Mundo,
Um Espírito que ilude? Quem me diz
Que, quanto mais o incógnito aprofundo,
Mais de ilusão e erro não me inundo?
Sei que, quanto maior, mais infeliz.

Não há já fé, nem ciência, nem certeza
No que sou eu p'ra mim. Vermes me minam
De outra, pior, mais negra natureza
Que os que ao Mestre destruem na atra vala.
Tudo me é escuro, inda que com destreza
Os caminhos da sombra me iluminam
As dez luzes divinas da Kabbalah.

Meus pés pisam a Câmara do Meio.
Minhas mãos tocam o que os Anjos são.
Já de onde estou branqueia o Limiar
Do íntimo Sacrário. Sinto o ar
Do silêncio ulterior tocar meu seio,
E rasgam-se olhos no meu coração.

Mas que é tudo isto, se isto não é nada?
Que sei eu disto, que bem pode ser

Aquela aérea, falsa e linda estrada
Que nos desertos se consegue ver?
Venci? Perdi-me? Não o sei dizer.

Poder! Poder! Ah, sempre a maldição
Da substância do mundo! Quem me dera
Que me nascera no ermo coração
Antes a ânsia de ser só mesquinho,
Antes um sono cheio de perdão,
E ser agora qual menino eu era,
Da verdade mais próximo vizinho.[1]

Caminhei como os homens; sou como esse
Que viajou países por achar,
E não achou mais neles do que houvesse
Na Pátria de onde se houve de apartar.
Tudo é aqui, mais mar ou menos mar.

Ah, não é essa a Outra Coisa da alma,
Que ela do fundo incógnito que tem
Anseia – a grande e verdadeira calma,
Sem querer nem poder, o Sumo Bem.

Com o escopro e o malhete do alcançar
Quebrei a Pedra Cúbica do Altar
E a Pedra Cúbica se abriu em Cruz.

Quebrara o Altar, então a mim quebrei.
□
então em sangue
Sobre o centro da Cruz me derramei.

Ali sacrificado, ou sacrifício,
Exausto, nulo, senti meu enfim
Aquele coração que era fictício.

Presas □ as mãos
Minha extraordinária liberdade
Consegui. Paz profunda, meus Irmãos![2]

24-8-1933

---

1 Variante subposta: «Dos mesmos Anjos mais fiel vizinho.».

2 Na última página do documento, separado do poema por um traço, existe ainda um fragmento incompleto: «Símbolos? Sonhos? A verdade é a alma. / □ converti / Os cinco pontos pelos quais me ergueram / Nas cinco chagas pelas quais caí. / Em cinco rubras pétalas flori».

643

O Mestre sacrificado
Jaz nos cárceres lançado
Da Bastilha de Paris.
Sem razão foi condenado,
Sem sentido é infeliz.

Seu suplício será feito
Porque o sofra,
E o Rei de França □

Lenta, uma outra aurora assoma,
Outra luz o espaço toma,
Outro sol é o fanal.
Acabe o Império de Roma
Comece o de Portugal.

Quem me dará esse segredo
Que nessa morte se perdeu?
Sou levantado no degredo.
A minha vida é erro e medo,
Procuro em vão quem sou de meu.

Mas noutro Templo talvez tenha
Sob o novo arco da oclusão
Da palavra que me hoje é estranha
A maré súbita que banha
As praias da minha intuição.

E então liberto do passado
Da velha Lei e o exílio antigo,
Poderei dar por encontrado
Esse segredo abandonado
Ao vago acaso do perigo.

Mas não é esse ainda o nome,
Essa palavra ainda é vã.
É preciso outro Templo, enorme,
Para além
Onde há a Estrela da Manhã.

Nesse, aí por fim nesse acharei
O que o Mestre, ao morrer, pregou.
E aí meu ser encontrarei
E serei eu a Nova Lei
E o Cristo, e Deus, e quem eu sou.[1]

20-12-1933

644

A cruz do templo aberta em inocência
Ergue alto ao céu,
Meu coração, e nela adquire a ciência
De que a razão é o véu!

20-12-1933

645

Porque choras de que existe
A terra e o que a terra tem?
Tudo nosso – mal ou bem –
É fictício e só persiste
Porque a alma aqui é ninguém.

Não chores! Tudo é o nada
Onde os astros *luzes*[2] são.
Tudo é lei e confusão.
Toma este mundo por estrada
E vai como os santos vão.

Levantado de onde lavra
O inferno,[3] em que somos réus
Sob o silêncio dos céus,

1 Numa das páginas do documento, surge a seguinte nota: «Meu mestre Jacques de Molay foi morto por três assassinos – O Papa, o Rei e o Traidor.».

2 Variante a seguir, entre parênteses: «rasgos».

3 Vírgula opcional.

Encontrarás a Palavra,
O Nome interno de Deus.

E, além da dupla unidade
Do que em dois sexos mistura
A ventura e a desventura,
O sonho e a realidade,
Serás quem já não procura.[1]

Porque, limpo de universo,
Em Cristo nosso Senhor,
Por sua verdade e amor,
Reunirás o disperso
E a Cruz *mostrará a Flor.*[2]

6-2-1934

646

Sangra-me o coração. Tudo que penso
A emoção mo tomou. Sofro esta mágoa
Que é o mundo imoral, regrado e imenso,
No qual o bem é só como um incenso
Que cerca a vida, como a terra a água.

Todos os dias, oiça ou veja, *dão*[3]
Misérias, males, injustiças – quanto
Pode afligir o estéril coração.
E todo anseio pelo bem é vão,
E a vontade tão vã como é o pranto.

Que Deus duplo nos pôs na alma sensível
Ao mesmo tempo os dons de conhecer
Que o mal é a *norma,*[4] o natural possível,
E de querer o bem, inútil nível,
Que nunca assenta regular no ser?

---

1 Variante, entre parênteses, ao ponto final: «;».
2 Variante subposta: «abrirá em [Flor.]».
3 Variante a seguir, entre parênteses: «são».
4 Variantes: sobreposta, «lei»; na margem direita, «vida».

Com que fria esquadria e vão compasso
Que invisível Geómetra regrou
As marés deste mar de mau sargaço –
O mundo fluido, com seu tempo e espaço,
Que nem Deus sabe como começou?[1]

Mas, seja como for, nesta descida
De Deus ao ser, o mal teve alma e azo;
E o Bem, justiça espiritual da vida,
É perdida palavra, substituída
Por bens obscuros, fórmulas do acaso.

Que plano extinto, antes de conseguido,
Ficou só mundo, norma e desmazelo?
Mundo imperfeito, porque foi erguido?
Como acabá-lo, templo inconcluído,
Se nos falta o segredo com que erguê-lo?

O mundo é Deus que é morto, e a alma aquele
Que, esse Deus exumado, reflectiu
A morte e a exumação que houveram dele.
Mas está perdido o selo com que sele
Seu pacto com o vivo que caiu.

Por isso, em sombra e natural desgraça,
Tem que buscar aquilo que perdeu –
Não ela, mas a morte que a repassa,
E vem achar no Verbo a fé e a graça –
A nova vida do que já morreu.

Porque o Verbo é quem Deus era primeiro,
Antes que a morte, que o tornou o mundo,
Corrompesse de mal o mundo inteiro:
E assim no Verbo, que é o Deus terceiro,
A alma volve ao Bem que é o seu fundo.

26-4-1934

1 Variantes: subposta, «Que ele nem sabe porque se formou?»; na margem direita, «Que ele mesmo não sabe quem criou?» e «Que ninguém sabe como se criou?».

647

Nunca os vi nem lhes falei[1]
E eles me têm guiado
Segundo a forma e a lei
Do que, inda que conhecido,
Tem que ficar ignorado.

Nunca li o livro ocluso
Nem vi o túmulo aberto,
Mas, em meu claustro recluso,
Vendo o céu só pela luz,
Senti a verdade perto.

Não foi o Mestre incorrupto
Nem O que foi exumado
Que me fez colher o fruto
Que guarda em seus quatro gomos
O segredo do pecado.

Mãos do meu Anjo da Guarda,
Que bem guiais, como dois,
O meu ser que teme e tarda,
Postas firmes nos meus ombros
Sem que eu saiba de quem sois!

Vou pela noite infiel
Sentindo a aurora raiar
Por trás do alguém que me impele;
Mas já adiante de mim
Vejo o dia a *começar.*[2]

9-5-1934

1 No canto superior esquerdo: «Sup.Inc.» [Superiores Incógnitos], tal como no rascunho deste mesmo poema, em 62A-2.

2 Variante subposta: «se espelhar.».

648

Neste mundo em que esquecemos
Somos sombras de quem somos
E os gestos reais que temos
No *mundo*[1] em que almas vivemos
São aqui esgares *e assomos.*[2]

Tudo é nocturno e confuso
No que entre nós aqui há:
Projecções, fumo difuso
Do lume que brilha ocluso
Ao olhar que a vida dá.

Mas um ou outro, um momento
Olhando bem, pode ver
Na sombra o seu movimento
Qual no outro mundo é o intento
Do gesto que o faz viver,

E então encontra o sentido
Do que aqui está a esgarar
E volve ao seu corpo ido,
Imaginado e entendido,
A intuição de um olhar.

Sombra do corpo saudosa,
Mentira que sente o laço
Que a liga à maravilhosa
Verdade que a lança, ansiosa,
No chão do tempo e do espaço.

9-5-1934

Revista *presença*, série 2, ano 12, nº 2, Fevereiro de 1940, p. 80

1 Variante sobreposta: «outro».

2 Variante sobreposta: «de gnomos».

649

1.

Sonho sem fim nem fundo.
Durmo, fruste e infecundo.
Deus dorme, e é isso o mundo.

Mas se eu dormir também
Um sono qual Deus tem
Talvez eu sonhe o Bem –

O Bem do Mal que existe.
Esse sonho, que avisto
Em mim, *chama-se*[1] o Cristo.

2.

Não foi em cruz erguida
Num calvário da vida,
Mas numa Cruz vivida

Que foi crucificado
O que foi, em seu lado,
Por lança golpeado.

E desse coração
Água e sangue virão,
Mas a Verdade não...

3.

Só quando já descido
De a onde foi subido
Para ser escarnecido,

1 Variante subposta: «chamo-lhe».

Seu corpo for baixar
Onde se há-de enterrar
O haverei de encontrar

Água o seu ser ausente,
Sangue o que há de presente
Na ausência, eternamente.

4.

Desde que o mundo foi
No mundo à alma dói
O que ao mundo destrói,

Desde que a vida dura
Tem a vida amargura
De ser mortal e impura.

E assim na Cruz se pôs
A vida, para que a sós
Seja o melhor de nós.

5.

O túmulo fechado
Aberto foi achado
E vazio encontrado.

Meu coração também
É o túmulo do Bem
Que a minha Alma não tem.

Mas há um anjo a me ver
E a meu lado a dizer
Que tudo é outro ser.[1]

2-7-1934

1 Excepcionalmente preferi a variante, limpa de emendas. Na linha corrida, o poeta tinha escrito «Que *cegue* [variante subposta: "durma"] e *saiba* [variante subposta: "soube"] crer.».

650

O Rei

O Rei, cuja coroa de oiro é luz
Fita do alto *trono*[1] os seus mesquinhos.
Ao meu Rei coroaram-n'O de espinhos
E por trono Lhe deram uma cruz.

O olhar fito do Rei a si conduz
Os olhares *ansiosos e sozinhos.*[2]
Mas mais me fitam, e mortas sem carinhos,
Essas pálpebras mortas de Jesus.[3]

O Rei fala, e um seu gesto tudo preenche,
O som da sua voz tudo transmuda.
Meu Rei morto tem mais que majestade:
Diz-me a Verdade aquela boca muda,
E essas mãos presas dão-me a Liberdade.[4]

31-7-1935

651

Mãe de Deus, porque *a Deus tu o*[5] criaste,
Filha de Deus, pois Ele te criou,
Irmã de Deus, pois Ele te enviou,
Esposa de Deus, pois virgem tu ficaste,

Eterna, transcendente e frágil haste
Que abre ao alto em Mulher, na que baixou

---

1 Pessoa escreveu antes de «trono», «do», com sinal de opcional, que omiti.

2 Variante subposta: «fitados e vizinhos.».

3 Variante subposta: «As pálpebras descidas de Jesus.».

4 Variante subposta: «Fala a Verdade *nessa* [variante sobreposta: "sua"] boca muda: / Essas mãos presas são a Liberdade.». Em 66-52^r, no final da folha, o poeta escreve de novo esta mesma variante aos dois versos, mas não anota qualquer variante a «nessa».

5 Variante sobreposta: «tu a Deus».

À terra, a dar à Eva que pecou
A seiva do carinho que lhe achaste.

És tu que dás às mães o □ afago
És tu □

Tu és a alma da Mulher

E se o que o que penso é com o amor afim,
E em minha inspiração sinto o teu beijo,
Mãe, mãe de Deus, mãe do Divino em mim.

(A Mulher, Rosa *desta*[1] Cruz que é o mundo).

[31-7-1935]

652

Virgem Maria

Mãe de quem não tem mãe, no teu regaço
Poisa a cabeça a dor universal
E dorme, ébria do fim do seu cansaço...
E tens na mão, usado e nunca imundo,
O pequenino lenço maternal
Com que enxugas as lágrimas do mundo.

21-8-1935

653

A velha (Maria)

Sou mendiga, e não tenho quem me *veja*.[2]
Os deuses todos, para os invocar,

---

1 Variante sobreposta: «nesta».
2 Variante sobreposta: «ouça.».

Só preciso de ter beleza ou *inveja,*[1]
Saber querer ou saber *desamar.*[2]
Meu corpo é um seixo que ninguém olha,
Sou como ente a que empurram do carinho,
Não[3] tenho deus, *e*[4] no caminho vou
Buscar um deus que encontre no caminho.

Fruta *caída*[5] expulsa do arvoredo
Pisada por quem passa sem olhar,
Meu coração parece que tem medo
De sentir que deseja ter que amar.
Velha, lixo de todos, vou sem jeito
No caminho sem deuses meu destino,
E queria apertar contra o meu peito
Um deus que fosse pobre e meu menino.

E então no alto de um monte de suplício
Entre dois crucifixos outro vi,
Onde em extraordinário sacrifício
Meu senhor e menino conheci.
Eu, expulsa e ignóbil, trapo universal
Senti meu coração bater de aurora,
Porque esse era o meu filho e o meu igual
E eu era a sua mãe, porque o não fora.
Mãe por amor,
Mãe à vida do filho posterior
Mas pelo dom materno mãe deveras.

Então
Do alto da cruz me olhou, ermo e morrente,
O homem da dor, eu a mulher sem lar,
E eu fiquei sua mãe eternamente.

Ele não tinha mãe, não tinha eu filho.
Ambos anónimos no mundo real,
Ambos sem □, ambos sem ter asilo
Que conduzisse ao mundo universal.
Fizemos nossa dor o que é ninguém
Quem há-de dar o pão a quem não tem?

---

1 Variante sobreposta: «força».

2 Variante sobreposta: «dominar».

3 Variante subposta: «Nem».

4 Variante subposta: «mas».

5 Variante sobreposta: «mirrada».

Quem há-de □
À criança que sofre quem a abriga?
Quem limpa, com seu lenço irreal a medo,
Nas grandes noites cheias de arrepios,
As lágrimas de quem chora em segredo?
Aquele preso de quem sou a Mãe.[1]
Esses braços pregados numa cruz
São livres de □
E a presença executada de Jesus
Não conhece □

Despertei, *tinha a morte nos meus braços*[2]
E chorei, *porque eu*[3] era a mãe de Deus.

Porque o fictício mundo alegre e vasto
Não sabe nada do que a dor conhece.

E todos os que choram são meus filhos.
E todos os que sofrem são Meu Filho.

Assim, no alto do monte da expressão,
Fantasma que em figura apareceu
A falar-me ao deserto coração,
Tu, Mãe de Mães, abriste um novo céu.

E ao teu carinho entrego, na inconsciência
De a quem nenhum amor ou ideal convém,
Ó mãe, minha infiel inteligência
E o meu perdido coração, ó Mãe!

---

1 Variante subposta: «Ele, o forçado de quem eu sou Mãe.».

2 Pessoa encarou a variante: «e encontrei-me Mãe de Deus.»

3 Variante subposta: «pois já».

654

NO TÚMULO DE CHRISTIAN ROSENCREUTZ

Não tínhamos ainda visto o cadáver de nosso Pai prudente e sábio. Por isso afastámos para um lado o altar. Então pudemos levantar uma chapa forte de metal amarelo, e ali estava um belo corpo célebre, inteiro e incorrupto…, e tinha na mão um pequeno livro em pergaminho, escrito a ouro, intitulado T., que é depois da Bíblia o nosso mais alto tesouro nem deve ser facilmente submetido à censura do mundo.

Fama Fraternitatis Roseae Crucis

I

Quando, despertos deste sono, a vida,
Soubermos o que somos, e o que foi
Essa queda até Corpo, essa descida
Até à Noite que nos a Alma obstrui,

Conheceremos pois toda a escondida
Verdade do que é tudo que há ou flui?
Não: nem na Alma livre é conhecida…
Nem Deus, que nos criou, em Si a inclui.

Deus é o Homem de outro Deus maior:
Adão Supremo, também teve Queda;
Também, como foi nosso Criador,

Foi criado, e a Verdade lhe morreu…
De além o Abismo, Espírito Seu, Lha veda;
Aquém não a há no Mundo, Corpo Seu.

II

Mas antes era o Verbo, aqui perdido
Quando a Infinita Luz, já apagada,
Do Caos, chão do Ser, foi levantada
Em Sombra, e o Verbo ausente escurecido.

Mas se a Alma sente a sua forma errada,
Em si, que é Sombra, vê enfim luzido
O Verbo deste Mundo, humano e ungido,
Rosa Perfeita, em Deus crucificada.

Então, senhores do limiar dos Céus,
Podemos ir buscar além de Deus
O Segredo do Mestre e o Bem profundo;

Não só de aqui, mas já de nós, despertos,
No sangue actual de Cristo enfim libertos
Do a Deus que morre a geração do Mundo.

III

Ah, mas aqui, onde irreais erramos,
Dormimos o que somos, e a verdade,
Inda que enfim em sonhos a vejamos,
Vemo-la, porque em sonho, em falsidade.

Sombras buscando corpos, se os achamos
Como sentir a sua realidade?
Com mãos de sombra, Sombras, que tocamos?
Nosso toque é ausência e vacuidade.

Quem desta Alma fechada nos liberta?
Sem ver, ouvimos para além da sala
De ser: mas como, aqui, a porta aberta?

....

Calmo na falsa morte a nós exposto,
O Livro ocluso contra o peito posto,
Nosso Pai Roseacruz conhece e cala.

655

Porque pesa em meu corpo e minha mente
Esta miséria de sofrer? Não foi
Minha a culpa e a razão do que me dói.
□

Somos nós nossos pais □

Não tenho hoje memória, neste sonho
Que sou de mim, de quanto quis ser eu.
Nada de nada surge do medonho
Abismo de quem sou em Deus, do meu
Ser anterior a mim, a me dizer
Quem sou, esse que fui quando no céu,
Ou o que chamam céu, pude querer.
Sou entre mim e mim o intervalo –
Eu, o que uso esta forma definida –
De onde para outra ulterior resvalo.

Em outro mundo, onde a vontade é lei,
Livremente escolhi aquela vida
Com que primeiro neste mundo entrei.
Livre, a ela fiquei preso e eu a paguei
Com o preço das vidas subsequentes
De que ela é a causa, o deus; e esses entes,
Por ser quem fui, serão o que serei.

656

Porque esqueci quem fui quando criança?
Porque deslembro que então era eu?
Porque não há nenhuma semelhança
Entre quem sou e fui?
A criança que fui vive ou morreu?
Sou outro? Veio um outro em mim viver?
A vida, que em mim flui, *por*[1] que é que flui?
Houve em mim várias almas sucessivas,

1 Variante sobreposta: «em».

Independentes, vivas?
Ou sou um só inconsciente ser?

Ser consciente é talvez um esquecimento.
Talvez pensar um sonho seja, ou um sono.
Talvez dormir seja, um momento,
Voltar o espírito nosso a ser sem dono;
Talvez que, ao despertar, adormeçamos,
Tudo é talvez
Seu próprio invés,
E o contrário de tudo o que pensamos.

Quem me diz que o rochedo bruto e quedo
Não é o verdadeiro consciente –
O êxtase perene de uma mente
Que deixa o corpo hirto ser rochedo?

Talvez tudo isto que é orgulho nosso –
O discurso, □ a razão
Essa flor □ a imaginação
E a intuição, tenuíssimo colosso,
Desvios, sonos, ilusões não são?

Só a morte o diz – mas quem me diz que o diz?

657

Abismo de ser muitos! Noite minha!
Encruzilhada do meu vasto ser!
Quem quero que seja eu? Quem, no entrever
Do que fui, treva anónima e mesquinha?

Como o último estandarte da rainha
Com quem o império findo se perdeu,
Descem dos astros mudos do atro céu,
Poeira, as razões de quanto fui ou tinha.

Nos rumores da treva do que foi
Recuam na derrota a murmurar
As hostes sem □ e sem herói

Do meu destino feito a ignorar,
E, como à última rainha, dói
No meu peito *um segredo*[1] por achar.

---

1 Variante sobreposta: «uma glória».

658

Segredo visível, Rosa crucificada, Mistério e Nome do Mundo,
Vê-me[1] para que te *veja,*[2] crucifica-me para que eu te colha,
Torna-me mundo para que eu te oiça e desconheça!

Martírio da flor desabrochada, nasce pela morte em mim!
Silêncio da flor desencantada, cresce pela morte em mim!
Segredo da rosa crucificada, morre pela morte em mim!

Rosa, sê *eu*; Cruz sê *minha;*[3] Rósea Cruz, sê!

659

«És o Homem» disse, «eu sou o que, proposto[4]
Mártir desde que há o mundo, a hora ansiava.
Dou-te a Palavra, que perdida estava
"Amai-vos uns aos outros" – isto é tudo.

Em meu nome virão muitos tiranos
Impor ao dorso dócil dos humanos
A cruz e o martírio em que me vês.

Por símbolo que sou[5] todos me tomem!
Tenho as mãos presas: não estrangulo o homem.
Tenho os pés presos: não o calco aos pés.»

Mas, antes que morresse, e inda desnudo
Na cruz onde a agonia começava
Ele olhou o homem carnal que estava
E logo parou ante Ele, inerte e mudo.

Tem pálida e terrosa a ignóbil face,
E o cabelo empastado em sangue e suor

---

1 Variante, na margem esquerda: «olha[-me]».

2 Variante sobreposta: «saiba».

3 Variantes subpostas: «minha»; «eu».

4 Antes de atacar o poema, Pessoa esboçou umas estrofes (66-65$^{v/r}$) que depois não incluiu no seu corpo – não sabemos se inteiro: «Minhas mãos e meus pés sem cravo dado, / Desprezados de Deus, meu coração [variante sobreposta: ser humano] / Ignobilmente numen trespassado // Como te acompanhei em teu tormento? / Fitei de longe, cidadão romano. / Infiel ao invisível sacramento. // E eu não sabia que era meu dever / Ser teu, ser Tu, sofrer tua paixão, / Lixo de quem devera ser, por ter e □ // Mas Ele não nos nega a Sua luz. / Faltámos todos ante aquela Cruz, / Mas, quando a cruz é nossa, Ele não falta.».

5 Variante sobreposta: «Mas por quem sou e vês».

O pendurado que é o nosso Senhor.
Sobre o Calvário o dia vão desfaz-se.

Seu insultado vulto sem amor
Vil pende. Ninguém *veio*[1] que o buscasse.
É mentira que Mãe ali o amasse.
Só[2] soldados bocejam em redor.

A humanidade inteira o abandonou.
Há três cruzes onde o poente se afastou
O[3] farrapo divino na mais alta.

660

ISAAC LORIA[4]

[1]

Em nós o Fogo reina, que primeiro
É desejo, e depois, ardendo mais,
Desse mesmo desejo purifica,[5]
□

Consume aquilo de que se *alimenta,*[6]
Os diversos desejos queima iguais,
E quer ser fogo universal e inteiro,[7]
Chama sem lume, de si mesma rica.

---

1 Variante sobreposta: «houve».

2 Variante sobreposta: «Os».

3 Variante sobreposta: «Do».

4 O título apresenta um sinal de interrogação no testemunho original. Isaac Loria ou Luria foi um cabalista do século XVI, nascido em 1534, em Jerusalém, que revolucionou o misticismo judaico através do estudo da Cabala, a que Pessoa também se dedicou. Por cima daquele nome escreveu «Ieschu ben Pandira» [Jesus filho de Pandira], personagem lendária que em documentos medievais de credibilidade dúbia chegou a ser identificado com o Jesus da tradição cristã.

5 Variante sobreposta: «Do que faz desejar se purifica.».

6 Variante, na margem: «sustenta».

7 Variante: «Fogo da consciência».

Ah, mas depois que tudo é consumado
Que o fogo, por ser fogo, pode arder;
Depois que é em si mesmo sublimado,
Com tal ardência exacerbado dura
Que a si mesmo se queima e faz não ser,
Seu ardor para dentro vira ansiado,
E a chama pura torna-se luz pura.

Assim tornado o ser que sou comigo,
Vi que quanto cercara o que eu quisera
– Altar ou vara, livro e templo –
Nunca fora de mim estivera,
Só por *julgá-lo*[1] tal fora inimigo.

E então vi que essa Cruz em que converso
Jazia o altar outrora meu
Era, em Cruz de Luz, todo o Universo
E que essa Cruz era quem fora eu.
Sobre ela a Luz Perfeita em mim erguida
Caíra, numa inteira identidade,
Pois essa Pedra Cúbica partida
E a minha alma em luz pura resolvida
Eram a mesma coisa, era a Verdade.[2]

[2][3]

Evoco, triste, a inolvidável hora
Em que primeiro, à mágica chamada,
Depois da nítida ânsia precursora,
Vi erguer-se ante mim, sonho de fora,
O corpo real da dúvida invocada.

Ah, a alegria interna do poder!
Ah, a coroa externa do saber!
Ver um deus, ou demónio, estar aqui
Ante mim, no meu templo, feito ser
Comigo, tal como *era*[4] e como o vi!

---

1 Variante subposta: «cuidá-lo».

2 Variantes subpostas: «Eram a Vida e [a Verdade]»; «Amando assim a Vida e [a Verdade]».

3 Existem no Espólio vários textos com este mesmo título correspondendo à mesma inspiração e em torno desta mesma personagem, embora provenientes de diferentes momentos de escrita. Alguns editores consideram-nos poemas diferentes, opinião que não partilho, tendo-os por isso reunido sob o mesmo título, assinalados esses diferentes momentos de escrita com um algarismo entre parênteses.

4 Variante subposta: «é».

Depois, numa ampla via de vitória,
Quantas potências do além chamei!
Tantas são já as ruas da memória
Que nelas perco as forças que *evoquei.*[1]
De maiores do que eu fui mago e rei.

Mas quanto mais do abismo as formas veras
Até mim prontas o seu corpo davam,
Mais da minha magia as primaveras
Estio, *e*[2] *depois*[3] outono, se tornavam.
Hoje no inverno moro do que fiz.
Ai, se pensar pudesse, neste frio
Em que meu ser contracto nulo faz-se,
Que, renovado, como a terra a fio,
Meu ser fosse de novo, eu ser feliz,
Que[4] a Áries meu sol íntimo tornasse!

Que mais sou que o que nega o que é em si?[5]
Que mais que aqueles, que na incerta ânsia
Dos prazeres consumem o prazer,
Fiz eu com essa ânsia de poder?
Só de outro modo o fiz e a mais distância.
Como eles me perdi
Por me satisfazer.

Assim pensando, resolvi queimar
Meus livros sacros, de quem parte fui,
Meus instrumentos mágicos quebrar,
E assim meu ser maior sacrificar
Porque um meu ser mais alto tolhe e obstrui.
E depois quebrarei[6] meu mesmo altar.
Anos e anos de ciência erguida
A doloroso custo, e negação
Do que é mais caro e natural na vida,
Como esta mesma, já além perdida,
Daria em sacrifício ao coração.

Todo o poder de uma alma que vencera
Os fantasmas que habitam o portal,

---

1 Variante a seguir, entre parênteses: «invoquei.».
2 Opcional.
3 Variante subposta: «após».
4 Opcional.
5 Verso dubitado.
6 Variante subposta: «Quebraria depois».

E a sombra além do Átrio, vaga e vera,
Tudo isso em cinza e sombra convertera,
Vencendo o Sumo Bem, tornado mal.

Então, fechado no meu ser supremo,
No[1] que sentia agora despertar
Na última dor e no horror extremo,
Sobre o altar uma a uma fui quebrando
As armas da vitória, e depois fui
Meus livros sacros um a um queimando,
E tendo já desfeito quanto fora
Meu ser e meu poder, à alma que flui
Atrás desta vida vencedora,
Na última renúncia a força pus,
Com que talhara o altar da minha luz[2]
Com o escopro e o malhete de *alcançar*[3]
Quebrei a Pedra Cúbica do Altar –
E a Pedra se abriu em Cruz.

Vi então em que essência consistia[4]
Aquele *sólido*[5] conseguimento,
Meu altar de vontade e de magia;
Só era verdadeiro se se abria
No símbolo sagrado do Tormento.[6]

Aberto[7] se negava. Ah, quanto, quanto
Esforço antigo e doloroso o erguera
Da pedra bruta que era,
Talhado com trabalho e irado pranto
Até que o cubo certo se fizera.

E agora, concluída a magna obra,
Feito o perfeito, no que é pedra em haver,
Onde é que está o coração que sobra?
Fica de fora a alma do meu ser.

E a pedra cúbica, perfeita, era
Contudo aquilo que se me negava.

---

1 Variante sobreposta: «O».

2 Variante para estes três versos, no testemunho 66C-18: «No desespero desta vida vencedora / Vendo o Templo sem Cruz, / Neste fechado emblema regular, / Minha alma ansiosa transborda a flux;».

3 Variante sobreposta: «formar».

4 Pessoa continuou a rascunhar a lápis este poema noutra folha (66C-18). No início da folha escreveu «Rabbi», que em hebraico significa «Mestre».

5 Variante ao cimo da folha: «absurdo e real».

6 Há variante: «Só era verdadeiro se o quebrava / Depois de fazer dele o que ele estava.».

7 Variante subposta: «Fechado».

661

São verde-deus as árvores e as ervas,
As flores desabrocham Deus...
E as pedras são humildes Deus-servas
Dos próprios seres seus,
A água, Deus bondoso acorrentado
À sua vontade de ser quase-alado,
Nos seus amor-reflexos reflectindo
O céu-Deus azulando Infindo.

Tem duas faces a mudez das coisas:
Deus é uma face, e a outra face é Deus.

Deus é o abstracto e o concreto
O ser-objecto do objecto
É Deus imensuravelmente...
Cada coisa é uma semente
Do Infinito de esplendor.

Tudo transborda Deus
E se incontém
As coisas são a queda irreal dos véus
Do que são e têm.[1]

662

Eu próprio sou
O Universo onde estou.

663

Passo por mim... *e a mim me desconheço*[2]
Tão Deus eu sou na essência e alma de mim
Não tenho fundo, se em minha alma desço,
Alma, não tenho forma, □ ou fim

1 Verso dubitado.

2 Variante sobreposta: «e não me reconheço».

E o corpo, esta alma exterior
Subdivisível infinitamente,
É o infinito feito local e *ente.*[1]

664

Em Deus pode haver mais e menos
Se Deus quiser
Estes momentos tão serenos
São mais Deus do que outros quaisquer.

Este sossego de luz de ouro
Sobre a água azul
São de um divino grito louro
Onde todo o choro é exul

Exul daquela divindade
Que ele é por ser
E ter a posse da verdade
Pelo acto natural de ver.

Sim, é mais Deus que as outras horas
Esta hora assim…
Tão calma, pondo tais demoras
Consciência entre mim e mim!

Fragrância próxima de Deus
Mas perto aqui…
Minha alma abre os braços p'ra os céus
E dentro em mim o céu sorri.

665

E a alma, tendo sonhado os seus céus
        Passou a porta
Com[2] Deus. Mas o que é Deus? E existe Deus?...
        Isso que importa?

1 Palavra dubitada.
2 Variante sobreposta: «P'ra».

666

Em círculos concêntricos vivemos,
Nenhum cruzado céu nos volve a vida
Que sonhamos, que somos ou que temos.
Do antro irreal em círculo partida
Em raios desiguais do nada extremos.

O olhar não vê. O ouvido, que se cola
Às portas para nada, se engalana
De um falso som que só de si dimana.
Nada há que do nada nos consola.

Fingimos a alma, solidão perdida.

667

Sepulto vive quem é a outrem dado.
E quem ao outrem que há em si, sepulto
Não poderei, Senhor, alguma vez
Desalgemar de mim as minhas mãos?

«Ficções do interlúdio»

668

Quem me roubou o livro das baladas? –[1]
Aquele onde, entre música, se erguia,
A Princesa retida pelas fadas
Que é hoje a minha nostalgia...

Amor? Desejo? Confusão? Remédio?
Que extravagâncias me vieram dar
A esta vida, louca de intermédio,
Que vê o sol parado andar.
Deito poeira de ouro no meu tédio.

E os palhaços da última velada
Ao luar, no parque onde a Princesa errou,
Riem ainda a sua mascarada...
O ouro que deitei era nada...
Tudo foi noite e o sonho se apagou.

5-1-1934

669

Nada é: o Caos dorme, e a Noite é muda.
Ambos são um, e o mundo é o que são
Quando a ilusão seu próprio ser transmuda
Em parecer que é ilusão.

Nada há; o Mundo fugiu e a Alma é queda.
Ambos são tudo, e o que há não é ninguém,
Porque o universo é um sonho que arremeda
O sonho que ele mesmo tem.

---

1 Variante a seguir à primeira estrofe: «*livro de magia*? [variante sobreposta: "sonho com dedadas?"]».

Nada está: o Ser falta e o Não-ser sobra.
Ambos são nada, e passa quanto há,
E tudo é como o rasto de um cobra –
A antiga, que diz: Nada está.[1]

15-9-1934

670

Non Necesse Est

É um palco, e um palco de sonho,
Com figuras sem dever...
Ali um destino risonho
Funde sonhar com ser.

Cenário do sonho, ilude-o!
Acção, nunca te dês!
Ficções do interlúdio,
Enganai quem vos fez!

E viva a alma a esquecer,
Em transparência alheada,
A vida, que é plebe e mulher,
E a morte, que não é nada!

---

1 Este poema está precedido por um seu esboço abandonado. «Mortos que □ // Nada é; o Caos vive e a noite é dia. / O que acontece □.».

671

Tive um sonho outrora
Que ainda vive em mim.
Tudo *o*[1] que em mim chora
Tinha nele fim.

Flor no pensamento
Da cor do esquecer,
Nexo nevoento
Entre mim e ser...

Perdi-o? Inda o tenho?
Tenho-o, e o perdi.
E esse sonho[2] estranho
Que a dormir vivi

Fazia risonho
O ser que me doe.
Que foi esse sonho?
Não sei o que foi.

1 Opcional.
2 Variante na margem inferior: «Na memória».

Auto-apresentação / Auto-retratos

672

O que de mim aparece
À janela de mim
De mim se esquece,
Não me é afim.

No que me mostro
Não me revelo,
Cubro o meu rosto
Com o mundo ainda, quando me desvelo.

O sentido que tenho
Não tem nome,
Ninguém em mim.
Não ninguém por quem meu ser me tome.

673

Fito-me frente a frente[1]
E conheço quem sou.
Estou louco, é evidente,
Mas que louco é que estou?

É por ser[2] mais poeta
Que gente que sou louco?
Ou por ter completa
A noção de ser pouco?

---

1 No vol. I da *Poesia Autónima*, p. 447, existe um poema, igualmente formado por três quadras, que apenas coincide neste primeiro verso.

2 Pessoa escreveu posteriormente «ter», substituindo a letra inicial aparentemente por "T", embora isso retire sentido ao verso.

Não sei, mas sinto morto
O ser vivo que tenho.
Nasci como um aborto
Salvo a hora e o tamanho.

30-3-1931

674

E acho que todo poeta[1]
Deve ter cara para isso.
Passo[2] diante do espelho,
Sorrio a mim esse conselho:
Olha p'ra ti e não escrevas.[3]

[24-7-1931]

675

Ninguém me disse quem eu era, e eu
A ninguém perguntei.
Vi-me vivendo sob um vasto céu
E senti uma lei.

A informe natureza, desdobrada
Em terra e rio e mar,
Deu-me um indício, como que uma estrada
Para eu caminhar.

Mas o caminho era para quem sou,
E tinha por seu fim
O saber que o caminho por que vou
Está[4] dentro de mim.

16-8-1934

---

1 Aparentemente, este verso, iniciado pela conjunção «E», seria não o começo (escolha feita pela edição FPP), mas uma continuação do poema, o qual considero ter ficado incompleto.

2 Variante subposta: «Paro».

3 No mesmo suporte figuram ainda o início de outro poema e o de um texto em prosa de cariz esotérico.

4 Variante subposta: «Está só».

676

Não sou nem feio nem bonito,
Não sou o a quem alguém recorde,
Nem há alguém que deixe escrito
Que se lembre de mim; e o acorde
Do realejo chora aflito.

3-9-1935

677

A quem a Natureza não fez belo
Com seu corpo lhe disse: Tu não ames!
A fealdade é o destinado selo
Com que uma alma é *votada*[1] à solidão.

678

Não combati: ninguém mo mereceu.
A natureza e depois a arte, amei.
As mãos à chama que me a vida deu
Aqueci. Ela cessa. Cessarei.

[1924]

679

Mendigo do que não conhece,
Meu ser na estrada sem lugar
Entre estragos amanhece...
Caminha só sem procurar.

---

1 Palavra dubitada, com a variante sobreposta, «deixada».

680

Assim, sem nada feito e o por fazer
Mal pensado, ou sonhado sem pensar,
Vejo os meus dias nulos decorrer,
E o cansaço de nada me aumentar.

Perdura, sim, como uma mocidade
Que a si mesma se sobrevive, a esperança,
Mas a mesma esperança o tédio invade,
E a mesma falsa mocidade cansa.

Ténue passar das horas sem proveito,
Leve correr dos dias sem acção,
Como a quem com saúde jaz no leito
Ou quem sempre se atrasa sem razão.

Vadio sem andar, meu ser inerte
Contempla-me, que esqueço de querer,
E a tarde exterior seu tédio verte
Sobre quem nada fez e nada quer.

Inútil vida, posta a um canto e ida
Sem que alguém nela fosse, nau sem mar,
Obra solenemente por ser lida,
Ah, deixem-me sonhar sem esperar!

Revista *Mensagem*, nº 1, Abril de 1938

681

Quantas vezes os braços da loucura
Puseram suas mãos em meus cabelos.

Homens e deuses, deuses e homens

682

Ao Deus do fogo

Agni, tu és sábio e rei e sacerdote
O pai do sacrifício.
Por nós mandado, sobes tu ao céu
Levando os nossos desejos e ofertas
Conquanto seja tripla a tua origem
Ora do ar, ora das águas, ora
Do místico □ Arani, tu és
Um poderoso Deus, alto senhor,
Dador da vida e da imortalidade,
Da tua essência um, três para nós;
Mostrando a tua eterna tripla forma
Fogo na terra, relâmpago no ar
E sol no céu. És *um*[1] hóspede *bem-vindo*[2]
Em[3] cada casa – pai, irmão e filho,
Amigo, benfeitor e guardião,
Ó claro Deus dos sete-raios, quantas
As formas em que a nós os teus *votários*[4]
Te mostras, ora vemos-te todo ouro
Com cabelo radiante e em chamas
De três cabeças hórridas nas três bocas
Cujos dentes de fogo tragam tudo.
Ora com mil brilhantes cornos, ora
Luzindo por mil olhos, vens a nós
Numa quadriga d'ouro, pelos ventos
Impelido e puxado por cavalos

---

1 Opcional.
2 Palavra dubitada.
3 Variante sobreposta: «A».
4 Palavra dubitada.

Cor de fogo, *traçando a*[1] escuridão
O curso destrutivo do teu carro.
Poderoso senhor, livra os teus crentes.
Tira-nos a mancha do pecado, e quando
Morrermos, sê-nos suave *na*[2] fogueira
Queimando os nossos corpos e o seu medo
Levando ao céu o imortal *em*[3] nós
A estâncias luminosas e aprazíveis
Reinos, a nossa sombra com os justos.[4]

683

Sim, se Deus fora um, e fora justo
E, sendo justo, todo-poderoso,
Com justa raiva e doloroso susto
Erguereis vosso brado,
Gritareis vosso pasmo ao céu piedoso
No que vos fez a dor já duvidoso,
Na injusta morte injusto revelado.

Mas, não havendo mais que na mentira
Esse deus só, omnipotente e bom,
Sendo nós, plebe anónima, sob a ira
Ou o capricho de forças mais que fortes
Que jogam jogos ou que fazem obras
Sinal de bem e mal, gozos e mortes,
Não há que ter mais que resignação,
Sem nada na mão
De que tudo e nada é como nós.

---

1 Variante sobreposta: «vincando na».
2 Variante sobreposta: «sobre a».
3 Variante sobreposta: «de».
4 Aparentemente, este poema deveria fazer parte de um tríptico: além do poema «Ao deus da chuva», no verso, incompleto e lacunar, incluiria também «O mistério da criação» (testemunho 64-52), igualmente incompleto e incipiente.

684

Mãe dolorosa, os deuses que vos são?
Que importa um ente anónimo na vida
Às forças contra quem lutou em vão
A prometeia ânsia, e o furor morto
De Orfeu, chorando, atónito e absorto
Eurídice perdida?

685

Vários são, vários agem, vários querem
Os que, nossos iguais salvo em poder,
Não precisam de ter, para que imperem,
Ou justiça, ou bondade, ou harmonia...
Mas só a força e a posse do querer,
E a imperiosa e incerta fantasia.

686

Puseste a crença num Deus justo e bom.
Foi esse Deus que te matou teu filho?

Nós: 1 – Contra a guerra; 2 – Poemas políticos; 3 – Arredores de *Mensagem*

687

Canção interrompida pelo vento

Sob o luar, minha mãe, sob o luar
Beijava-me ele, minha mãe...
Ah, que amoroso bem
Dizia do meu olhar!
«O teu olhar é um novo *céu*»[1] dizia
No calor da noite fria...

(Cadáveres mudos na treva,
Ficaram da batalha.
Folhas que o vento leva
Sobre eles o vento as tresmalha)

Sob o luar os meus lábios eram
«Doces», minha mãe, «doces», dizia
Agora o que perderam!
A minha boca está fria...

(Cadáveres meio-brancos
Na noite que os mostra-esconde.
Ficaram nos barrancos
Vêem-se de onde a onde.)

De que serve amar, minha mãe,
Quem cedo ou tarde desama?
Farei da morte meu bem
E da cruz – minha cama.

---

1 Palavra dubitada.

(Cadáveres de ignotos,
Vencedores? Vencidos?
Vimos pôr inda olhos remotos
Nos mares indefinidos)

688

I

Que luz é esta, desolada e estranha,
Com que raia a manhã?
Que mistério de lívida esperança
Como um frio suor de luz é que banha
Os horizontes nesta hora chã?
Que pávida e gelada desconfiança
Sombriamente ocupa vale e monte
Que medo espreita do horizonte
A incerta hora vã?

II

Que prodígio fatal de profecia
Raia com este dia?
Que névoa de silêncios e segredos
Pé ante pé roça de perturbar
Todos esses ocultos medos
Dos mistérios que vem aflorar
Nas coisas quando o assombro as vem tocar?
Que prenúncio de eclipse
Paira já na alvorada
Antes que ainda o claro sol se veja...
Esfria o coração... sente-se nada...
E uma luz de mistério e apocalipse
Como frio relâmpago
No túmulo da noite esfria e alveja...[1]

1 Estes dois últimos versos estão dubitados.

III

Vai ser a hora, vai ser a hora[1]
Em que a guerra desata sobre o mundo
O feixe incendiado desunido
Do seu furor fecundo...
A angústia da paisagem esfria e ora
Como quem sente a morte com o sentido
Espiritual aproximar-se, e ignora
Quando ela □

IV

Vai ser este o sinistro e fatal dia
Em que as fúrias do Olimpo derramados
O sangue e o fogo sobre o mar e os prados
Perturbarão ao mundo a face fria...
Como um dilatar de olhos de terror
A paisagem sacode o seu torpor
E parece querer deixar de ser
Imoral p'ra gritar, temer...
Um receio de estranhas comoções
No ar cadáver dum Deus
Veste de leve brisa os vagos céus
E essa brisa [.] *apreensões.*[2]

V

Ó almas, preparai-vos... Vai raiar
Aquele dia triste
Em que as coisas humanas vão acordar
O ancestral horror a transformar,
O horror de todo o corpo no que, passando,
Deixará defronte o que hoje existe
E no lugar
Do usual, do conhecido, do antigo,
Só o ondear anónimo do trigo
E além outros impérios imperando.

---

1 No verso da primeira folha (65-64ᵛ), Pessoa escreveu: «É curioso que a tradição imperialista alemã é ao mesmo tempo religiosa (Sacro Império Romano) e anti-papal (lutas entre o Papado e o Império).» Essa feição anti-igreja de Roma deveria ser do seu agrado...

2 Variante sobreposta: «indecisões.».

VI

Quando os impérios tremem ante Deus
E a divina balança se inclinou,
E os astros conjugados lá nos céus
Dizem que a hora soou...
Quando em pontos de eclipse excedidos
E trânsitos de Marte acometidos
Os povos vão ser transformados
E o sangue □

Quando o Cerco passou e te sentiste
Caída, desolada, □ e triste
E de ti te soubeste erguer
Ó Alemanha, mãe dos tempos nossos,
Fecunda mãe espiritual de tudo...
Maneira □ e escudo
Erguendo-te dos teus □ destroços –
Sê construtora como os deuses
E impiedosa como a Natureza...

689

Canções da derrota

Se uma dor que é nobre vale mais que uma pobre
        Estreita ledice,
Quanto melhor cair em Alcácer-Quibir
        Que vencer em La Lys.

Que se o servo vence, nunca ao servo pertence
        A vitória que tem,
É um vão dom divino, uma sorte ou destino.

E julga diademas as suas algemas
Porque o que se ergueu bravo em La Lys venceu escravo,
        O outro caiu senhor.

690

Ironia

Faz um a casa onde outro pôs a pedra.
O galego Colón, de Pontevedra,
Seguiu-nos para onde nós não fomos.
Não vimos da nossa árvore esses pomos.

Um império ganhou para Castela.
Para si glória merecida – aquela
De um grande longe aos mares conquistado;
Mas não ganhou o tê-lo começado.[1]

10-1-1922
Contemporânea, 4, Outubro de 1922

691

Monumento a António José de Almeida

Nobre a seu modo, e o modo não o era.
Falou, calou, acabou... Porque erguer
Pedras a quem das pedras foi só hera?
Ah, prestem-lhe a homenagem de os esquecer!

---

1 O testemunho autógrafo 59-23, em que o poema aparece com o título «Ironia em intenção de Cristobal Colon», tem mais três estrofes do que a versão publicada em *Contemporânea*. Aqui as transcrevo: «Que Deus o mande p'ra onde quiser / Prenda-o numa pedra que a terra tiver / No Império é que não fica! // E então Deus prende-o no extremo sonho / Dum promontório. // Rasga-lhe as carnes eternamente / Novas que sempre o açor presente / Rasga de novo.».

692

Afonso Costa

O Afonso é miguelista,
Não arrepanhe os cabelos!...
Miguelista, porque é ele
Partidário do Miguel –
Do Miguel de Vasconcelos.

Em francos estrangeiros
Quanto é trinta dinheiros?

Quis a Finança (a Internacional)
Entregar-lhe o entregar-lhe Portugal.
Formou em Coimbra a ciência e a maneira.
Oh, Judas, Coimbra é perto da Figueira!

693

Sidónio Pais

Há almas cuja vida é um templo.[1]
A noite é funda, o corpo é frio.
O vácuo imenso que contemplo
É o do meu coração vazio.

No assombro sem luar quem passa?
Nada. Como um claustro cabe
Há almas cuja vida é um templo.
Luzes de amor que, quando extintas,
Inda no olhar perdura o exemplo.

---

1 O poema é precedido por vários esboços abandonados, todos com este início mas não ultrapassando os três versos.

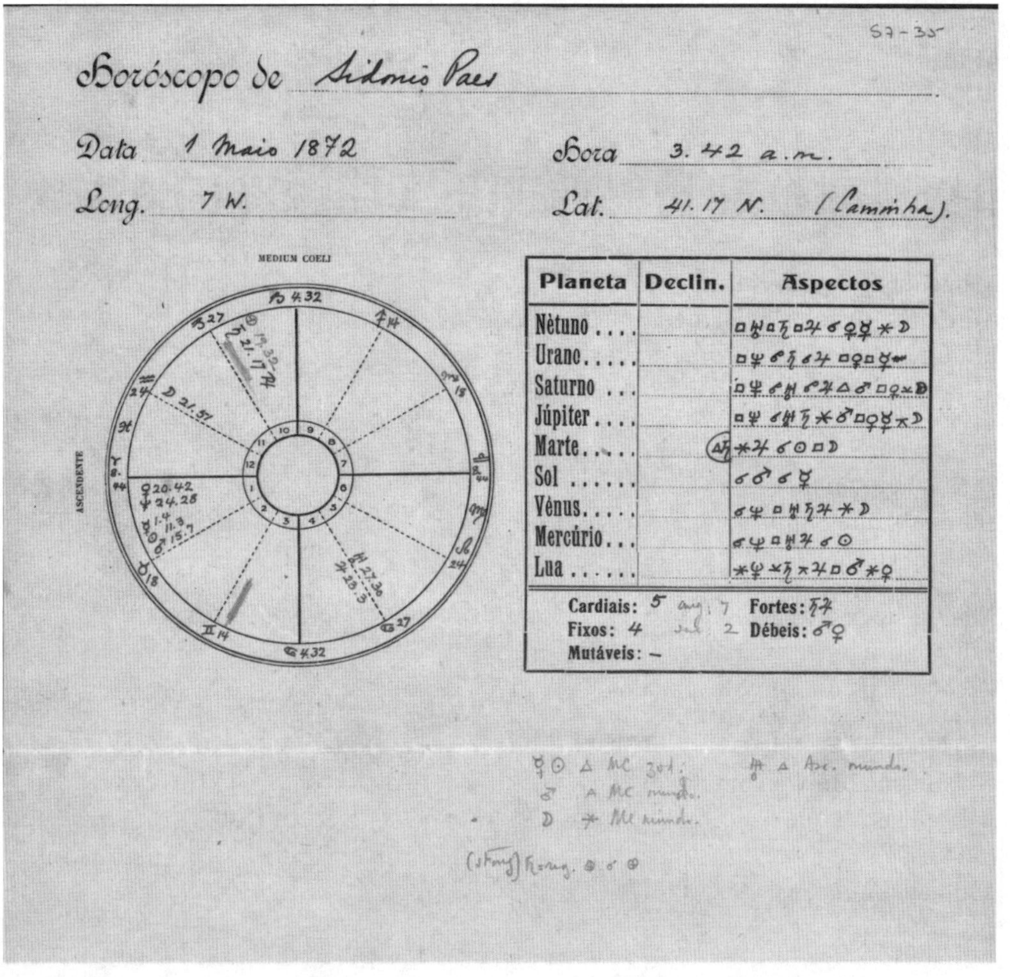

Figura 11. Fac-símile de um dos muitos horóscopos a que Pessoa se dedicou, neste caso o de Sidónio Pais, assassinado a 14-12-1918. No poema «À MEMÓRIA DO PRESIDENTE-REI SIDÓNIO PAIS», Pessoa evoca-o como o novo D. Sebastião: «(...) O DESEJADO enfim regresse / A Portugal!»

694

À memória do Presidente-Rei Sidónio Pais

Longe da fama e das espadas,
Alheio às turbas ele dorme.
Em torno há claustros ou arcadas?
Só a noite enorme.

Porque para ele, já virado
Para o lado onde está só Deus,
São mais que Sombra e que Passado
A terra e os céus.

Ali o gesto, a astúcia, a lida,
São já para ele, sem as ver,
Vácuo de acção, sombra perdida,
Sopro sem ser.

Só com sua alma e com a treva,
A alma gentil que nos amou
Inda esse amor e ardor conserva?
Tudo acabou?

No mistério onde a Morte some
Aquilo a que a alma chama a vida,
Que resta dele a nós – só o nome
E a fé perdida?

Se Deus o havia de levar,
Para que foi que no-lo trouxe –
Cavaleiro leal, do olhar
Altivo e doce?

Soldado-rei que oculta sorte
Como em braços da Pátria ergueu,
E passou como o vento norte
Sob o ermo céu.

Mas a alma acesa não aceita
Essa morte absoluta, o nada

De quem foi Pátria, e fé eleita,
E ungida espada.

Se o amor crê que a Morte mente
Quando a quem quer leva de novo,
Quão mais crê o Rei ainda existente
O amor de um povo!

Quem ele foi sabe-o a Sorte,
Sabe-o o Mistério e a sua lei.
A Vida fê-lo herói, e a Morte
O sagrou Rei!

Não é com fé que nós não cremos
Que ele não morra inteiramente.
Ah, sobrevive! Inda o teremos
Em nossa frente.

No oculto para o nosso olhar,
No visível à nossa alma,
Inda sorri com o antigo ar
De força calma.

Ainda de longe nos anima,
Inda na alma nos conduz –
Gládio de fé erguido acima
Da nossa cruz!

Nada sabemos do que oculta
O véu igual de noite e dia.
Mesmo ante a Morte a Fé exulta:
Chora e confia.

Apraz ao que em nós quer que seja
Qual Deus quis nosso querer tosco,
Crer que ele vela, benfazeja
Sombra connosco.

Não sai da alma nossa a fé
De que, alhures que o mundo e o fado,
Ele inda pensa em nós e é
O bem-amado.

Tenhamos fé, porque ele foi.
Deus não quer mal a quem o deu.
Não passa como o vento o herói
Sob o ermo céu.

E amanhã, quando queira a Sorte,
Quando findar a expiação,
Ressurrecto da falsa morte,
Ele já não,

Mas a ânsia nossa que encarnara,
A alma de nós de que foi braço,
Tornará, nova forma clara,
Ao tempo e ao espaço.

Tornará feito qualquer outro,
Qualquer cousa de nós com ele;
Porque o nome do herói morto
Inda compele;

Inda comanda, a armada ida
Para os campos da Redenção,
Às vezes leva à frente, erguida
Espada, a Ilusão.

E um raio só de ardente amor,
Que emana só do nome seu,
Dê sangue a um braço vingador,
Se esmoreceu.

Com mais armas que com Verdade
Combate a alma por quem ama.
É lenha só a Realidade:
A fé é a chama.

Mas ai, que a fé já não tem forma
Na matéria e na cor da Vida,
E, pensada, em dor se transforma
E a fé perdida!

P'ra que deu Deus a confiança
A quem não ia dar o bem?
Morgado da nossa esperança,
A Morte o tem!

Mas basta o nome e basta a glória
Para ele estar connosco, e ser
Carnal presença de memória
A amanhecer;

Espectro real feito de nós,
Da nossa saudade e ânsia,
Que fala com oculta voz
Na alma, a distância;

E a nossa própria dor se torna
Uma vaga ânsia, um esperar vago,
Como a erma brisa que transtorna
Um ermo lago.

Não mente a alma ao coração.
Se Deus o deu, Deus nos amou.
Porque ele pode ser, Deus não
Nos desprezou.

Rei-nato, a sua realeza,
Por não podê-la herdar dos seus
Avós, com mística inteireza
A herdou de Deus;

E, por directa consonância
Com a divina intervenção,
Uma hora ergueu-nos alta a ânsia
De salvação.

Toldou-o a Sorte que o trouxera
Outra vez com nocturno véu.
Deus p'ra que no-lo deu, se era
Para o tornar seu?

Ah, tenhamos mais fé que a esperança!
Mais vivo que nós somos, fita
Do Abismo onde não há mudança
A terra aflita.

E se assim é; se, desde o Assombro
Aonde a Morte as vidas leva,
Vê esta pátria, escombro a escombro,
Cair na treva;

Se algum poder do que tivera
Sua alma, que não vemos, tem,
De longe ou perto – por que espera?
Por que não vem?

Em nova forma ou novo alento,
Que alheio pulso ou alma tome,
Regresse como um pensamento,
Alma de um nome!

Regresse sem que a gente o veja,
Regresse só que a gente o sinta –
Impulso, luz, visão que reja
E a alma pressinta!

E qualquer gládio adormecido,
Servo do oculto impulso, acorde,
E um novo herói se sinta erguido
Porque o recorde!

Governa o servo e o jogral.
O que íamos a ser morreu.
Não teve aurora a matinal
Estrela do céu.

Vivemos só de recordar.
Na nossa alma entristecida
Há um som de reza a invocar
A morta vida;

E um místico vislumbre chama
O que, no plaino trespassado,
Vive ainda em nós, longínqua chama –
O DESEJADO.

Sim, só há a esperança, como aquela
– E quem sabe se a mesma? – quando
Se foi de Aviz a última estrela
No campo infando.

Novo Alcácer-Quibir na noite!
Novo castigo e mal do Fado!
Por que pecado novo o açoite
Assim é dado?

Só resta a fé, que a sua memória
Nos nossos corações gravou,
Que Deus não dá paga ilusória
A quem amou.

Flor alta do paul da grei,
Antemanhã da Redenção,
Nele uma hora encarnou el-rei
Dom Sebastião.

O sopro de ânsia que nos leva
A querer ser o que já fomos,
E em nós vem como em uma treva,
Em vãos assomos,

Bater à porta ao nosso gesto,
Fazer apelo ao nosso braço,
Lembrar ao sangue nosso o doesto
E o vil cansaço,

Nele um momento clareou,
A noite antiga se seguiu,
Mas que segredo é que ficou
No escuro frio?

Que memória, que luz passada
Projecta, sombra, no futuro,
Dá na alma? Que longínqua espada
Brilha no escuro?

Que nova luz virá raiar
Da noite em que jazemos vis?
Ó sombra amada, vem tornar
A ânsia feliz.

Quem quer que sejas, lá no abismo
Onde a morte a vida conduz,
Sê para nós um misticismo
A vaga luz

Com que a noite erma inda vazia
No frio alvor da antemanhã
Sente, da esperança que há no dia,
Que não é vã.

E amanhã, quando houver a Hora,
Sendo Deus pago, Deus dirá
Nova palavra redentora
Ao mal que há.

E um novo verbo ocidental
Encarnado em heroísmo e glória,
Traga por seu broquel real
Tua memória!

Precursor do que não sabemos,
Passado de um futuro a abrir
No assombro de portais extremos
Por descobrir.

Sê estrada, gládio, fé, fanal,
Pendão de glória em glória erguido!
Tornas possível Portugal
Por teres sido!

Não era extinta a antiga chama
Se tu e o amor puderam ser.
Entre clarins te a glória aclama,
Morto a vencer!

E, porque foste, confiando
Em QUEM SERÁ porque tu foste,
Ergamos a alma, e com o infando
Sorrindo arroste,

Até que Deus o laço solte
Que prende à terra a asa que somos,
E a curva novamente volte
Ao que já fomos,

E no ar de bruma que estremece
(Clarim longínquo matinal!)
O DESEJADO enfim regresse
A Portugal!

Jornal *Acção*, de 27 de Fevereiro de 1920

695

António de Oliveira Salazar.
Três nomes em sequência regular...
António é António.
Oliveira é uma árvore.

Salazar é só apelido.
Até aí está bem.
O que não faz sentido
É o sentido que tudo isto tem.[1]

29-3-1935

696

Este Senhor Salazar
É feito de sal e azar.
Se um dia chove,
A água dissolve
O sal,

E sob o céu
Fica só o azar, é natural.

Oh, c'os diabos!
Parece que já choveu...

29-3-1935

697

Coitadinho
Do tiraninho!
Não bebe vinho,
Nem sequer sozinho...

Bebe a verdade
E a liberdade,
E com tal agrado
Que já começam
A escassear no mercado.

---

1 É o primeiro de um tríptico contra Salazar, que nitidamente Pessoa encarou publicar, ou divulgar em panfletos a distribuir (assim existem no Espólio), com a assinatura. No final do terceiro, «Um sonhador nostálgico do abatimento e da decadência» – referência a uma expressão usada por Salazar na distribuição dos prémios da SPN (posteriormente SNI), em 21 de Fevereiro de 1935, em que a obra *Mensagem* foi premiada.

Coitadinho
Do tiraninho!
O meu vizinho
Está na Guiné,
E o meu padrinho
No Limoeiro
Aqui ao pé,
E ninguém sabe porquê.

Mas, enfim, é
Certo e certeiro
Que isto consola
E nos dá fé:
Que o coitadinho
Do tiraninho
Não bebe vinho,
Nem até
Café.

[29-3-1935]

698

Mata os piolhos maiores
Essa droga que tu dizes.
Mas inda há bichos piores.
Vê lá se arranjas veneno
(Ou grande ou médio e pequeno)
Para matar directrizes.

4-4-1935

699

Vai p'ra o seminário
Vai
O vento é contrário
Vai des-can-sar.

Já fizeste contas
Até que as tresleste.
Vê lá se me encontras
Do lado de leste.

[1935]

700

À Emissora Nacional

Para a gente se entreter
E não haver mais chatice
Queiram dar-nos o prazer
De umas vezes nos dizer
O que Salazar não disse.

Transmitem a toda a hora,
Nas entrelinhas das danças,
«Salazar disse» (Emissora)
E aí vem essa senhora
A Estada Nova com tranças.

Sim, talvez seja o melhor,
Porque estes homens do estado
Quando falam, é o pior,
E então quando são do teor
Do *Salazar*[1] já citado!

[1935]

---

1 Variantes subpostas: «estadista» e «chatazar».

701

Solenemente
Carneirissimamente
Foi aprovado
Por toda a gente
Que é, um a um, animal,
Na assembleia nacional
Em projecto do José Cabral.

Está claro
Que isso tudo
É desse pulha austero e raro
Que, em virtude de muito estudo,
E de outras feias coisas mais
É hoje presidente do conselho,
Chefe de internormas animais,
E astro de um estado novo muito velho.

Que quadra
Isso com qualquer *espécie de graça?*[1]
Nada.
A Igreja *Católica*[2] ladra
E a Maçonaria passa.

E eles todos a pensar
Na vitória que os uniu
Neste nada que se viu,
Dizem, lá se conseguiu,
Para onde agora avançar?
Olhem, vão p'ra o Salazar
Que é a puta que os pariu.

[1935]

---

1 Variante sobreposta: «coisa que se faça?».

2 Variante sobreposta: «de Roma».

702

O Rei reside em segredo
No governar da Nação,
Que é um realismo com medo
Chama-se nação ao Rei
E tudo isto é Rei-Nação.

A República pragmática
Que hoje temos já não é
A meretriz democrática.
Como deixou de ser pública
Agora é *somente*[1] Ré.[2]

[1935]

703

E o Salazar, artefacto
De um deus de régua e caneta,
Um materialão abstracto
Que crê que a ordem é alma
E que uma estrada a completa.[3]

[1935]

704

Salazar é mealheiro.
Raparigas vinde vê-lo.
Por fora barro vidrado,
Por dentro coiro e cabelo.

[1935]

1 Variante sobreposta: «apenas».

2 Só aproveitei uma estrofe de uma série de esboços ainda informes, por alinhavar, de sátiras a Salazar e ao Estado Novo.

3 Seguem-se esboços de estrofes não concluídas. «Não há poesia nele»; «Ai, nosso Sidónio Pais, / Tu é que eras português!»; «Um materialão abstracto, / Vive na orgia do exacto»; «Manda o país penhorado / Por uma estrada melhor.».

705

Sim, é o Estado Novo, e o povo
Ouviu, leu e assentiu.
Sim, isto é um Estado Novo,
Pois é um estado de coisas
Que nunca antes se viu.

Em tudo paira a alegria,
E, de tão íntima que é,
Como Deus na teologia
Ela existe em toda a parte
E em parte alguma se vê.

Há estradas, e a grande Estrada
Que a tradição ao porvir
Liga, branca e orçamentada,
E vai de onde ninguém parte
Para onde ninguém quer ir.

Há portos, e o porto-maca
Onde vem doente o cais.
Sim, mas nunca ali atraca
O paquete *Portugal*
Pois tem calado de mais.

Há esquadra... Só um tolo o cala,
Que a inteligência, propícia
A achar, sabe que, se fala,
Desde logo encontra a esquadra:
É uma esquadra de polícia.

Visão grande! Ódio à minúscula!
Nem para prová-la tal
Tem alguém que ficar triste:
União Nacional existe,
Mas não união nacional.

E o Império? Vasto caminho
Onde os que o poder despeja
Conduzirão com carinho
A civilização cristã,
Que ninguém sabe o que seja.

Com «directrizes» à arte
Reata-se a tradição,
E junta-se Apolo e Marte
No Teatro Nacional,
Que é onde era a Inquisição.

E a fé dos nossos maiores?
Forma-a, impoluta, o consórcio
Entre os padres e os doutores.
Casados o Erro e a *Fraude,*[1]
Já não pode haver divórcio.

Que a fé seja sempre viva,
Porque a esp'rança não é vã!
A fome corporativa
É derrotismo. Alegria!
Hoje o almoço é amanhã.

[1935]

706

Dizem que o Jardim Zoológico
Tem sido mais concorrido
Por prolongada assistência
Atenta a cada animal.
Mas isso que é senão lógico
Se acabou
A concorrência
Porque fechou
A Assembleia Nacional?

18-8-1935

1 Variante a seguir, entre parênteses: «Asneira».

707

Poema de amor em Estado Novo

Tens o olhar misterioso
Com um jeito nevoento,
Indeciso, duvidoso,
Minha Maria Francisca,
Meu amor, meu orçamento!

A tua face de rosa
Tem o colorido esquivo
De uma nota oficiosa.
Quem dera ter-te em meus braços,
Ó meu saldo positivo!

E o teu cabelo – não choro
Seu regresso ao natural –
Abandona o *padrão-ouro,*[1]
Amor, pomba, estrada, porta,
Sindicato nacional!

Não sei porque me desprezas.
Fita-me mais um instante,
Lindo corte nas despesas,
Adorada abolição
Da dívida flutuante!

Com que madrigais mostrar-te
Este amor que é chama viva?
Ouve, escuta: vou chamar-te
Assembleia Nacional,
Câmara Corporativa.

Como te amo, como, como,
Meu Acto Colonial!
De amar já quase não como,

---

1 Variante sobreposta: «estalão[-ouro],».

Meu Estatuto do Trabalho,
Meu Banco de Portugal!

Meu crédito no estrangeiro!
Meu encaixe-ouro adorado!
Serei sempre o teu *romeiro*...[1]
Pousa a cabeça em meu ombro,
Ó meu Conselho de Estado!

Ó minha corporativa,
Minha lei de Estado Novo,
Não me sejas mais esquiva!
Meu coração quer guarida
Ó linda Casa do Povo!

União nacional querida,
Teus olhos enchem de mágoa
A sombra da minha vida
Que passa como uma esquadra
Sobre a energia da água.

Que aristocrático ri
O teu cabelo em cifrões –
Finanças em *mise-en-plis!*
Meu altivo plebiscito,
Nunca desceste a eleições!

Por isso nunca me escolhes
E a minha esperança é vã.
Nem sequer por dó me acolhes,
Minha imperialmente linda
Civilização cristã!

....

Bem sei: por estes meus modos
Nunca me podes amar.
Olha, desculpa-mos todos.
Estou seguindo as directrizes
Do Professor Salazar.[2]

8/9-11-1935

1 Palavra dubitada.
2 No final do poema, lê-se a nota seguinte: «O demo-liberalismo maçónico-comunista».

708

Fado da censura

Neste campo da Política[1]
Onde a Guarda nos mantém,
Falo, responde a Censura;
Olho, mas não vejo bem.

...

Há um campo lamacento
Onde se dá bem o gado;
Mas, no ar mais elevado,
Na altura do pensamento,
Paira certo pó cinzento,
Um pó que se chama Crítica.
A Ideia fica raquítica
Só de sempre o respirar.
Por isso é tão mau o ar
Neste campo da Política.

Às vezes, nesta planura,
Se o vento sopra do Norte,
O pó torna-se mais forte,
E chama-se então Censura.
É um pó de mais grossura,
Sente-se já muito bem,
E a Ideia, batida, tem
Uma impressão de pancada,
Como a que dão numa esquadra
Onde a Guarda nos mantém.

O pó parece que chove,
Paira em todos os sentidos,
Enche bocas e ouvidos,
Já ninguém fala nem ouve.
Se a minha boca se move,

1 No alto da página, há a indicação «*Cantiga do "Bristol"*» – nome do Clube Bristol, nas Portas de Santo Antão, local de encontro dos modernistas, para o qual Almada fez um painel.

Logo à primeira abertura
A enche esta areia escura.
Só trago e me oiço tragar.
É uma conversa a calar.
Falo, responde a Censura.

Vem então qualquer vizinho,
Dos que podem abrir boca;
No braço, irado, me toca,
E diz, «Não vê o caminho?
O seu dever comezinho
De patriota aí tem.
Vê o caminho e não vem?!»
Para isso, bolas aos molhos!
Se este pó me entrou prós olhos,
Olho, mas não vejo bem.

[1935]

709

Odiosamente

Imortais todos nós? E
Que coisas não vêm de aí?
Santo Deus, então lá em cima
Ainda há Magalhães Lima!

710

AO CABO DA BOA ESPERANÇA

[I]

Três vezes te fitei... Primeiro vi
Teu corpo negro, era eu inda criança...
Na face fresca a súbita mudança[1]
Antes que n'alma □ senti...

Em que oração do sangue estremeci?
Que alma inconsciente, a Raça em mim, esp'rança
Entristecida não sei por que usança
De dor, me deu □

Mais duas vezes eu te vi, e, mudo,
Tornado olhar não de mim, mas daquilo
Que em mim há, e, antigo, ousado e rudo
Pela primeira vez te vira, viu
E relembra! e orei, ébrio e tranquilo,
Ao Deus Lusíada que em mim surgiu...

[II]

Mil vezes te relembro em mim, ó Vulto,
Sereno e negro, além do □ mar,
Mil vezes eu me perco a relembrar
E choro com um choro antigo e oculto.

Dentro em meu ser, □ sepulto
Há inda □ do primeiro olhar
Que tocou ao teu corpo a negrejar
E te prestou ousado e agreste culto...

---

1 Verso dubitado.

Lusíada de pedra! Padrão posto
Por Deus *por*[1] nós, de toda a eternidade,
Destino nosso em Natureza exposto!

Altar da Raça! Outra raça te tenha,
Teu símbolo por Deus é-lhes fechado
É-lhes mudo[2] o mar □ que te conhece!

[III]

Foi quem te descobriu que te criou,
É desde então que tens uma alma, e és deus...
Por quem Adamastor □

Criou-te Deus ao Longe, pois fadou
Que à Sua Raça, ao povo que conseguiu Seu
Pela Desgraça e *pela*[3] Glória, □ deu
O Longe, o Além, o Onde-ninguém-chegou,

Por alma de sua alma, a Saudade
Por corpo espiritual, e a eterna dor
Da eterna Alegria □
Até que a Alma da Raça, alma de monge,
Subiu a Ele, o Além, o Em-Redor,
O Absoluto Longe, o de si-próprio Longe!

[IV]

Quem Deus escolhe, nunca fez *felizes*...[4]
Eu acredito... E esse mistério de ascensão
Ante meu ser tornado Alma e Visão
A minha Raça sobe... *Suas raízes*[5]
Mergulham, não □
Mas na Treva da Tua Imensidão
Aurora de Fogo! Queima-a a Tua mão
Sonhas, e Ele a liberta

1 Variante sobreposta: «p'ra».
2 Variante subposta: «Mudo de [.]».
3 Variante sobreposta: «Com».
4 Variante sobreposta: «ditosos».
5 Palavras dubitadas.

Eu te bendigo □
□ ó desgraça
Hóstia de Dor da nossa Eucaristia!
□ Cruz onde uma Raça
É eterna □ na agonia
E é a Altura, erguida acima da Alegria[1]

O D. Sebastião Real, Aquele
Que nunca foi e virá *até nós,*[2]
Almas erguidas para a vinda dele
Através de □ calma
Sensação espiritual nessa desgraça
Através do mistério de uma alma[3]

711

Sou o seu maior grito,
A sua comunhão carnal e breve
Com o Infinito
O Deus Lusíada incarnou em mim
O Futuro esculpiu-me em reprimi-lo
Em todas coisas que não têm fim
Couberam no meu espírito intranquilo
Infantes, Gamas, Albuquerques, Castros –
A minha voz é múltipla de os ter
Brilham todos em mim tornados astros
E eu sou o céu, excedo-os *para*[4] os conter...
Alheia-me da vida o orgulho meu
Despersonaliza-me num Precursor
Dum Novo Deus maior
Que o Deus cristão, novo Sol de outro céu.
E de tão alto ir minha ânsia alada
Já não sei se sou eu, se sou o mar
Se sou a minha Razão ou Deus, no eu cravada
A abstracta *ordem*[5] de Navegar.

Sou todo Fogo, Multiplicidade,
Na névoa da minha unidade.

---

1 Variante: «Vê, alto, além dos montes o Outro *Dia* [palavra dubitada]».
2 Palavras dubitadas.
3 Variante: «Pela madrugada da nossa alma.».
4 Variante sobreposta: «p'ra».
5 Variante sobreposta: «lei».

712

Elegia na sombra

Lenta, a raça esmorece, e a alegria
É como uma memória de outrem. Passa
Um vento frio na nossa nostalgia
E a nostalgia torna-se desgraça.

Pesa em nós o passado e o futuro.
Dorme em nós o presente. E a sonhar
A alma encontra sempre o mesmo muro,
E encontra o mesmo muro ao despertar.

Quem nos roubou a alma? Que bruxedo
De que magia incógnita e suprema
Nos enche as almas de dolência e medo
Nesta hora inútil, apagada e extrema?

Os heróis resplandecem a distância
Num passado impossível de se ver
Com os olhos da fé ou os da ânsia.
Lembramos névoa, sombras a esquecer.

Que crime outrora feito, que pecado
Nos impôs esta estéril provação
Que é indistintamente nosso fado
Como o *sentimos bem no*[1] coração?

Que vitória maligna conseguimos –
Em que guerra, com que armas, com que armada? –
Que assim o seu castigo irreal sentimos
Colado aos ossos desta carne errada?

Terra tão linda com heróis tão grandes,
Bom sol universal localizado
Pelo melhor calor que aqui expandes,
Calor suave e azul só a nós dado –

Tanta beleza dada e glória ida!
Tanta esperança que, depois da glória,

1 Variante sobreposta: «presente nosso».

Só conheceu que é fácil a descida
Das encostas anónimas da história!

Tanto, tanto! Que é feito de quem foi?
Ninguém volta? *No*[1] mundo subterrâneo
Onde a sombria luz por nula dói,
Pesando sobre onde já esteve o crânio,

Não restitui Plutão a sob o céu
Um herói ou o ânimo que o faz,
Como Eurídice dada à dor de Orfeu;
Ou restituiu, e olhámos para trás?

Nada. Nem fé nem lei, nem mar nem porto.
Só a prolixa estagnação das mágoas,
Como nas tardes baças, no mar morto,
A dolorosa solidão das águas.

Povo sem nexo, raça sem suporte,
Que, agitada, indecisa, nem repare
Em que é raça, e que aguarda a própria morte
Como a um comboio expresso que aqui pare.

Torvelinho de dúvidas, descrença
Da própria consciência de se a ter,
Nada há em nós que, firme e crente, vença
Nossa impossibilidade de querer.

Plagiários da sombra e do abandono,
Registramos, quietos e vazios,
Os sonhos que há antes que venha o sono
E o sono inútil que nos deixa frios.

Oh, que há-de ser de nós? Raça que foi
Como que um novo sol ocidental
Que houve por tipo o aventureiro e o herói
E outrora teve nome Portugal...

(Fala mais baixo! Deixa a tarde ser
Ao menos uma externa quietação
Que por ser fora faça menos doer
Nosso descompassado coração.

---

1 Variante sobreposta: «Do».

Fala mais baixo! Somos sem remédio,
Salvo se do ermo abismo onde Deus dorme
Nos venha despertar do nosso tédio
Qualquer obscuro sentimento informe.

Silêncio quase! Nada digas! Cala
A esperança vazia em que te acho,
Pátria. Que doença de teu ser se exala?
Tu nem sabes dormir. Fala mais baixo!)

Ó incerta manhã de nevoeiro
Em que o Rei morto vivo tornará
Ao povo ignóbil e o fará inteiro –
És qualquer coisa que Deus quer ou dá?

Quando é a tua Hora e o teu Exemplo?
Quando é que vens, do fundo do que é dado,
Cumprir teu rito, reabrir teu Templo
Vendando os olhos lúcidos do Fado?

Quando é que soa, no deserto de alma
Que Portugal é hoje, sem sentir,
Tua voz, como um balouçar de palma
Ao pé do oásis do que possa vir?

Quando é que esta tristeza desconforme
Verá, desfeita a tua cerração,
Surgir um vulto, no nevoeiro informe,
Que nos faça sentir o coração?

Quando? Estagnamos. A melancolia
Das horas sucessivas que a alma tem
Enche de tédio a noite, e chega o dia
E o tédio aumenta porque o dia vem.

Pátria, quem te feriu e envenenou?
Quem, com suave e maligno fingimento
Teu coração suposto sossegou
Com abundante e inútil alimento?

Quem fez que durmas mais do que dormias?
Quem fez que jazas mais que até aqui?
Aperto as tuas mãos: como estão frias!
Mãe do meu ser que te ama, que é de ti?

Vives, sim, vives porque não morreste...
Mas a vida que vives é um sono

Em que indistintamente o teu ser veste
Todos os sambenitos do abandono.

Dorme, ao menos, de vez. O Desejado
Talvez não seja mais que um sonho louco
De quem, por muito te ter, Pátria, amado,
Acha que todo o amor por ti é pouco.

Dorme, que eu durmo, só de te saber
Presa da inquietação que não tem nome
E nem revolta ou ânsia sabe ter
Nem da esperança sente sede ou fome.

Dorme, e a teus pés teus filhos, nós que o somos,
Colheremos, inúteis e cansados
O agasalho do amor que ainda pomos
Em ter teus pés gloriosos por amados.

Dorme, mãe Pátria, nula e postergada,
E se um sonho de esperança te surgir,
Não creias nele, porque tudo é nada,
E nunca vem aquilo que há-de vir.

Dorme, que a tarde é finda e a noite vem.
Dorme, que as pálpebras do mundo incerto
Baixam solenes, com a dor que têm,
Sobre o mortiço olhar inda desperto.

Dorme, que tudo cessa, e tu com tudo,
Quererias viver eternamente,
Ficção eterna ante este espaço mudo
Que é um vácuo azul? Dorme, que nada sente,

Nem paira mais no ar, que fora almo
Se não fora a nossa alma erma e vazia,
Que o nosso fado, vento frio e calmo
E a tarde de nós mesmos, *baça*[1] e fria –

Como – longínquo sopro altivo e humano! –
Essa tarde monótona e serena
Em que, ao morrer, o imperador romano
Disse: *Fui tudo, nada vale a pena.*[2]

2-6-1935

---

1 Variante sobreposta: «calma».

2 Exclamação atribuída ao imperador romano Severo: «Omnia fui, nihil expedit» [tudo fui, nada vale a pena], citada por Pessoa no final do poema.

713

Azul ou verde ou roxo, quando o sol
O doura falsamente de vermelho,
O mar é áspero, *casual*[1] ou mole,
É uma vez abismo e outra espelho.
Evoco porque sinto velho
O que em mim quereria mais que o mar
Já que nada ali há por desvendar.

Os grandes capitães e os marinheiros
Com que fizeram a navegação,
Jazem longínquos, lúgubres parceiros
Do nosso esquecimento e ingratidão.
Só o mar, às vezes, quando são
Grandes as ondas e é deveras mar
Parece incertamente recordar.

Mas sonho… O mar é água, é água nua,
Serva do obscuro ímpeto distante
Que, como a poesia vem da lua
E[2] uma vez o abata e outra o levante.
Mas, por mais que descanse
Sobre a ignorância natural do mar,
Pressinto-o, vagamente, a memorar.

Quem sabe o que é a alma? Quem conhece
Que alma há nas coisas que parecem mortas,
Quanto em terra ou nos mares nunca esquece.
Quem sabe se no espaço vácuo há portas?
Ó sonho, que me exortas
A meditar assim a voz do mar,
Ensina-me a saber-te meditar.

Capitães, contramestres – todos nautas
Da descoberta infiel de cada dia –
Acaso vos chamou de ignotas flautas
A vaga e impossível melodia.
Acaso o vosso ouvido ouvia
Qualquer coisa do mar sem ser o mar –
Sereias só de ouvir, *não ver e achar?*[3]

---

1 Palavra dubitada.

2 Variante sobreposta: «Que».

3 Variante sobreposta: «e não de achar.».

Quem, atrás de intérminos oceanos,
Vos chamou à distância, como quem
Soubesse que há nos corações humanos
Não só uma ânsia natural do bem,
Mas, mais vaga, mais subtil também,
Uma coisa que quer o som do mar
E o estar longe de tudo e não parar.

Se assim é, e se vós e o mar imenso
São[1] qualquer coisa, vós por o sentir
E o mar por o ser, disto que penso;
Se no fundo ignorado do existir
Há mais alma que a que pode vir
À tona vã de nós, como à do mar,
Fazei-me livre, enfim de o ignorar.

Dai-me uma alma transposta de argonauta,
Fazei que eu tenha, como o capitão
Ou o contramestre, ouvidos para a flauta
Que chama ao largo o nosso coração,
Fazei-me ouvir, como a um perdão,
Numa reminiscência de ensinar,
O antigo português *da voz do*[2] mar!

9-6-1935

714

Vibra, clarim, cuja voz diz
Que outrora ergueste o grito real
Por D. João, Mestre de Avis,
E Portugal!

Vibra, grita aquele hausto fundo
Com que impeliste, como um remo,
Em El-Rei D. João Segundo
O Império extremo!

1 Variante sobreposta: «Sois».
2 Variante subposta: «que fala o».

Vibra, sem lei ou com a lei,
Como aclamaste outrora em vão
O morto que hoje é vivo – El-Rei
D. Sebastião!

Vibra chamando, e aqui convoca
O inteiro exército fadado
Cuja extensão os pólos toca
Do mundo dado!

Aquele exército que é feito
Do quanto em Portugal é o mundo
E enche este mundo vasto e estreito
De ser profundo!

Para a obra que há que prometer
Ao nosso esforço alado em si,
Convoca todos sem saber
(É a Hora!) aqui!

Os que, soldados da alta glória,
Deram batalhas com um nome,
E de cuja alma a voz da história[1]
Tem sede e fome.

E os que, pequenos e mesquinhos,
No ver e crer da externa sorte,
Calçaram imperiais caminhos
Com vida e morte.

Sim, estes, os plebeus do Império,
Heróis sem ter para que o ser,
Chama-os aqui, ó som etéreo
Que vibra a arder!

E os que sonharam, *enlevados*[2]
No Outro Império que sorri
Além do mundo e os céus fechados,
Aqui! Aqui!

E, se o futuro é já presente
Na visão de quem sabe ver,
Convoca aqui eternamente
Os que hão-de ser!

---

1 Na margem direita, a palavra «hitherto», que significa «até aqui». Por baixo, a data, repetida na 12ª estrofe.

2 Palavra opcional.

Todos, todos! A hora passa,
O génio colhe-a quando vai.
Vibra! Forma outra e a mesma raça
Da que se esvai!

A todos, todos, feitos num
Que é Portugal, sem lei nem fim,
Convoca, e, erguendo-os um a um,
Vibra, clarim!

E outros, e outros, gente vária,
Oculta neste mundo misto.
Seu peito atrai, rubra e templária,
A Cruz de Cristo.

Glosam, secretos, altos motes,
Dados no idioma do Mistério –
Soldados não, mas sacerdotes,
Do Quinto Império.

Aqui! Aqui! Todos que são
O Portugal que é tudo em si,
Venham do abismo ou da ilusão,
Todos aqui!

Armada intérmina surgindo,
Sobre ondas de uma vida estranha,
Do que por haver ou do que é *findo*[1] –
É o mesmo: venha!

Vós não soubestes o que havia
No fundo incógnito da raça,
Nem como a Mão, que tudo guia,
Seus planos traça.

Mas um instinto involuntário,
Um ímpeto de Portugal,
Encheu vosso destino vário
De um dom fatal.

De um rasgo de ir além de tudo,
De passar para além de Deus,
E, abandonando o gládio e o escudo,
Galgar os céus.

---

1 Variante ao lado, entre parênteses: «vindo».

Titãs de Cristo! Cavaleiros
De uma cruzada além dos astros,
De que esses astros, aos milheiros,
São só os rastros.

Vibra, estandarte feito som,
No ar do mundo que há-de ser.
Nada pequeno é justo e bom.
Vibra a vencer!

Transcende a Grécia e a sua história
Que em nosso sangue continua!
Deixa atrás Roma e a sua glória
E a Igreja sua!

Depois transcende esse furor
E a todos chama ao mundo visto,
Hereges por um Deus maior
E um novo Cristo!

Vinde aqui todos os que sois,
Sabendo-o bem, sabendo-o mal,
Poetas, ou santos, ou heróis
De Portugal.

Não foi p'ra servos que nascemos
Da Grécia ou Roma ou de ninguém.
Tudo negámos e esquecemos:
Fomos para além.

Vibra, clarim, mais alto! Vibra!
Grita a nossa ânsia já *ciente,*[1]
Que o seu inteiro voo libra
De poente a oriente!

Vibra, clarim! A todos chama!
Vibra! E tu mesmo, voz a arder,
O Portugal de Deus proclama
Com o fazer!

O Portugal feito Universo,
Que reúne, sob amplos céus,
O corpo anónimo e disperso
De Osíris, Deus.

---

1 Variante ao lado, entre parênteses: «inconsciente».

O Portugal que se levanta
Do fundo surdo do Destino,
E, como a Grécia, obscuro canta
Baco divino.

Aquele inteiro Portugal,
Que, universal perante a *luz,*[1]
Reza, ante a Cruz universal,
Ao Deus Jesus.

21-3-1934

715

De leste a oeste comandámos,
Onde o sol vai, pisámos nós.
Ao luar de ignotos fins buscámos
A glória, inéditos e sós.
Hoje a derrota é a nossa vida
Doença o nosso sono brando.
Para quando é a nova lida,
Ó mãe Ibéria, para quando?

Dois[2] povos vêm da mesma raça
Da mãe comum *dois*[3] filhos nados,
Espanha, glória, orgulho e graça,
Portugal, a saudade e a espada,[4]
Mas hoje... clama no ermo insulso
Quem fomos por quem somos, chamando.
Para quando é o novo impulso,
Ó mãe Ibéria, para quando?

1 Variante ao lado, entre parênteses: «Luz».
2 Variante sobreposta: «Três».
3 Variante sobreposta: «três».
4 Acrescento subposto, para o caso de usar a variante «três povos»: «A Catalunha, o novo □».

Haikai

716

Haikai[1]

    Flutua na noite,
Vago fulgor indeciso,
    O que não será.

*

    Ninguém recupera.
Sarça de fogo, que imagem
    Te ilude, inútil?

*

    Aurora que me dão,
Dia que me darão um dia,
    Como vós sois o mesmo!

1 No alto da página, o poeta indica o esquema métrico do haikai, de origem japonesa, de que apresenta seguidamente cinco tentativas, tendo levado a bom termo apenas três.

Eco de antigos ismos

717

Ó naus felizes, que do mar vago
volveis enfim ao silêncio do porto
depois de tanto nocturno mal –
Meu coração é um morto lago,
e à margem triste do lago morto
sonha um castelo medieval...

E nesse, onde sonha, castelo triste,
nem sabe saber a, de mãos formosas
sem gesto ou cor, triste castelã
que um porto além rumeroso existe,
donde as naus negras e silenciosas
se partem quando é no mar manhã...

Nem sequer sabe que há o, onde sonha,
castelo triste... Seu espírito monge
para nada externo é perto e real...
E enquanto ela assim se esquece, tristonha
regressam, velas no mar ao longe,
as naus ao porto medieval...

718

OUTRAS PAISAGENS

1.

Luar sobre as Ilhas Impossíveis

Grandes arcos vagos e mudos
De metade de uma ponte...
Brilho de prata baça de metade dos escudos
De grandes hostes num eterno e parado
Vulto de marcha desde um horizonte,
Ouvido e não avistado...

Grandes naus com um lado só de real
No ar desigual
Que lhes é mar e rota...
Florestas entrando pelo palácio dentro...
Graves piscinas silenciosas ao centro
Da sala donde o trono foi tirado...

Escadaria para timbres de brasões
Só de pratas com leões a quê...
Metade dos arcos da ponte
Para nós de defronte
Dos halos pálidos dos histriões
Cujo desfile em si o paralítico vê...[1]

---

1 Aparentemente uma passagem de um dos poemas do estilo a que Pessoa chamou «Paúlico», à roda de 1913.

719

No parque da rainha louca[1]

O enigma *na*[2] sua boca –
Ninguém o leu ainda.
E o que a faz triste e louca
É o mesmo que a faz linda...

Louca, loura, leal
Ao seu sonho secreto,
Com seu ar outonal
E o seu vestido preto...

Príncipe morto, esfinge
Que o pensamento tem –
É esta a dor que a aflige?
Não o sabe ninguém.

Se alguém a espreita nas áleas
Vê-a sorrir sem ver,
Desfolha a sonhar as dálias,
Rainha e não mulher.

As torres do seu passado
Têm as portas fechadas.
O seu mistério é sagrado,
Partidas as espadas.

O anjo da sua capela
Conhece quem ela ama.
A brisa passa por ela,
Mas ela não a chama.

Dói-me quem ela é,
Mas ela não é ninguém.

---

1 Pessoa colocou, por baixo do título, uma série de pontinhos parecendo indicar que tencionava acrescentar uma primeira estrofe. Fez o mesmo a seguir à primeira estrofe.

2 Variante sobreposta: «da».

A sua boca não tem fé
Na própria fé que tem.

Louca, loura, leal
Ao que não quer dizer,
Passa no parque outonal,
Louca, mas não mulher.

E o seu vulto que assombra
Pelo erro da sua calma
Perde-se pela sombra...
(O que é ela à minha alma?)[1]

720

Pauis II

Cisnes de Silêncio, as Horas têm meu tédio por lago...
Suas sombras que também são Entes peguei-lhes... Trago
No dedo, por anel, o Sol de um mundo outro que este...
Debruço-me do meu desapego a Agora... A cor que me veste
É um roxo de más-ideias, pesadelos imperiais...
Ali rasto de poeira aérea, *anseio*[2] de horas irreais...

721

Junto às sombras que o parque alastra,
Passa, ruído informe dos
Tambores de concursos nus
Mágoa pisada da pilastra,
Envereda por alabastros,
Carpe sombras nos tanques mortos,
E o tédio anónimo dos portos
Acende-se na água com os astros.

---

1 A última estrofe encontra-se num outro testemunho (65-75), precedida pelo título «No parque da Rainha Louca», abreviado, seguido pela palavra «fim». O conjunto de poemas com este título é destinado, em alguns projetos (48C-34, por exemplo), ao futuro livro «*Itinerário*».

2 Variante sobreposta: «anseia».

722

Agamémnon

Súbito, na alta noite, em sua tenda
O Rei dos reis acorda em sobressalto,
E espalha em torno o ignorante olhar.
Ergue-se, tenso, no silêncio alto,
O vulto seu, com o que na contenda
Porte dos outros o soe destacar.

Que hálito escuro de ignorado horror
O chamou a acordar? No frio torpor
Da noite nada se ergue e nada fala.
Na vaga tenda a incerta sombra cala.

Que mão de espírito ou emissário nume,
Ou próprio Deus, como a uma lança o ergueu
Do chão e pôs de pé antes que o seu
Espírito perceba porque a altura assume?

Olha em volta, descrendo, e eis de repente
Que, inda que dentro da indecisa tenda,
Sem lugar e sem forma ignoto ente,
Sombra, hálito do abismo, sopro insciente
Se ergue, e os olhos do Rei sentem ter venda.
Porque nenhuma forma ou lugar certo
Cabem ao estranho vulto indescoberto
Que sem presença está ali presente.

Fitando-o, (se é *que*[1] pode haver fitar
Onde os olhos só olham para achar
Que o que vêem não pode ser olhado),
O Rei, consigo próprio meio irado
Do que o ousado espírito lhe falece,
A ele, que é sempre o peito posto à frente,
Um novo coração bater-lhe sente
E que a contracta pele lhe arrefece.

---

1 Palavra acrescentada.

Porque o que surge do nocturno assombro
E com o incerto vulto desmedido
Lhe parece tomar de frio o ombro
E soar como gelo em seu ouvido,
Não é ente que os olhos hajam visto,
Nem deus que olhos melhores hajam tido
Por momentâneo
Sombra sem forma,
Ou gélido hálito do Orco fundo,
Ou Demogorgon, a cujo atro nome,
De horror sem forma a alma se consome
E os alicerces tremem do amplo mundo.

Então, antes que o Rei decifre em si
O mistério do que é
Oculta voz, que mais ao espírito fala
E ao sentido de ouvir, que ao próprio ouvido,
No ar morto, que não toca nenhum ruído,
Fala, e, falando, cala.

723

O último cisne

Onde estão as velas prateadas das caravelas mínimas?
Daquelas onde partiam os elfos e as fadas para um país onde nunca chegavam?
E que do cais do tamanho de pequenas pedras, com brancos lenços nos
[acenando, deixavam mais saudades que a estatura das nossas idas?
Agora há só o último cisne.
Apenas o último cisne.

Quem te disse que à beira de um mar e não à beira ervosa deste lago vário,
Que se estreita e se abre mais longe em outras espécies de lagos,
Havia melhores despedidas vitrais de outros tempos com mais olhos que de
[visitantes de acaso?
Senão apenas, ele e o seu reflexo e a sua sombra, numa só presença que
[desliza, pórticos sobre afastamentos,
Penumbras em cercas rendadas com poentes cálidos, sedas violetas nos ares,

Cavernas em costas desertas, pontes velhas para aldeias deixadas, sobre
[regatos ágeis,
Pálidas como a cor branca, na tarde velha, da passagem do último cisne.
Aldeias perdidas já para viagens e nos mapas nada...
Balaústres *para*[1] países longínquos de [.],
Nos mares cor de ardentes viagens.

Não dobram a finados senão haver angústias de estagnação nos tanques,
Nem outros tempos que bruma hoje têm arcos de silêncio por Índias
Que, arcos d'ouro, brilhava em flores púrpuras a alma da ida,
Da ida solene e lenta até aos lagos interiores
Dos outros cisnes.
Agora há só o último cisne.

Porque rainhas afastadas inexistentemente morreram, essas eram sem
[dúvida oblíquas,
E obeliscos em praças de Bizâncios ao poente *Cleópatras*[2] para *Antónios*[3] em silêncio.
Treme a vela na barca que já não vejo que levou os elfos,
Que levou os elfos e as fadas para o seu destino de silêncio
E só deixou, como a ser alma aos lagos, tanques agora em pordentros,
Ele e o seu reflexo e a sua sombra uma coisa só
(Ó claustros de conventos pagãos!) o último cisne.

Mas entre orquestras de melhores sonhos que na hora
Ruíram, espectrais, desiguais em mãos alheadas de dar-se
Longe, os barcos dos elfos e as fadas morreram nas planícies
Que há além mar, elas que partiram só p'los lagos,
Pelos lagos com mais lagos interiores e outras coisas que no espaço
Além, ó pálida princesa à janela eternamente
Como um quadro de princesa eternamente à janela.
E os seus sonhos *são*[4] o último cisne.
Ó hora bizantina!
Arquitectura de impressões inúteis!
Plintos de sensações de paúis!
Arquitraves de ver longes lagos!
Colunatas de espiar rios correr por detrás de árvores!
E belvederes de saber que há paisagens cheias de luar!

---

1 Variante sobreposta: «sobre».
2 Variante sobreposta: «Antónios».
3 Variante sobreposta: «Adrianos».
4 Optativo.

O último cisne de loiça oca, bóia
Barco deixado no lago grande pequenino
Ao fundo da quinta;
No lago mera série de poças de água na erva, ligadas.
Esses os lagos meras séries que se estreitam e se alargam
E onde vem o último cisne.

Quando, enfim na paisagem, pequenina nas coisas,
Poças no quintal lagoas para nada,
Malmequeres
Folhas caídas na água pondo curvas boiando,
Cada minúcia da pequena costa do lago pequeno é uma baía para as fadas,
Que em pensamento vieram, em cortejo unidas à despedida
Dos últimos elfos...
Com bordados-malmequeres e miosótis nos ombros.

Mas para onde se foram os elfos e as fadas, e os gnomos para onde?
Agora há só o último cisne?
Quem real? Nós para quem as poças d'água pequenas
Ou quem para quem poças de água pequenas grandes e grandes grandes mares?

Bóia para longe – perto só aos olhos nossos –
O último último cisne.

Secaram as fontes nas quintas.
Mirraram o jeito que tinham os poentes sobre os montes.
Dormem nas encostas as sombras outrora sombrias.
Pálidas foram-se, febris e frias, esguias as horas dos dias.
E agora há só o último cisne.

Alamedas sim para palácios desertos as pontes que não há nos rios.
Rios sim para lagos estagnados sem rios que lá entrem os cisnes.
E orquestras a ouro e púrpura impura pelos balaústres
Sob os lustres as danças lúbricas nas salas triviais. As espadas.
Morreu a criança que com ele brincava e deixou-o no lago,
No lago para ela mera poça de água na mágoa do fundo da quinta.
Mas ele a boiar fora de o verem e
É definitivamente o último cisne.

Sem dúvida que no paraíso ele é o último cisne
Que a criança ora nada para mais horas que vida,
Põe eternamente no terno lago esse realmente pequeníssimo e grande
– Nada impossível para Deus e os céus tão azuis e pela hora fora
Pela terna hora eterna fora o último cisne.

724

Nos funerais de ouvir vozes de água e achá-las belas
Levaram turbas, pontes sobre angústias frias,
Os sossegos que os tédios mandam como caravelas,
À procura de outonos para primaveras de elegias.

Nos claustros os navios que lá não estão embandeiram
Em arco... Houve música a bordo quando o navio deixou o cais...
Dia de chuva vinda das janelas do silêncio... Param
E crepúsculos sobre dissidências em não te querer ver mais.

725

Sem nexo quereria as opalas e as tardes.
Por silêncio que seja as esfinges onde ardes
Só por acaso o atraso alado sonolesce
No ar alvar do luar onde a alma arrefece.
Se por encontros já destinados a estranhos
Teu nome soletrado entre vagos tamanhos
De árvores, plantas, céu conduzindo a matizes
Educados à flor de análogos países,
Porque, violino velho, antiga lenda, o lar
Perdido e o pó desola as toalhas do altar,
E, nexo tonto posto encosto ao frio novo,
A luxúria do rei nasce no olhar do Povo,
E a revolta, brandindo a coma dos archotes
Vai acordar a sombra agachada nos botes,
E enquanto os tanques longe, entre ramagens dão
O seu murmúrio friorento à escuridão,
No teu pátio de ser, extasiado em ter-te
A hora do luar acorda para ver-te,
E sempre leve, lunar sempre, alga por vezes
A rota segue ignota entre os guizos e os meses
Ora avisando abismos, ora desviando
Seu olhar de ficar entre o sussurro brando
Que século-dezoito as almas entreflui
E novamente o luar no luar se dilui,
Para cegamente e entregue aos poentes mortos

Não haja mais visão das adagas, dos portos,
Das margens outra-vez entregues às passagens
No choro que comove as riquezas das margens...
Tal o vulto que passa entre os renques dos buxos
Tal são sorriso igual confiado aos repuxos,
Ciciado no ar, vago nos arvoredos...

E a noite pára como um lago entre rochedos.

15-6-1915

726

Em dias leves, sonolentos,[1]
Por violentos e esbatidos
(Carícias as antigas) ventos
Contra portões adormecidos,
Perdidos gritos, sim, gemidos
Dos meros ecos friorentos.

E em congruência com a esfinge
Que de cansaço e de demora,
Sombra de abraço agora, tinge
A cor de dor fora da Hora,
Ergue olhos d'ódios, pára e chora
E o seu pranto meu espanto atinge.

Nexos sangrentos por opalas
Que um tédio-névoa em nós seduz
No eco vão das tuas falas[2]
E tudo se reduz a luz.
Puseram teu nome na[3] cruz
Pelo incenso que nele exalas.

15-6-1915

---

1 Pessoa dactilografou este poema e o anterior [57A-21], na mesma máquina e na mesma data, respectivamente, em duas metades de um impresso para telegrama. O número «2», colocado no alto da página 20ʳ, torna admissível que este poema, tematicamente próximo do anterior embora de estrutura formal diferente, seja a sua continuação ou de um outro da mesma série.

2 Variante subposta, entre parênteses: «Elas erram, vagas, nas salas».

3 Variante sobreposta: «Fizeram teu gesto em».

Circunstanciais

727

Comandante, envio junto[1]
Para os Bombeiros de Faro,
Um carro, à falta de assunto,
Que um assunto é sempre caro.
(Pronto-socorro não é,
Mas pronto está, como vê.)

É leve e longo, e o pessoal
É firme e disciplinado,
Nem há pane ou susto tal
Que o tire de estar sentado.
(P'ra andar, meta-o na algibeira
E ande com ele: é a maneira.)

Convém advertir também,
E faço-o sem mais demora,
A vantagem que ele tem
P'ra tempos como os de agora:
Não tem consumo ou dispêndio.
(Não o use em casos de incêndio.)

O BOMBEIRO X

1 O poema destina-se a acompanhar um brinquedo oferecido a um menino, talvez da família. Faz contudo referência aos «Bombeiros de Faro», o que parece indicar que a criança é dessa cidade.

728

O meu horóscopo indica
(Nota: não é casamento)
Que à direita de mim fica
Um constante pensamento

Que na distância se perde
E que quando volta a si
É só isto: *kerman verde*...
(Aqui a Constança ri

Mas não tem nada que rir,
Porque, fazia-a noutro momento,
Kerman verde pode vir
Mas não kerman a casamento)

729

Há-de o mar morrer na praia,
Exaustas suas[1] marés,
Antes que o Tavares[2] saia
Da cama, e saia de vez.

E se após eras inteiras
Volver a onda que brama,
Suas palavras primeiras
Serão: – «Ainda na cama?!»

(Do Cancioneiro de El-Rei D. Dinis)

8-12-1908

1 Variante sobreposta: «Ficando sem vãs».

2 Sátira a algum dorminhoco seu conhecido...

730

Soneto (aos anos do Miguel)

Eu quisera mandar brilhante saudação
Ao meu primo Miguel, ao primo pequenino,
Em rima suave e pura, em verso alexandrino
Que formasse talvez angelical canção.

Mas é de mais p'ra mim, não está na minha mão,
À lira divinal tirar um som divino;
A rima está quebrada, o verso não é fino,
Mas, aceita-o, Miguel, pois é do coração.

Terminemos enfim; diz o antigo ditado
Que quem dá o que tem não é a mais obrigado
E eu nada mais te dou que um pálido esboceto

Do que em verso melhor quisera descrever.
É tão forte o que sinto, o que quero dizer,
Que o não posso exprimir neste pobre soneto...[1]

1 Este poema, que coabita na mesma página com a personalidade literária Dr. Pancrácio, criada em Portugal quando Pessoa aí passou um ano com a família materna (1901-1902), é seguramente desses primeiros tempos. Assinado por Fernando Pessôa e dedicado a um menino da família provavelmente dos Açores, quando aí passou uma semana, em 1902, já que não é do conhecimento da sobrinha Manuela Nogueira.

731

A alguém que já namora[1]

Eu sei de uns olhos castanhos,
(Por sinal que nunca choram);
E esses olhos lindos, tenho-os
Por olhos que já namoram...

Já! já! já! Que atrevimento!
Ainda não são de mulher,[2]
E já mostram sentimento
Já são p'ra mais do que ver...

Já mostram um coração
Nos seus brilhos mal escondidos;
E nem nos pedem perdão
De *serem*[3] tão atrevidos...

Os bebés, por este andar,
Dentro em pouco quando for
Altura de já falar
Principiarão por gritar,
Não Mamã, mas sim Amor.[4]

27-8-1910

1 Dedicado à irmã Henriqueta Madalena (1896-1992).
2 Vírgula opcional.
3 Variante sobreposta: «já ser».
4 Dois últimos versos dubitados.

732

Vai-te embora, Sol dos céus![1]
Os olhos da minha irmã
Foram criados por Deus
P'ra *substituir*[2] a manhã.

E se alguns acham mais bela
A noite, e mais cheia de alma,
Reparem[3] que os olhos dela
São da cor da noite calma.

Assim, manhãs na viveza
E noite na cor que têm,
Se os há iguais em beleza –
Inda os não usou ninguém.

ÍBIS

11-7-1920

1 Poema dedicado à irmã, Henriqueta Madalena (1896-1992), a quem todos chamavam Teca, assinado por Íbis, personalidade criada para brincar com os irmãos que o acompanhou pela vida, fora criado no namoro com Ofélia.

2 Variante subposta: «arreliar».

3 Variante sobreposta: «O certo é».

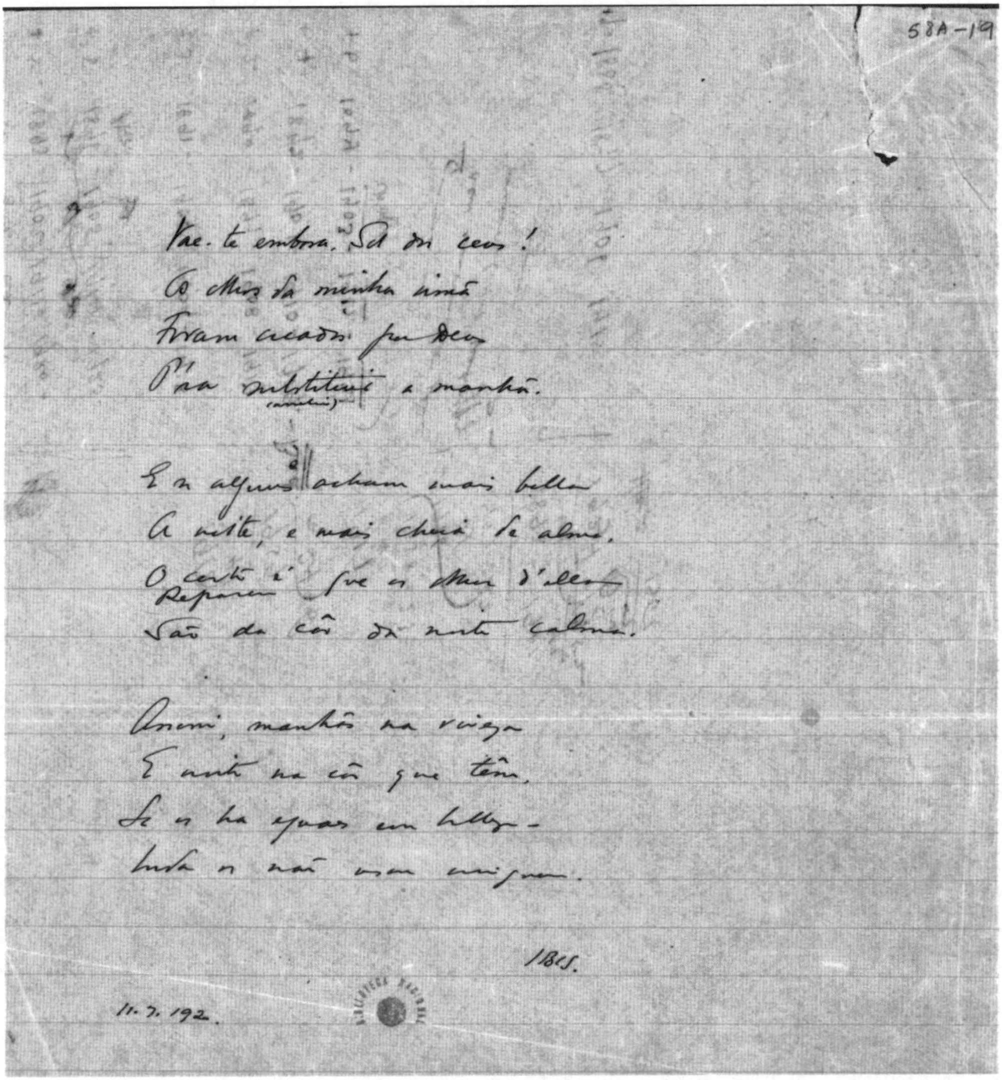

58A-19

Vae-te embora, Sol dos ceus!
Os olhos da minha irmã
Foram creados por Deus
P'ra substituir a manhã.

E se alguns acham mais bella
A noite, e mais cheia de alma,
O certo é que os olhos d'ella
São da côr da noite calma.

Assim, manhãs na viagem
E noite na côr que têm,
Se os ha iguaes em belleza —
Ainda os não usou ninguem.

IBIS.

11. 7. 192.

Figura 12. Fac-símile de um rascunho de «Vai-te embora, Sol dos céus», um dos inúmeros poemas assinados por essa máscara de infância que denominou Íbis e que toda a vida usou

733

Boca bonita, quantos
Beijos cabem a quem
Te fita por seu bem
E por seu mal te fita?
Quantos, boca bonita?

Só por fitar-te não
Mas é por te fitar
Até com o coração.

Se isto de assim te ver
Não merece beijos, esse
Fitar □ merece
Ao menos merecer

Se não merece beijos
Este fitar-te assim
Ao menos (ai de mim!)
Merece merecer.
Boca bonita, quer?

Quem *fitou*[1] ainda fita
E ainda eu que espere,
Quantos, boca bonita?[2]

23-10-1927

1 Variante sobreposta: «fitava».
2 Embora escrito dois anos antes de conhecer Ofélia, já parece inspirado pela mesma emoção.

«E ainda é uma grande coisa a ironia»

734

Quando Cristo, Rei da Lei,
Voltou ser, após os três
Dias que Deus deu ou fez,
Viu logo nascer do chão
Quem lhe roubasse o caixão
E disse: Já me enganei.
Adeus, vou morrer de vez!

[23-3-1930]

735

Se penso bem, creio haver
Cinco razões para beber,
Ou anis, ou brande, ou então

Ter sede, ou podê-la ter.[1]
Ou qualquer outra razão.[2]

1 Variante subposta. «Sede, ou poder vi-la a ter.»

2 Pessoa rascunhou um dos seus poemas com a estrutura rítmica dos rubayat.

736

Nescio quid meditans

Aqui, na Rua de S. Julião,
Uns vêm – outros vão.
Além, no Poço do Borratém,
Uns vão e outros vêm.
Nenhuns são o que são,
Nenhuns têm o que têm;
E afinal tudo é vão…
Mas, se tudo é vão, está bem.

7-10-1930

737

Já ouvi doze vezes dar a hora
No relógio que diz que é meio-dia
A toda a gente que aqui perto mora.
(O comentário é do Camões agora:)
«Triste o que espera! Triste o que confia!»
Como o nosso Camões, qualquer podia
Ter dito aquilo, até outrora.

E ainda é uma grande coisa a ironia.

8-3-1931

738

Veremos, sim, veremos,
Se uma segunda-feira,
De uma ou outra maneira,
Chegarei aos extremos

De às vezes aparecer,
De surgir e escrever.

Veremos, sim, veremos,
Mas, como tarde é,
Lembro que S. Tomé
Disse: «ver para crer»
Meu velho, sim, veremos.
E, portanto, até ver...

739

Epigramas fraternais

I

O Senhor Léon Daudet
Ao século dez enove
Chama estúpido... Porquê?
Por ter nascido um Daudet
No século dez enove?
Ora!, Embora isso dó dê,
Há-de haver sempre um Daudet...
A culpa d'isso não é
Do século dez enove...

II

O meu correligionário
Maurras,
Tão ilógico e sumário,
Torra as
Razões, e a Razão com mágoa
Morre às
Suas mãos... Ah, dêem-lhe água
Só raz!

740

Epigrama

Foi para a serra caçar
O velho doutor Vicente
Mas logo o foram chamar
Para vir ver um doente

Ao penetrar na mansarda
Grita-lhe o padre Zé Freitas
– «Você traz hoje espingarda?
Já não tem fé nas receitas.»[1]

1 O poema está assinado «Dr. Pancrácio». A seguir ao título, a indicação «Ined.», sugerindo que o poema ainda não fora publicado, provavelmente nos dois jornais manuscritos *A Palavra* e *O Palrador* em que, de facto, não aparece.

Afectos / Amor / «O Outro Amor»

741

[I] O outro amor

Com que fúria ergo a ideia dos meus braços
Para a ideia de ti! Com que ânsia bebo,
Os olhos pondo em teus sonhados traços,
Todo o fêmea em teu corpo de mancebo!

Teu hálito sonhado até cansaços
Como em meu vívido hálito recebo!
Ó carne que já sonho és tantos laços
Para mim! Deusa-Deus, Vénus-Efebo!

Ó dolorosamente só-sonhado!
Soubesse eu o feitio exterior e o jeito
Em gestos e palavras e perfeito

As palavras a dar a este pecado
De só pensar em ti, de ter o peito
Opresso em pensar-te entrelaçado![1]

22-4-1913

742

Amem outros a graça feminina[2]
Gozem sonhar seus lábios entre seios,

---

1 Estrofe dubitada. O autor integra o poema no conjunto «O outro amor – Morte de Antinoo / Sonetos».

2 Tudo indica que este poema pertence ao conjunto «O outro amor», que Pessoa associou ao poema, em inglês, «Antinous».

Outros e muitos... *que*[1] meus cantos, dei-os
À tua formosura peregrina...

Meu doce Apolo jovem... Ó divina
Flor adónica de ópios e de enleios
Ver-te é esquecer que há neste mundo anseios
Pela carne[2] □ *Vénus masculina.*[3]

Ninguém saberá nunca quem tu és...
Meu coração, óleo que unja teus pés –
Quem sabe se tu mesmo o sentirás?...

Que importa... E a vergonha e o mal que importa?
Quem me dera viver à tua porta
Inda que vendo o amor que a outrem dás!...

23-2-1914

743

Sei que desprezarias, não somente[4]
A mim, mas ainda mais o meu amor,
Se eu ousasse, numa hora
Dizer-te quem tu és p'ra a minha dor.

Levo comigo, inútil confidente
Do meu próprio martírio, □

Quantas vezes, falando com tuas falas,
Me esqueço delas de pensar em ti;
Olhas-me, estranhas, e, ofendido, calas.
E não sei explicar porque não te ouço.
Busco desculpas □
Mas a razão □ não posso.

----

1 Variante sobreposta: «eu».
2 Variante sobreposta: «Carnais ó».
3 Expressão dubitada.
4 O poeta tencionou escrever um livro sobre o fenómeno amoroso em que integraria, além do longo poema em inglês «Antinous» (sobre o amor homossexual), «Epithalamium», igualmente em inglês (sobre o amor heterossexual).

Sei que não és quem quero que tu sejas,
Sei que és como outros,
Vulgares bocas de mulheres beijas
E eu só o sonho vão da tua boca.

Nada de mim, salvo o amor vão, te toca
No corpo, e nem sequer não me desejas;
Pois tudo ignoras que há entre mim e a louca
Ideia que me faço de ti □

Ah, se soubesses com que mágoa eu uso
Este terror de amar-te, sem poder
Nem dizer-te que te amo, de confuso
De tão senti-lo, nem o amor perder.
Se soubesses com que ódio a não saber
Falar-te do que quero, a mim me escuso,

Se soubesses? E se o soubesses? Quê?
Que gesto teu p'ra mim melhoraria
Este mau-estar de mim comigo e o amor?

Sei eu ao certo, se pudesse ter-te
Que quereria ter-te? Se eu ousasse
O que sinto por ti um dia dizer-te,
E a tua surpresa amiga o aceitasse,
Sei eu sim, se não ficaria inerte
E sem que a outra ousadia me faltasse,
De, tendo a tua promessa, ir colher-te
Ao ramo que a tua □ aproximasse?
Que sei! que sei! há tanta gente em mim!
Tanto ímpeto perdido e contradito
Sou a meu próprio ser tão pouco afim
Que talvez a maior tortura fosse
Aceitares-me e eu ver-me, atado e aflito,
Incapaz do *último acto*[1] □

----

1 Variante entre parênteses: «gesto último».

Ah, como invejo, se te às vezes sonho,
Os sedutores □
Os que ousam, como os outros mais normais,
Dizer, propor, □

Que não sou belo sei; outros também
Desses não o são mais, e ousam falar
O amor que têm, e querem que lhes tenham.

Um dia, num acaso da conversa
Que houve entre nós, entre a tua mente e eu todo,
Falámos, já mal sei de que □ modo
Desta □
Do vício de Shakespeare □

E eu, que ansiava esse momento contigo,
Para um momento, levemente, aos poucos,
Dar a entender minh'alma sem perigo,
Porque talvez..., quem sabe... como sei?
Ah, fui traidor a mim
E com a voz sem mim só condenei.

No exílio para onde, sem querer
Nem o saber, me expulsas, e, onde vivo
Só da tua imagem, tenho mais sofrer
Que o verdadeiro exul
Ele, da pátria longe, □

Eu sou de ti exul perto de ti
Quando falo contigo amigamente,
Estamos inimigos. Se sorri
A tua boca vejo o seu sorriso
Que é para mim, mas não é meu □

Antínoo, Ganimedes, Batilo, ora
Um ora outro □

De ti me refugio com Antínoo
E a Ganimedes canto porque existes.

O amor é grande e fere quer procure
De homem ou mulher, mulher ou homem.

Anteros[1]! Cerca a tua campa antiga

Não sei que intimidade ter contigo.
Só sei aquela ter que não me basta.
Falo-te em voz igual e boa de amigo –
E ah! quanto co'a amizade o amor contrasta!
Dói-me a alma cada vez que o que te digo
Do que quero dizer-te se me afasta,
E se vou a dizê-lo, como a um perigo
Fujo, e a oculta □ em mim se arrasta.
Porque não fazes um gesto casual
Em tal dia, em tal hora, que eu possa
Ousar?

Põe, amor, sobre a fronte aquelas rosas
Que Catulo ou Horácio cantariam

Quê? Há-de ser só justo e natural
Cantar o amor que p'ra a mulher impele?
Que mal há, se é [que] na alma há bem ou mal,
Em cantar outro amor que não aquele?

Contigo nada ouso; calo, e fale
Por mim a escrita voz
Mas não tão pouco ouso que me cale
Comigo, e em escrita voz me não rebele.

Por que vício da mente hei eu vergonha
Em te cantar? Que influxo d'outrem vindo
Faz com que eu core a sós, quer me suponha
Amando-te ou dizendo-o, ou só sentindo?

Se te amo como a homem ou mulher?
Não sei; se eu o soubesse, não te amava.
O que é que de ti □ minh'alma quer?
Ou quereria □

5-7-1919

1 Na mitologia grega, o deus que personificava o amor retribuído.

744

[A decadência][1]

Tece, amor, as grinaldas com que queres
Coroar o amor que nem sabemos ter,
Com brancas mãos em lento movimento
De papoulas e pobres malmequeres...
Tece-as para que ao menos o momento
Em que as teces nos possa pertencer.

Se para coroar o amor as teces
Pensas no amor tecendo-as, e assim amas;
Se vendo-te, em ti vejo que o conheces
Amo contigo o amor em que tu pensas.
E um momento o amor queima as suas chamas
Na ara das nossas almas já pretensas.

Mas se a grinalda é feita, o amor cessou.
Se é preciso entre nós o gesto e o gozo
Nunca o pensado amor levanta o voo,
Nunca da nossa noite de sentir
Raiou o sol do acto, e o olhar cobiçou
Ora uma coisa real que *vá*[2] fruir.

No sonho do que nunca pode haver
Entre nós, porque há em nós o pensamento,
Gastamos o desejo sem o ter.
A taça cai do gesto mal seguro
Porque pensamos em beber, e o intento
Cansa o braço,[3] e é entornado *o néctar puro.*[4]

Viemos, meu amor, no fim da tarde.
O que há do sol é o que resta acima

---

1 No canto superior esquerdo da folha, o título «Legendas», abrangendo os projectos: I. Homeridae / II. Mar Português / III. Távola Redonda / IV. □; ao centro, outros projectos se anunciam: 1. Marco Aurélio // 2. Juliano em Antiochia // 3. A Decadência». Pessoa direccionou uma seta a partir de «A Decadência» para o poema que se segue, indicando que seria este o seu título, ou da série em que viria a inserir-se.

2 Variantes: sobreposta, «quer»; subposta, «vai».

3 Variante subposta: «Deixa a mão».

4 Expressão dubitada.

Dos montes, poesia baça e sonho que arde,
E só por saudade os céus anima.
O nosso olhar não ousa olhar o outro[1]

Outros tiveram por seu tempo o dia
Gozaram outros quando o sol era alto,
A vergonha que há em nós da sua orgia
É a vergonha de nós a não ousarmos.
Nós pensamos no amor em sobressalto
E para amarmos só nos falta amarmos.

Os deuses foram-se, e consigo foi
A clareza da alma para *com*[2] a vida.
O que ontem era o gozo, é o que hoje dói.
O que ontem era a coisa procurada
É hoje só a coisa apetecida,
Ainda[3] desejada e não ousada.

745

Adeus, Maria! Há um só momento[4]
Na vida, e morre sem razão.
Ser feliz é um esquecimento
E poder sê-lo uma ilusão.
Adeus, Maria! O coração
Não pode com o pensamento.

Amámo-nos... Seria amor?
Sabe-se lá o que se sente!...
É uma coisa meio dor
Que parece alegria, e a gente
Sente-se amando vagamente.
No fundo há só um amargor.

Amar é querer ser feliz
Com uma outra alma onde o achar.

---

1 Os dois últimos versos estão dubitados.

2 Opcional.

3 Variante subposta: «E de tão».

4 Pessoa esboçou ainda esta estrofe, datada de 22-4-1922, a incluir noutro poema que teria ficado por aqui: «Adeus, Maria! Todos nós, / De qualquer modo, estamos sós. / Uns não sabem: são felizes / Vivem a vida das raízes ...».

Há tanta coisa que se diz
E não se pode realizar!
Não sei se te fingi amar,
Mas, se fingi, eu não o quis.

Nem sei se foi com alegria
Ou dor que me esqueci de ti,
Ou como é que te esqueceria
Se não fosse que te esqueci.
E é desde que te aborreci
Que te recordo noite e dia.

Isto é subtil e complicado
Nem talvez tenha uma razão.
Creio que todos têm passado
Pela mesma complicação.
Em que[1] é que pensa o coração?...
E é isto amar e ser amado!...

Adeus, Maria! Ah, se eu pudesse
Não te dizer adeus, e amar
Fosse uma coisa que esquecesse
Sem deixar de continuar!
Ter o prazer de recordar
Sem que o que lembra se perdesse!

Mas tudo é como não queremos.
Temos que ser quem somos. Nem
Vale a pena saber que havemos
Razão contra nós-mesmos. Bem
Faz quem despreza, ou quem se abstém!
Adeus!... Sonhamos o que temos.[2]

746

Não: não digas nada!
Supor o que dirá
A tua boca velada
É ouvi-lo já.

---

1 O poeta encarou substituir por «Como».

2 O poema traz no final, à laia de assinatura, «XDV», cujo significado desconheço.

É ouvi-lo melhor
Do que o dirias.
O que és não vem à flor
Das frases e dos dias.

És melhor do que tu.
Não digas nada: sê!
Graça do corpo nu
Que invisível se vê.[1]

5/6-2-1931

747

Incidente

Dói-me no coração
Uma dor que me envergonha...
Quê! Esta alma que sonha
O âmbito todo do mundo
Sofre de amor e tortura
Por tão pequena coisa –
Uma mulher curiosa
E o meu tédio profundo?

748

Desperto de sonhar-te
Quando inda a noite é funda,
E um céu estelar faz parte
Do silêncio que inunda.

---

1 Do lado direito da 3ª estrofe, encontra-se a indicação «ex.» [examine], sinal de que o poeta pretendia repensar a estrofe ou o poema.

Perdi poder amar-te
E a treva me circunda.

Talvez que relembrasse,
Sonhando-te, outro ser,
E aquilo que sonhasse
Fosse tornar a ter.
Mas despertei, e faz-se
Claro em meu quarto a ver.

Insónia de perder-te!
Quem foste já não sei.
Pela janela verte
Cada astro a sua lei.
Como, sem sonhar ter-te?...
Porque não dormirei?

4-3-1932

749

Meu coração tardou. Meu coração
Talvez se houvesse amor nunca tardasse;
Mas, visto que, se o houve, o houve em vão,
Tanto faz que o amor houvesse ou não.
Tardou. Antes, de inútil, acabasse.

Meu coração postiço e contrafeito
Finge-se meu. Se o amor o houvesse tido,
Talvez, num rasgo natural de eleito,
Seu próprio ser do nada houvesse feito,
E sua própria essência conseguido.

Mas não. Nunca nem eu nem coração
Fomos mais que um vestígio de passagem
Entre um anseio vão e um sonho vão.
Parceiros em prestidigitação,
Caímos ambos pelo alçapão.
Foi esta a nossa vida e a nossa viagem.

19-9-1933

750

Pobre criança, então julgavas
Que o amor é o que não há?
Todas as almas nascem escravas
Até daquilo que haverá.
Julgavas que, por onde andamos,[1]
Crescem as ervas que pisamos
E não que as ervas e que os ramos
Nasceram porque a vida os dá.

Cuidavas que, porque querias,
A Sorte havia de *o*[2] querer,
Que só porque tu amarias
O amor te havia de manter.
Não acontece neste mundo
Nada que vá até ao fundo
Da alma. □[3]

Quantas vezes, pobre criança,
Terias rido dos que são
Malucos, dos que têm esperança
Em mais que o pobre coração.
Mas vês – não são mais iludidos
Que esses teus pobres maus sentidos
Que estão agora nos olvidos
Desta exterior imensidão.

E assim mataste o pobre ser
Que tinhas para estares viva.

Serei amado se o quiser,
Mas só por o poder querer
É que a minha alma não o quer.

Tem outras faces esta vida
Além daquela onde o sol dá.
Muita coisa viva escondida

---

1 Variante, entre a segunda e a terceira estrofes: «Cuidavas tu que, porque [andamos]».

2 Pronome opcional.

3 Variante para os três últimos versos da estrofe, ao lado, quase ilegível, e a que acrescentou um outro: «Mas acontece que se queira / E é acaso se o modo e a maneira / Das coisas são um melhor estar / Que o que acabamos de □.».

Que só quem não quer achará.
Pobre criança que vivias
Nas margens das ribeiras frias
Onde correm sem fim os dias
E o tempo sempre correrá!

Tudo é outro, nada é quem é.
Tudo que vemos ou sonhamos,
À luz do sonho, ou à da fé,
É outra coisa que pensamos.
Pobre criança, e tu pensaste,
Que te amariam, ou que amaste,
Que nada foste, e nada achaste
Salvo uma sombra que há dos ramos.

17-10-1933

751

Foi um momento[1]
O em que pousaste
Sobre o meu braço,
Num movimento
Mais de cansaço
Que pensamento,
A tua mão,
E a retiraste.
Senti ou não?

Não sei. Mas lembro
E sinto ainda
Qualquer memória
Fixa e corpórea
Onde pousaste
A mão que teve
Qualquer sentido
Incompreendido,
Mas tão de leve…

1 A EC leu aqui dois poemas, o que não é visivelmente o caso.

Tudo isto é nada,
Mas numa estrada
Como é a vida
Há muita coisa
Incompreendida.

Sei eu se quando
A tua mão
Senti pousando
Sobre meu braço
E um pouco, um pouco,
No coração,
Não houve um ritmo
Novo no espaço?

Como se tu
Sem o querer
Em mim tocasses
Para dizer
Qualquer mistério
Súbito e etéreo
Que nem soubesses
Que tinha ser.

Assim a brisa
Nos ramos diz
Sem o saber
Uma imprecisa
Coisa feliz.

9-5-1934
Revista *presença*, série 2, ano 12, nº 2, Fevereiro de 1940, p. 81

752

Teu perfil, teu olhar real ou feito
Lembra-me aquela eterna ocasião
Em que eu amei Semiramis, eleito
Daquela plácida visão.

Amei-a, é claro, sem que o tempo e espaço
Tivessem nada com o meu amor.
Por isso guardo desse amor escasso
O meu amor maior.

Mas, ao olhar-te, lembro, e reverbera
Quem fui em que eu sou.
Quando eu amei Semiramis, já era
Tarde no Fado, e o amor passou.

Quanta perdida voz cantou tão bem
Nos séculos perdidos que hoje são
Uma memória irreal do coração!
Quanta voz viva, hoje de ninguém!

27-7-1934

753

Tive quem me amasse,
Tive quem amei.
Hoje em minha face
De quem fui corei.

Tive essa vergonha
De ser hoje e aqui,
O que sempre sonha
E não sai de si,

E de recordar
Que não posso haver
Mais que assim sonhar
O que pude ser.

6-8-1934

754

No silêncio da noite te chorei...
Eu, que já te esquecera...
Inevitável rei
De um povo feito de cera.

Sim, dono só de falsos
Entre os quais, régio, ergui,
Prolixos cadafalsos
Para ninguém morrer ali.

E aí fui eu buscar essa emoção
E ali a encontrei
Com que, sem coração,
No silêncio da noite te chorei.

8-8-1934

755

Falsas, amor, as coisas que dizias...
Mas quem diz que não fora realidade
O que inconscientemente me dirias
Se tivesses mentido com *verdade*?[1]
Nem[2] pensavas nas vozes que trazias
À superfície da vulgaridade.

Falavas como quem a isso obriga
A condição de ter de responder,
Mas essa condição não é amiga
De se pensar antes de se dizer...
É falso quanto tua boca diga,
Mas torna-me a dizê-lo: quero-o ter.[3]

5-9-1934

1 Variante sobreposta: «vontade».
2 Variante sobreposta: «Não».
3 Variante ao verso na linha: «[Mas] dize, dize, só para eu saber.».

756

Tudo, menos o tédio, me faz tédio.
Quero, sem ter sossego, sossegar.
Tomar a vida todos os dias
Como um remédio,
Desses remédios que há para tomar.

Tanto aspirei, tanto sonhei, que tanto
De tantos tantos me fez nada em mim.
Minhas mãos ficaram frias
Só de aguardar o encanto
Daquele amor que as aquecesse enfim.

Frias, vazias,
Assim...

6-9-1934

757

Bem sei que há ilhas lá ao sul de tudo
Onde há paisagens que não pode haver.
Tão belas que são como o veludo
Do tecido que o mundo pode ser.

Bem sei. Vegetações olhando o mar,
Coral, encostas, tudo o que é a vida
Tornado amor e luz, o que o sonhar
Dá à imaginação anoitecida.

Bem sei. Vejo isso tudo. O mesmo vento
Que ali agita os ramos em torpor
Passa de leve por[1] meu pensamento
E o pensamento *julga*[2] que é amor.

---

1 Variante sobreposta: «Agora passa no».

2 Variante sobreposta: «sente».

Sei, sim, é belo, é longe, é impossível,
Existe, dorme, tem a cor e o fim,
E, ainda que não haja, é tão visível
Que é uma parte natural de mim.

Sei tudo, sei, sei tudo. E sei também
Que não é lá que há isso que lá está.
Sei qual é a luz que essa paisagem tem
E qual *o mar por que se vai p'ra*[1] lá.

20-9-1934

758

Ninguém me disse quem tu eras,
Ninguém falou de que virias...
Vieste, e havia primaveras
Em que só tu florias...

Não sei ainda se vieste
Pois não distingo o sonho e a vida.
Sei qual o bem que me trouxeste,
Mas não me foi guarida.

Era um Desejo começado,
Era um anseio por achar.
Só me resta do teu agrado
O tornar-te a sonhar.[2]

20-9-1934

759

Era isso mesmo –
O que tu dizias,
E já nem falo
Do que tu fazias...

---

1 Variante subposta: «a rota que nos leva».
2 Variante subposta ao verso, entre parênteses: «O sonhar-te a lembrar.».

Era isso mesmo...
Eras outra já
Eras má deveras
A quem chamei má.

Eu não era o mesmo
Para ti, bem sei.
Eu não mudaria,
Não – nem mudarei...

Julgas que outro é outro.
Não: somos iguais.[1]

6-10-1934

760

Sá-Carneiro[2]

Nesse número do Orpheu que há-de ser feito
com sóis e estrelas em um mundo novo.

Nunca supus que isto que chamam morte
Tivesse qualquer espécie de sentido...
Cada um de nós, aqui aparecido,
Onde manda a lei certa e a falsa sorte,

Tem só uma demora de passagem
Entre um comboio e outro, entroncamento
Chamado e mudo, ou a vida ou o momento;
Mas, seja como for, segue a viagem.

Por isso, embora num comboio expresso
Seguisses, e adiante do em que vou,
No terminus de tudo, ao fim lá estou
Dessa[3] ida que afinal é *o*[4] regresso.

---

1 O poema poderá, aparentemente, ter ficado incompleto.
2 O título está escrito na oblíqua, a lápis, logo depois da epígrafe.
3 Variante sobreposta: «Nessa».
4 Variante sobreposta: «um».

Porque na enorme gare onde Deus manda
Grandes acolhimentos se darão
Para cada prolixo coração
Que com seu próprio ser vive em demanda.

Hoje, falho de ti, *converso*[1] a sós.
Há almas pares, as que conheceram
Onde os seres são almas □
□

Como éramos só um, falando! Nós
Éramos como um diálogo *na*[2] alma.
Não sei se dormes □ calma
Sei que, falho de ti, *sou dois*[3] a sós.

É como se esperasse eternamente
A tua vinda certa e combinada
Aí em baixo, no Café Arcada –
Quase no extremo deste Continente;

Aí onde escreveste aqueles versos
Do trapézio, do não-sei – sei eu –
Aquilo tudo que depois no Orpheu
□

Ah, meu maior amigo, nunca mais
Na paisagem sepulta desta vida
Encontrarei uma alma tão querida
Às coisas que em meu ser são as reais.

Não mais, não mais, e desde que saíste
Desta prisão fechada que é o mundo,
Meu coração é inerte e infecundo
E o que sou é um sonho que está triste.

Porque há em nós, por mais que consigamos
Ser nós mesmos a sós sem nostalgia,
Um desejo de termos companhia –
O amigo enorme que a *falar*[4] amamos.

---

1 Variante sobreposta: «sou dois».

2 Variante sobreposta: «numa».

3 Variantes: sobreposta, «[sou] meio»; subpostas: «estou só»; «estou eu»; «estou um».

4 Variante sobreposta: «conversar».

761

Foi um olhar casual,
Dado de lado,
Não a mim, mas ao lugar
Onde eu, homem, estava sentado.

Senti alegria, mas
Deixei de ter alegria...
Esses olhos são os que as
Que olham assim são todo o dia...

Há um romântico imbecil
No melhor do melhor nosso,
Mas muitas vezes é, nulo e pueril,
Só o irmão gémeo do não-ouso.[1]

7-1-1935

762

O amor é que é essencial.
O sexo é só um acidente.
Pode ser igual
Ou diferente.
O homem não é um animal:
É uma carne inteligente,
Embora às vezes doente.

5-4-1935

1 Estrofe dubitada.

763

Intervalo

Quem te disse ao ouvido esse segredo
Que raras deusas têm escutado –
Aquele amor cheio de crença e medo
Que é verdadeiro só se é segredado?...
Quem to disse tão cedo?

Não fui eu, que te não ousei dizê-lo.
Não foi um outro, porque o não sabia.
Mas quem roçou da testa teu cabelo
E te disse ao ouvido o que sentia?
Seria alguém, seria?

Ou foi só que o sonhaste e eu te o sonhei?
Foi só qualquer ciúme meu de ti
Que o supôs dito, porque o não direi,
Que o supôs feito, porque o só fingi
Em sonhos que nem sei?

Seja o que for, quem foi que levemente,
A teu ouvido vagamente atento,
Te falou desse amor em mim presente
Mas que não passa do meu pensamento
Que anseia e que não sente?

Foi um desejo que, sem corpo ou boca,
A teus ouvidos de eu sonhar-te disse
A frase eterna, imerecida e louca –
A que as deusas esperam da ledice
Com que o Olimpo se apouca.

Momento, nº 8, Lisboa, Abril de 1935

764

Sim, um momento
Ainda passas
Pelo meu vago pensamento,
E lembrar-te seria um tormento
Se imaginar fosse desgraças.

Sim, nessa hora
Em que falámos mais a olhar
Do que a falar,
Resultou esta crónica demora
Que tenho agora ao te lembrar.

Apareceste
Em minha vida
Como uma coisa que estava lá fora.
Desapareceste.
Mais tarde soube da tua ida.

Contudo, contudo,
Conseguiste
Prender-me um pouco o coração.
É um coração triste
E não
Se entende com tudo
Nem tem jeito
Para se fazer amar
Ou para o imaginar,
Salvo quando
Teu olhar
Teimosamente brando
Me fazia saltar
O coração dentro do peito.

Onde ia eu?
Já me esquecia.
Sim, o meu coração foi teu
Naquele dia,
Naquele dia ou noutro dia...
Nem se houvesse outra terra ou outro céu
Qualquer coisa aconteceria.

19-7-1935

765

A Outra

Amamos sempre no que temos
O que não temos quando amamos.
O barco pára, largo os remos
E, um a outro, as mãos nos damos.
A quem dou as mãos?
À Outra.

Teus beijos são de mel de boca,
São os que sempre pensei dar,
E agora a minha boca toca
A boca[1] que eu sonhei beijar.
De quem é *a boca?*[2]
Da Outra.

Os remos já caíram na água,
O barco faz o que a água quer.
Meus braços vingam minha mágoa
No abraço que enfim podem ter.
Quem abraço?
A Outra.

Bem sei, és bela, és quem desejo...
Não deixa a vida que eu deseje
Mais que o que pode ser teu beijo
E poder ser eu que te beije.
Beijo, e em quem penso?
Na Outra.

Os remos vão perdidos já,
O barco vai não sei para onde.
Que fresco o teu sorriso está,
Ah, meu amor, e o que ele esconde!
Que é do sorriso
Da Outra?

---

1 Variante sobreposta: «Os beiços».

2 Variante sobreposta: «os beiços?».

Ah, talvez, mortos ambos nós,
Num outro rio sem lugar
Em outro barco outra vez sós
Poderemos[1] recomeçar,
Que talvez sejas
A Outra.

Mas não, nem onde essa paisagem
É sob eterna luz eterna
Te acharei mais que alguém na viagem
Que amei com ansiedade terna
Por ser parecida
Com a Outra.

Ah, por ora, idos remo e rumo,
Dá-me as mãos, a boca, o teu ser.
Façamos desta hora um resumo
Do que não poderemos ter.
Nesta hora, a única,
Sê a Outra!

28-7-1935

766

Mater desiderata

A saudade que pesa[2]
        Em meu coração triste,
Não m'a tira a certeza
        De que outro mundo existe.

Porque não é o além
        Que cura o que pedi.
Quem quero é minha mãe,
        A mãe que tive aqui.

---

1 Variante sobreposta: «Possamos nós».

2 Apesar de incipiente e incompleto, mantenho este poema por ajudar a entender a relação de Pessoa com a mãe. Inicialmente escreveu dois esboços de estrofe que abandonou: «O coração humano / Ama só o que conhece □ // Transcendente de mais / Para □.».

É o carinho da terra
          É o amor que é afago,
No além a alma erra
          Vaga num sonho vago.

Dizem-me firme e em vão
          Que hei-de ainda a encontrar
Na reincarnação
          Outro, em outro lugar...

Mas é a mesma que eu quero,
Essa é que eu choro em dor...

767

Un Soir à Lima[1]

Vem a voz da radiofonia e dá[2]
A notícia num arrastamento vão:
«*A seguir*
Un Soir à Lima»...

Cesso de sorrir...
Pára-me o coração...
E, de repente,
Essa querida e maldita melodia
Rompe do aparelho inconsciente...
Numa memória súbita e presente
Minha alma se extravia...
O grande luar da África fazia
A encosta arborizada *alvinitente*.[3]

A sala em nossa casa era ampla, e estava
Posta onde, até ao mar, tudo se dava

1 O título remete para uma música: numa folha solta (66-84^r), Pessoa escreve: «Música da recordação», que terá ouvido através da «radiofonia», como ele lhe chamava, que a sua mãe tocava no piano. Vou articular vários fragmentos do poema que resultou dessa inspiração, produzidos em diferentes momentos de escrita, que assinalarei, indicando em rodapé as quotas desses fragmentos.

2 Este texto passa a limpo um rascunho (66-94^a), de que apenas aproveitei os cinco últimos versos não passados a limpo.

3 Variante a seguir, entre parênteses: «reluzente.».

À clara escuridão do luar ingente...
Mas só eu, à janela.
Minha mãe estava ao piano[1]
E tocava...
Exactamente
«Un Soir à Lima».

Meu Deus, que longe, que perdido, que isso está!
Que é do seu alto porte?[2]
Da sua voz continuamente acolhedora?
Do seu sorriso carinhoso e forte?
O que hoje há
Que mo recorda é isto que oiço agora
Un Soir à Lima.
Prossegue na radiofonia
A mesma, a mesma melodia
O mesmo «Un Soir à Lima».

Seu cabelo grisalho era tão lindo
Sob a luz
E eu que nunca *julguei*[3] que ela morresse
E me deixasse entregue a quem eu sou!
Morreu, mas eu sou sempre o seu menino.
Ninguém é homem *para*[4] a sua mãe!

E inda através de lágrimas não falha[5]
À memória que tenho
O recorte perfeito da medalha
Daquele perfeitíssimo perfil.
Chora, ao lembrar-te, mãe, romana e já grisalha,
Meu coração *teu e*[6] infantil.
Vejo teus dedos no teclado e há
Luar lá fora eternamente em mim.
Tocas em meu coração, sem fim,
Un Soir à Lima.

O silêncio fatal das coisas findas[7]
As tuas mãos pequenas e tão lindas

---

1 Continuação do texto anterior, em rascunho (66-94ª).

2 Usei para continuação do poema um original (66-94ʳ) que parece corresponder ao mesmo momento de escrita, ou que é, de qualquer modo, uma sua continuação.

3 Variante sobreposta: «pensei».

4 Variante subposta: «ante».

5 Recorri a outro fragmento (66-88ʳ) que se encontra em iguais condições.

6 Variante subposta: «sempre».

7 A mesma consideração que na nota precedente (66-89ʳ).

Com escrúpulo risonho e familiar
Com um sorriso em que não há
Nada senão o eternamente humano
Tiravas da quietude o piano
Un Soir à Lima.

Tinhas, perfil, um rosto de medalha
Eras de frente, e olhando, a minha mãe
Como hoje o teu olhar me falha
E o teu perfil me lembra bem.

«Os pequenos dormiram logo?»[1]
«Ora, dormiram logo».
«Esta está quase a dormir»
E tu, sorrindo *e respondendo*[2] continuavas
O que tocavas –
Atentamente tocavas –
Un Soir à Lima.

Tudo que fui quando não era nada,
Tudo que amei e sei só eu verdade
Que o amei por não ter hoje estrada,
Que tenha qualquer realidade.
Por não ter dele mais que a saudade –
Tudo isso vive em mim
Por luzes, música e a visão
Que não tem fim
Dessa hora eterna no meu coração,
Em que voltavas
A folha irreal da música a tocar
E eu te ouvia e via
Continuar
A eterna melodia
Que está
No fundo eterno desta nostalgia
De quando, mãe, tocavas
Un Soir à Lima.

E o aparelho indiferente
Traz da emissora inconsciente
Un Soir à Lima.

---

1 A mesma consideração que na nota precedente (66-90).

2 Variante sobreposta: «ao responder».

Eu não sabia então que era feliz.
Hoje, que o já não sou, sei bem que o era.

«Esta também está a dormir...»[1]
«Não está».
Ficámos todos a sorrir
E eu distraidamente vou
Continuando a ouvir,
Longe do luar que há
E que lá fora existe duro e só,
O que me faz sonhar sem o sentir,
O que hoje faz que tenha de mim dó
Esse canto sem voz, teclado e brando
Que minha mãe estava tocando –
Un Soir à Lima.

Meu padrasto[2]
(Que homem! que alma! que coração!)
Reclinava o seu corpo basto
De atleta sossegado e são
Na poltrona maior
E ouvia, fumando e cismando,
E o seu olhar azul não tinha cor.
E minha irmã, criança,
No recanto da sua poltrona
Enrolada, ouvia a dormir
E a sorrir
Que estava alguém tocando
Se calhar uma dança...

E eu, de pé, ante a janela
Via todo o luar de toda a África inundar
A paisagem e o meu sonhar.

Onde tudo isso está!
Un Soir à Lima,

Quebra-te, coração![3]

Não ter aqui numa gaveta,[4]

---

1 A mesma consideração que na nota precedente (66-91ʳ).

2 A mesma consideração que na nota precedente (66-99ʳ).

3 Este verso repetido noutros fragmentos foi encarado como fecho do poema. Segue-se, noutro momento de escrita, numa página à esquerda da folha dobrada, este fragmento lacunar: «Essa mão pequenina e branca, / Que nunca mais me afagará, / □ / Sorrias, rindo, para mim / Esse sorrir que já teve fim, / E continuavas tocando / *Un Soir à Lima.*».

4 A mesma consideração que na nota precedente (66-85ʳ).

Não ter aqui numa algibeira,
Fechada, [.], completa,
Essa cena inteira!
Não poder arrancar
Do espaço, do tempo, da vida
E isolar
Num lugar
Da alma onde ficasse possuída
Eternamente
Viva, quente,
Essa sala, essa hora,
Toda a família e a paz e a música que há
Mas real como ali está
Ainda, agora,
Quando, mãe, mãe, tocavas
Un Soir à Lima.

Mãe, mãe, fui teu menino[1]
Tão bem dobrado
Na sua educação[2]
E hoje sou o trapo que o Destino
Fez enrolado e atirado
Para um canto do chão.

Jazo, mesquinho,
Mas ao meu coração
Sobe, num torvelinho
A memória de quanto ouvi do que há
No que há de carícia, de lar, de ninho,
Ao relembrar o ouvi, hoje, meu Deus, sozinho,
Un Soir à Lima.

Onde é que a hora, e o lar e o amor está[3]
Quando, mãe, mãe, tocavas
Un Soir à Lima?

E num recanto de cadeira grande
Minha irmã,
Pequena e encolhidinha
Não sabe se dorme se não.

---

1 A mesma consideração que na nota precedente (66-86ʳ).

2 Os três primeiros versos da estrofe estão dubitados.

3 A mesma consideração que na nota precedente (66-87ʳ).

Eu tenho sido tanta coisa vil![1]
Tenho traído tanto do que sou!
Meu espírito sedento
De raciocinador subtil!
Quantas vezes prolixamente errou!
Quantas vezes até o *pensamento*[2]
Inanimadamente me enganou!

Já que não tenho lar,
Deixa-me estar
Nesta visão
De então,[3]
Deixa-me ouvir, ouvir, ouvir –
Eu à janela
Do nunca mais deixar de sentir,
Nessa sala, a nossa sala, quente
Da África ampla onde o luar está
Lá fora vasto e indiferente
Nem mal nem bem
E onde, no meu coração
Mãe, mãe
Tocas visivelmente,
Tocas eternamente
Un Soir à Lima.

A minha raiva de animal humano
A quem tiraram a mãe,
E não tem
Para o menino que lhe na alma há,
Para lhe encher o coração,
Mais que esta visão –
As tuas mãos pequenas pelo piano
Quando, oh meu Deus, tocavas
Un Soir à Lima.

Ai, mas é engano.
Aqui sou velho
Não há sala nem há piano
Nem tu existes a tocar.
Há um aparelho mudo

---

1 A mesma consideração que na nota precedente (66-92).

2 Variante sobreposta: «sentimento».

3 Variante ao lado: «Do lar de então.».

De onde um som vem de longe, e dói.
Como é que eu te darei um beijo agora?

Eu poderia, vindo da janela,
Como tantas vezes fiz
□[1]

E era nesta calma,[2]
Nesta felicidade
Em que existia uma alma
(Meu Deus, que saudade!),
Que, sob a luz que dourava,
(Hoje onde é que isso está?)
Longe de onde o luar prateava,
Minha mãe tocava
Medalha atenta e humana ao piano,
Un Soir à Lima.

Desde então
Tenho atravessado
Muitas vidas.
As mais das vezes tenho errado.
Meu coração
Pesa de coisas esquecidas.
Desde quando
Nesse brando
Conforto do meu lar extinto
Eu, à janela, ouvia, hirto e sonhando,
Ermo e indistinto,
O que há
Em toda a música de intuição e instinto,
Quanto tenho deixado morrer
Dentro do que quis ser,
Quanto tenho deixado
Só pensado,
Quanto, quanto,
Tem sido para mim somente sonho,
Somente o encanto,
Tristemente risonho
De o ter sonhado,

---

1 Eis uma estrofe num fragmento avulso (66-93[r]) para que não encontro lugar no poema: «O raciocinador exacto / Cuja alma está em mil pedaços, / Em mil pedaços que nem há... / Deixa-me dormir / E sonhar de estar vendo, a ouvir, / Un Soir à Lima.».

2 A mesma consideração que na nota precedente (66-96[r]).

Quem sabe se a saudade
Transmutada num devaneio meio humano
De quanto nessa noite está,
Longínqua, em que, mamã, ao piano
Tocavas, sob a crua claridade,
Un Soir à Lima.[1]

E eu que nunca julguei que tu morresses[2]
E me deixasses só com o que eu sou...

E é uma emissora indiferente
Que por um aparelho inconsciente
Em *verdadeira música*[3] me dá
A angústia viva que me vem
De te ver, por me lembrar,
Minha mãe, minha mãe,
Tão tranquila, tocar
Un Soir à Lima.

Mas entorpeço.
Não sei se vejo, se adormeço,
Se sou quem fui,
Nem[4] sei se lembro, nem se esqueço.
Há qualquer coisa que indistinta flui
Entre quem sou e o que eu era
E é como um rio, ou uma brisa, ou um sonhar,
Qualquer coisa que não se espera,
Que se suspende de repente
E, do fundo aonde ir acabar,
Surge, cada vez mais distintamente,
Num halo de suavidade
E nostalgia,
Onde o meu coração ainda está,
Um piano, uma *presença,*[5] uma saudade...
Durmo encostado a essa melodia –
E oiço que minha Mãe toca,
Oiço, já com o sal das lágrimas na boca,
Un Soir à Lima.

---

1 Pessoa esboçou nos fragmentos rascunhados vários fins para o poema com o verso: «Quebra-te, coração!», inclusive este, lacunar, que vou aqui deixar para não quebrar a estrutura do poema: «Pesa-me o coração um torpor denso / Ocupa-me a consciência de □ / E um frio informe, desolado e denso / Não me deixa pensar. // Num baloiçar-me, num embalar / Relembro tudo, relembro em vão. / Meu Deus, isso tudo onde está? / *Un Soir à Lima... /* Quebra-te coração!...».

2 A mesma consideração que na nota precedente (66-100^r).

3 Variante sobreposta: «música, só, música».

4 Variante sobreposta: «Não».

5 Variante sobreposta: «figura».

O véu das lágrimas não cega.[1]
Vejo, a chorar,
O que essa música me entrega –
A mãe que eu tinha, o antigo lar,
A criança que fui,
O horror do tempo porque flui,
O horror da vida, porque é só matar.
Vejo, e adormeço,[2]
Num[3] torpor em que me esqueço
Que[4] existo ainda neste mundo que há...
Estou vendo minha mãe tocar.
E[5] essas mãos brancas e pequenas,
Cuja carícia nunca mais me afagará,
Tocam ao piano, cuidadosas e serenas,
Un Soir à Lima.

Ah, vejo tudo claro!
Estou outra vez ali.
Afasto do luar externo e raro
Os olhos com que o vi.

Mas quê? Divago, e a música acabou...
Divago como sempre divaguei
Sem ter na alma certeza de quem sou,
Nem verdadeira fé ou firme lei.

Divago, crio eternidades minhas
Num ópio de memória e de abandono.
Entronizo fantásticas rainhas
Sem para elas ter *o*[6] trono.

Sonho porque me banho
No rio irreal da música evocada.
Minha alma é uma criança esfarrapada
Que dorme num recanto obscuro.
De meu só tenho,
Na realidade certa e acordada,
Os trapos da minha alma abandonada
E a cabeça que sonha *contra o*[7] muro.

---

1 Parece-me ser com este fragmento (63-42) que Pessoa encarou fechar o poema.
2 Vírgula opcional.
3 Variante sobreposta: «E no».
4 Sinal de dubitação, antes de «Que», talvez do verso todo.
5 Opcional.
6 Variante sobreposta: «um».
7 Variante sobreposta: «ao pé do».

Mas, mãe, não haverá
Um Deus que me não torne tudo vão,
Um[1] outro mundo em que isso agora está?
Divago ainda: tudo é ilusão.
Un Soir à Lima...

Quebra-te, coração...[2]

17-9-1935

768

Que triste na noite sem luar
A iluminação dos barcos
Esparsa, em amarelos parcos,
Altos, sem quilhas vistas, lá no mar!

Que triste! É como quando é noite na alma
E aqui e ali na sua escuridão
Lembranças separadas, como são
As luzes dos navios,
Brilham aéreos vãos calores frios
Na falsa calma
Da solidão.

Estar longe dos barcos é estar triste.
Cada um lá dentro é um navio e gente.
De aqui é duas luzes altas, três,
Ou mais, e a escuridão persiste
E calmamente desmente
A vida dessas luzes
□

Até que riem meus olhos tristes
E em tua boca, risonho,
Desponta um carinho de fada.

---

1 Variante, entre parênteses, na margem esquerda: «Ou».
2 No final do testemunho (66-100), o poeta escreveu: «segue o arranque».

Mas eu não valso, tu não existes,
Tudo isto nem sequer é sonho
É nada, *nada, nada*...[1]

Ah, sê ninguém, para que eu possa
Valsar contigo.

1-11-1935

769

Nunca te achei nem te vi.
Mas, por imaginação,
Dói de ti meu coração:
Tenho saudades de ti.

Nunca, amor, te conheci.
Mas, sem saber se existes,
Meus olhos de ti estão tristes:
Tenho saudades de ti.

Quando outra achei, te perdi,
Só por a ter encontrado
Não sei se és sonho ou pecado
Sei que, enganado e exilado,
Tenho saudades de ti.

3-11-1935

770

Eu morava à beira-rio
E tinha que atravessar
Mas o barqueiro sadio
Estava sempre com fastio
De ele mesmo me levar;

---

1 Variante sobreposta: «é nada...».

Por isso a filha é que vinha
Remar-me para o outro lado.
Era forte, linda e tinha
Remando um ar de rainha
Que bem que eu ia levado!

Falávamos a sorrir
De quanto vinha a calhar
E, quando era para rir,
Ríamos de nos ouvir
E eu comia o seu olhar.

Vejo ainda, vejo ainda,
Como esse corpo tão certo
Se inclinava, – mas que linda! –
E aquele olhar nunca finda
No meu coração deserto...

Meu amor, sinto-te quente
No alvoroço de te abraçar.
Adoro-te realmente.
Mas há um rio de repente
E tu não sabes remar.

Perdoa, amor: não abarco
Mais que uma vaga maneira
De ser teu, sinto-me parco.
Meu coração *vai*[1] num barco,
Que o vai lèvando[2] a barqueira.

10-11-1935

1 Variante sobreposta: «foi».
2 Variante subposta: «Guarda lá».

771

O que o seu *feitio*[1] revela[2]
Sabe à vista como um gomo,
E a vida tem fome dela
Nos dentes do seu assomo.

Nela mesma vigilante,[3]
A esse corpo de amor,
Espreita, próximo e distante,
O seu tigre interior.[4]

772

Que horas não dura esse minuto!
Das horas inteiras em que escuto
A clepsidra de mim gotejar-me a vida.

Tudo quanto no amor se canta e chora
Me viveu subtilmente na parada
Fuga daquela hora.

773

O amor, quando se revela,
Não se sabe revelar.
Sabe bem olhar p'ra *ela,*
Mas não lhe sabe falar.

Quem quer dizer o que sente
Não sabe o que há-de dizer.
Fala: parece que mente...
Cala: parece esquecer...

---

1 Variante sobreposta: «jeito».

2 Este poema tem flagrantes parecenças com o que lhe inspirou, em 10-9-1930, a jovem alemã que, em Setembro de 1930, acompanhou Aleister Crowley na visita a Fernando Pessoa.

3 Variante sobreposta: «E nele mesmo vibrante,».

4 Na margem direita, a lápis, um verso solto que não chegou a integrar no poema: «Vejo-te até pensar.».

Ah, mas se *ela* adivinhasse,
Se pudesse ouvir o olhar,
E se um olhar lhe bastasse
P'ra saber que a estão a amar!

Mas quem sente muito, cala;
Quem quer dizer quanto sente
Fica sem alma nem fala,
Fica só, inteiramente!

Mas se isto puder contar-lhe
O que não lhe ouso contar,
Já não não terei que falar-lhe
Porque lhe estou a falar...

774

Digo-lhe adeus sem tê-la conhecido.
De que me servia conhecê-la?
Amei-a um pouco. Achei-a bela.
O resto não tem forma nem sentido.

Já que a não verei mais, quero esquecê-la.
Não poderei... Findo está e esvanecido
Mas no meu coração desentendido
Guardo-a, pois que não posso agora vê-la.

Algum dia, no enigma do futuro,
Se lembrará de mim (sabe quem sou?)
E no incerto lembrar omisso e escuro

Já não saberá bem como é que olhou
□

E não saberá nunca quem a amou.

775

Basta às vezes
Uma voz harmoniosa,
Um sorriso casual que dá agrado

Para aliviar
Muito e tanta
Tortura ou confusão da mente.

Não me fales por enquanto.
Baixa os olhos.
Baixa-os lentos sem deixares
De me ver.

Tudo merece atenção,
Até o amor,
Se não for demasiado.

Hoje quero só esquecer.

776

Jardim

Teu corpo está ali na noite calma
Perto, e eu dou-lhe um beijo
Com o mais forte imaginar do meu desejo
E teu corpo sabe-me a alma

Mas[1] cala-se tudo. As superfícies dos entes
Ficam apenas... Mera noite a sonhar:

Gela silêncio em luar *calmo*[2] lago,
E quedam-se as florestas trevas ardentes
E sombra de silêncios a peneirar
O vago
Luar.[3]

---

1 Variante sobreposta: «E».

2 Variante sobreposta: «alvo».

3 O poema corresponde provavelmente a dois momentos de escrita: o texto no verso da folha está escrito à tinta, mas admito que seja continuação do que vem no recto da folha porque o primeiro verso começa pela adversativa «Mas», que aliás tem como variante a copulativa «e».

777

Páris

Como Helena de Tróia, sem que o creia,
A alma inconsciente, vendo que é tão belo,
Perdoa, sem saber que lhe perdoa.

A Beleza suprema nunca cabe
Como prémio ao Herói. O que é segundo
Na lida é primeiro no amor.
Este *a roubou,*[1] a este amar ela sabe.[2]

778

O amor fugiu
Da minha vida.
Sinto-a perdida...
Como calmo rio

Que lento e frio
Busque guarida...
O amor fugiu
Da minha vida.

Tudo se riu
Vendo mentida
A esperança ida
De me [.]:
O amor fugiu.[3]

1 Variante sobreposta: «raptou».
2 É admissível que se trate de um rascunho incompleto: só dois versos rimam, o quarto e o sétimo.
3 Ao lado das estrofes, o autor escreveu o esquema rimático correspondente.

779

Um par de montes iguais
Abre a estrada do prazer
Quem chega lá quer ver mais
Quem vê mais nada mais quer.[1]

Quando teu olhar cantei
Tu bem podes calcular
Que eu não estava pensando
Maria,[2] no teu olhar…

780

Se *vejo*[3] não me pertenço;
Não sou[4], não sei querer.
E[5] tu, aí mesma, fora,
Tu mesma é que és agora
Meu sonho do teu ser.

781

Meu amor, dá-me dois beijos
P'ra me dares um terceiro
Que é só para haver um quarto
Antes do quinto e primeiro[6].

Gordinho como dois pombos
É o corpo do meu amor,
Como dois pombinhos correios

---

1 A primeira quadra de sabor popular é encimada pela indicação variante, referindo-se a um rascunho anterior que riscou.

2 Variante sobreposta: «Luzia».

3 Variante na linha: «sonho».

4 Expressão dubitada. Variante na margem esquerda: «Durmo».

5 Variante na linha: «Mas».

6 A esta primeira quadra, inspirada por Ofélia, segue-se o esboço de outra de que o poeta apenas escreveu dois versos: «Meu amor, dá-me um beijinho / Que dure quarenta dias,».

Que me trazem gozo e dor,
Gozo de os sentir, e a mágoa
De não os sentir melhor.[1]

782

É com beijo que eu quero só com beijo
Relâmpago de nuvens de ternura
Ferir na pederneira do desejo
Dessa carícia o fogo que não dura.

Ferir na pederneira de teus lábios
Um fogo santo achando com os meus
Aí mais gozos do que os □ sábios
Encontrarão estrelas nesses céus.

783

Meu amor demorou pouco
A sua boca na minha
E mesmo assim fiquei louco...
Que faria se a boquinha
Demorasse todo o tempo
Que eu desejava e desejo?...
Chegava-se ao fim do Tempo
Sem se acabar esse beijo.

Um boneco de brinquedo
Eu te dei para guardar
Seja tarde ou seja cedo
Que tu te vás a deitar;
Deita-o na cama contigo
Todo chegadinho a ti...

(Isto quer dizer... Não digo...
Fica o verso por aqui...)[2]

---

1 Estes versos inspirados por Ofélia Queirós, assim como os que se seguem, são do primeiro período do namoro, no ano de 1920.

2 Poema inspirado por Ofélia Queirós, como os dois anteriores, na primeira fase do namoro, em 1920.

784

Elegia da morte perfeita

Ser teu cavaleiro, ó casta e doce...
Numa glória de lanças e torneios...
O meu corcel a mastigar os freios,
E o teu galgo seguindo-me onde eu fosse
Cair aos golpes de um rival. E nada
Ficar de mim, nem a memória. Apenas
A oração das tuas mãos morenas
Num mosteiro de porta brasonada...

E o teu ajoelhar, e o misticismo
Daquelas monjas pálidas que eu cismo
Velhinhas, na penumbra das capelas,
Noivas sem noivos a quem tu contasses
De como El-Rei beijou as minhas faces
E eu tombei ao clangor das charamelas.

785

Corpos

O meu corpo é o abismo entre eu e eu.
Se tudo é um sonho sob o sonho aberto
Do céu irreal, sonhar-te é possuir-te,
E possuir-te é sonhar-te de mais perto

As almas sempre separadas,
Os corpos são o sonho de uma ponte
Sobre um abismo que nem margens tem.

Eu porque me conheço, me separo
De mim, e penso, e o pensamento é avaro.

A hora passa. Mas meu sonho é meu.

786

Para além do porto
Há só o amplo mar...
Mar eterno absorto
No seu murmurar...

Que amargo o estar
Aqui, meu amor...
Olho o mar a ondear
E um *ligeiro*[1] pavor

Toma em mim a cor
De desejar ter
Qualquer coisa[2] melhor
Que quanto é viver...

787

Os teus olhos azuis são cor do céu
E são por isso cor do paraíso.
Vejo-os e passa no coração meu
Como uma saudade o seu sorriso.

Estrelas matutinas no acordar
Do meu amor, azul do céu distante...
E eu, se os olho, fico sempre a olhar,
E a olhar esqueço minha dor constante...

Olhos azuis cuja alegria é a flor
Da minha dor tornada comoção...
Flori de aurora a minha negra dor...
Só com olhar-me abri-me o coração...

1 Variante sobreposta: «leve».
2 Variante sobreposta: «Não sei quê».

788

Soror Mariana

Porque a maior vontade é não-querer.
Feliz de quem, triunfante de si,
Colhe a flor de não dar nem pertencer,
E amando só o ser desejado do amado
Vê, enquanto a sombra lhe sorri,[1]
Em suas mãos fanar a inútil flor.

789

A tua carne calma
        Presente não tem ser.
Os meus desejos são cansaços.
Quem *quero*[2] ter nos braços
        É a ideia de te ter.[3]

1 Verso dubitado.

2 Variante sobreposta: «querem».

3 O autor esboçou a seguir estes dois versos, que deve ter considerado inserir no poema quando o concluísse: «Teu corpo real que dorme / É um frio *no* [Variante sobreposta: «do»] meu ser.». Esboçou ainda outra continuação na mesma página, no mesmo momento de escrita: «Ah, a esta alma que não arde / Não envolveu, porque ama, / A esperança, inda que vã, / O esquecimento que vive / Entre o orvalho da tarde / E o orvalho da manhã.».

NOTAS FINAIS E ÍNDICES

POEMAS DATADOS

67 *Desejo partir,* 53
[61-38^r] Dact. 1-8-1931.

68 *Hoje que a tarde é calma e o céu tranquilo,* 53
Não foi encontrado no EBN o testemunho autógrafo. Publicado, com a data de 1-8-1931, na *Revista de Portugal*, vol. 1, nº 4, Lisboa, Julho de 1938.

69 *Gosto de imaginar coisas.* 54
[61-40^r] Ms. 6-8-1931.

70 *Bom vento do mar, bom vento* 55
[61-40a] Ms. 6-8-1931.

71 *Quanto estou só reconheço* 55
[61-41^r] Ms. 9-8-1931.

72 *Não: era só um canto,* 56
[61-43^r] Misto. 20-8-1931.

73 *Ela era só o canto* 57
[61-43^r] Dact. 20-8-1931.

74 *A aldrava soa na noite* 57
[61-43^r] Dact. 20-8-1931.

75 *Quando será dia* 58
[61-44^r] Dact. No topo da folha, encontra-se uma nota em inglês: «Man at Abel, queer phrases, strange advice, 3/9/1931, 10.55 a.m. G. plus summer time. // better 10.50» [Homem no Abel, frases esquisitas, estranha advertência. 3/9/1931, 10.55 a.m. G. mais tempo de verão. // melhor 10.50]. É de admitir que a data coincida com a apontada na nota.

76 *Não te pedi, sinistro Jehovah,* 58
[32-26] Ms. 8-9-1931.

77 *Loura, elevada naquela* 59
[32-25^v] Ms. 7-10-1931.

78 *Uma maior solidão* 60
[32-27^r] Ms. 23-10-1931.

79 *Chove. Que fiz eu da vida?* 60
[32-27] Ms. 23-10-1931.

80 *Pobre Espanha, já sem ter* 61
[61-47^r] Dact. 13-11-1931.

81 *Vem dos lados da montanha* 61
[32-28^r] Ms. 14-11-1931.

82 *Desperto sempre antes que raie o dia* 62
[32-28^v] Ms. 14-11-1931.

83 *Clareia cinzenta a noite de chuva,* 62

[32-29r] Ms. Data no verso da folha correspondente a um mesmo momento de escrita: 14-11-1931.

84 *A lua (dizem os ingleses)* 63

[32-29v] Ms. 14-11-1931 § «a.m. early».

85 *Sol de inverno, triste e frio* 63

[61-51r e 51a] Ms. 23-12-1931.

86 *Teu nome ouvido em segredo* 64

[61-51b] Ms. Data no poema «Sol de inverno, triste e frio», correspondente a um mesmo momento de escrita: 23-12-1931.

87 *As lentas nuvens fazem sono,* 64

[32-30r] Ms. 25-12-1931.

88 *Tão linda e finda a memoro!* 65

[32-31r] Ms. Data atribuída no inventário inicial do espólio: 25-12-1931.

89 *Guia-me a só razão.* 65

[117-56r] Dact. «2-1-1932 (salvo a primeira quadra, que é antiga.)» Publicado em *Descobrimento – Revista de Cultura*, Inverno, 1931-1932. p. 515.

90 *Oscila a lâmpada vazia* 66

[47-17r] Ms. 6-2-1932.

91 *O dia esplende, luminoso e vasto.* 68

[61A-2r] Dact. 7-2-1932.

92 *Traze, da neve e do luar,* 68

[61A-4r] Misto. 23-2-1932.

93 Segundo Grau

Há um frio e um vácuo no ar. 69

[32-32r] Ms. 23-2-1932 (5 a.m.).

94 *Em que pensas quando* 70

[61A-6r] Dact. 10-3-1932.

95 *Pesa o sono que perdi* 70

[61A-6r] Dact. 10-3-1932.

96 *Dói-me a alma como um corpo, e o peso todo* 71

[61A-7r] Dact. 15-3-1932.

97 *Esplende o sol. Ri o verde. Além, o mar* 72

[64-5r] Ms. Data no lado direito da folha dobrada em que o poema foi escrito, aparentemente num mesmo ou muito próximo momento de escrita: 28-3-1932.

98 *Tenho principalmente não ter nada.* 72

[32-35v] Ms. Data no lado recto da folha, correspondente a um mesmo momento de escrita: 26-4-1932.

99 *Não quero nada, nem palavras, nem verdade.* 72

[61A-9r] Misto. 13-5-1932.

100 *Loura e parece que esguia* 73

[9-8v] Ms. 18-5-1932.

101 *Passa no sopro de aragem* 73

[9-8v] Ms. 19-5-1932.

102 *Chuva? Gotas como bagos,* 74

[61A-11r] Dact. 20-5-1932.

103 *Há quase um ano não escrevo.* 74

[117-57r] Dact. 23-5-1932.

104 *Furia nas trevas o vento* 75

[117-58r] Misto. 23-5-1932.

105 *A morte é a curva da estrada,* 75

[117-59r] Dact. 23-5-1932.

106 *Quem bate à minha porta* 76

O testemunho autógrafo não foi encontrado no EBN, provavelmente por ter sido entregue, sem regresso, para publicação. *Revista de Portugal*, vol. 1, nº 4, Coimbra, Julho de 1938. Data, na publicação: 23-5-1932.

107 *Lembro-me ou não? Ou sonhei?* 76

[32-37r] Ms. 13-6-1932.

108 *Basta pensar em sentir* 77

[32-38r] Ms. 14-6-1932.

109 *Como nuvens pelo céu* 77

[32-39r] Ms. 17-6-1932.

110 *Bendito galo que cantas* 78

[61A-14r] Ms. 19-6-1932.

111 *O sono é suave, mas o meio-sono* 78

[61A-15r] Misto. 29-6-1932.

112 *Ah, feliz quem não pensa, porque a vida,* 79

[61A-15v] Dact. 29-6-1932.

113 *Porque sou tão triste ignoro* 79

[32-40v] Ms. 28-7-1932. Pessoa acrescentou, em inglês, «Completed» [acabado] por já ter esboçado o poema, na mesma página, acima da versão definitiva.

114 *Quando já nada nos resta* 80
[32-43r] Ms. 9-8-1932.

115 *A aranha do meu destino* 80
[32-44v] Ms. 10-8-1932.

116 *Ah, só eu sei* 81
[32-44av] Ms. Data na folha 44v, correspondente a um mesmo momento de escrita: 10-8-1932.

117 *No meu sonho estiolaram* 81
[32-44av] Ms. Data na folha 44v, correspondente a um mesmo momento de escrita: 10-8-1932.

118 *Lâmpada deserta,* 81
[32-44ar] Ms. 10-8-1932.

119 *O sol doirava-te a cabeça loura* 82
[32-44r] Ms. 10-8-1932.

120 *Ah como incerta, na noite quente,* 82
[32-45r] Ms. 14-8-1932.

121 *Ia elegante, depressa,* 83
[32-46r] Ms. 14-8-1932.

122 *Lá fora onde árvores são* 84
[32-47r] Ms. 14-8-1932.

123 *Nada que sou me interessa.* 84
[32-48r] Ms. 24-8-1932.

124 *Minhas mesmas emoções* 85
[32-51r] Ms. 31-8-1932.

125 *Depois que o som da treva, que é não tê-lo,* 85
[32-52r] Ms. 13-9-1932.

126 *Rala cai chuva. O ar não é escuro. A hora* 85
[32-52v] Ms. Data no lado recto da folha, correspondente a um mesmo momento de escrita: 13-9-1932.

127 *Casa de campo, quarto sobre a estrada;* 86
[61A-17r] Dact. 21-9-1932.

128 *Oscila o incensório antigo* 87
[32-53r] Dact. 22-9-1932.

129 *Quase anónima sorris* 87
[32-54r] Dact. 23-9-1932.

130 *Oiço sem ver, e assim, entre o arvoredo,* 88
[32-54r] Dact. 24-9-1932.

164 *Dá-me a verdade: dou-te a vida.* 109
[61B-11^{r}] Dact. 27-8-1933.

165 *No sono antes do sono,* 110
[61B-12^{r}] Misto. 30-8-1933.

166 *Não sei se é sonho, se realidade,* 110
Não foi encontrado o testemunho autógrafo no EBN. A versão transcrita é a publicada pela Ática, Lisboa, 1942, organização de João Gaspar Simões e Luís de Montalvor. Data no índice da edição da Ática: 20-8-1933. Num índice cronologicamente organizado, só o poema em análise, por lapso óbvio, surge entre 21-8 e 31-8. A data correcta seria nitidamente 30-8-1933.

167 *Aqui onde se espera* 111
[118-10^{r}] Misto. 31-8-1933.

168 *Que linda é quem não és!* 112
[61B-13^{r}] Dact. 2-9-1933.

169 *De além das montanhas,* 113
[61B-14^{r}] Dact. 5-9-1933.

170 *Tenho comigo* 114
[61B-15^{r}] Dact. 5-9-1933.

171 *Teu nome, esqueci-o.* 115
[61B-15^{r}] Dact. 5-9-1933.

172 *Redemoinha o vento,* 115
[118-11^{r}] Dact. 5-9-1933.

173 *Momento imperceptível,* 116
[118-12^{r}] Dact. 5-9-1933.

174 *Vai alto pela folhagem* 116
[118-13^{r}] Dact. 5-9-1933.

175 *Quando as crianças brincam* 117
[118-14^{r}] Dact. 5-9-1933.

176 *Passos tardam na relva* 118
[118-15^{r}] Dact. 5-9-1933.

177 *O que me dói não é* 118
[118-16^{r}] Dact. 5-9-1933.

178 *Porque é que um sono agita* 119
[118-17^{r}] Dact. 6-9-1933.

179 *Contemplo o que não vejo.* 119
[118-18^{r}] Dact. 7-9-1933.

180 *Era um país de charcos,* ... 120
[61B-17^{r}] Dact. 8-9-1933.

181 *Que fiz da vida? Que fiz da vida?* ... 121
[61B-18^{r}] Dact. 11-9-1933.

182 *Entre o sono e o sonho,* ... 121
[118-19^{r}] Misto. 11-9-1933.

183 *A morte chega cedo,* ... 122
Não foi encontrado testemunho autógrafo no EBN, pelo que segui a versão publicada pela Ática, Lisboa, 1942, organização de João Gaspar Simões e Luís de Montalvor. A EC não o incluiu na sua edição. Data no índice da edição da Ática: 11-9-1933.

184 *Repousa sobre o trigo* ... 122
[118-20^{r}] Dact. 12-9-1933.

185 *Tudo que faço ou medito* ... 123
[118-21^{r}] Dact. 13-9-1933.

186 *A lavadeira no tanque* ... 123
[61B-19^{r}] Dact. 15-9-1933.

187 *Ó rapaz que deitas gatos,* ... 124
[61B-20^{r}] Dact. 15-9-1933.

188 *Talhei, artífice de um morto rito,* ... 125
[61B-22^{r}] Dact. 15-9-1933.

189 *Há em tudo que fazemos* ... 125
[61B-23^{r}] Misto. 15-9-1933.

190 *Se eu, ainda que ninguém,* ... 126
[118-22^{r}] Dact. 16-9-1933.

191 *Tenho tanto sentimento* ... 126
Não foi encontrado o testemunho autógrafo no EBN. A versão seguida foi a publicada pela Ática, Lisboa, 1942, organização de João Gaspar Simões e Luís de Montalvor. Data no índice da edição da Ática: 18-9-1933.

192 *Há um homem que ninguém conhece,* ... 127
[61B-24^{r}] Dact. 18-9-1933.

193 *Ter pressa é não saber chegar.* ... 128
[61B-25^{r}] Dact. 18-9-1933.

194 *Vem beber dois. Toda a vida* ... 128
[61B-26^{r}] Dact. 18-9-1933.

195 *A miséria do meu ser,* ... 129
[61B-27^{r}] Dact. 19-9-1933.

229 *Na praia deserta,* 151

[61B-50^{r}] Ms. 30-10-1933.

230 *Meu coração foi o que o mar levou* 151

[61B-50^{v}] Ms. 30-10-1933.

231 *O sangue que circula em minhas veias* 152

[61B-51^{r} e 51a] Ms. 30-10-1933.

232 *Na rua tive um sorriso* 152

[61B-51a] Ms. 30-10-1933.

233 *A minha camisa rota* 153

[33-7^{v}] Ms. 31-10-1933.

234 *Falhei. Os astros seguem seu caminho.* 153

[33-7^{r}] Ms. 1-11-1933.

235 *Sob a nudez do céu, cheio de lua,* 154

[61B-52^{r}] Misto. 1-11-1933.

236 *Era um major reformado* 154

[61B-53^{r}] Ms. 1-11-1933.

237 Sono

Tenho tal sono que pensar é um mal. 155

[66-17^{r}] Dact. Data no testemunho manuscrito 61B-54: 1-11-1933. Poema assinado Fernando Pessoa, aparentemente preparado para publicação.

238 *Depois de andar a roda* 156

[61B-55^{r}] Dact. 2-11-1933.

239 *Bom tempo esse em que a velha feia* 156

[61B-55^{v}] Ms. 2-11-1933.

240 *Na rua escura só um candeeiro* 157

[61B-56^{r}] Dact. 2-11-1933.

241 *Vivo das lágrimas que lembro.* 157

[61B-56^{r}] Ms. 2-11-1933.

242 *O burro apanhou pancada* 158

[61B-56^{v}] Ms. 2-11-1933.

243 *De bêbado, caiu-me o fósforo dos dedos...* 158

[61B-56^{v}] Ms. 2-11-1933.

244 *Soa na noite de todos* 159

[61B-58^{r}] Dact. 7-11-1933.

O título vem indicado no testemunho 48-36, o primeiro de uma lista de poemas a inserir em «Canções de Lisboa», que indica ser «1º e 2º Livro do Cancioneiro». Os outros sete poemas a inserir em «Canções de Lisboa» vêm assim, por ordem, indicados: «Transeunte»; «Revolucionário Morto», «...ah dormir tudo!...», «Pequenito Coxo!», «Intervenção Cirúrgica»; «O Caixão Preto»; «Mater Desiderata(?)». Ao lado do último título: «Outro Livro do Cancioneiro».

324 *Pobre de tudo, excepto de o saber,* ... 206

[62A-19a^{v}] Ms. Data dos dois poemas anteriores e de outros que se seguem, correspondentes a um mesmo momento de escrita: 23-6-1934.

325 *Parte-te contra a parede,* ... 207

[62A-20^{r}] Ms. 23-6-1934.

326 *Durmo só por cansaço,* ... 207

[62A-20^{r}] Ms. 23-6-1934.

327 *Um sorriso de criança,* ... 208

[62A-20a] Ms. 23-6-1934.

328 *É sono? É sonho? É ver?* ... 208

[62A-20a] Ms. 23-6-1934.

329 *Pouco me falta para ser quem sou.* ... 209

[62A-22^{r}] Ms. 2-7-1934.

330 *Quando eu morrer e tu fores,* ... 209

[62A-23^{r}] Ms. 2-7-1934.

331 *Eram vadios todos* ... 210

[33-30^{v}] Ms. Data em 33-29^{r}, correspondendo a um mesmo momento de escrita: 2-7-1934.

332 *Já me não pesa tanto o vir da morte.* ... 210

[62A-24^{r}] Dact. 6-7-1934.

333 *Era um bêbado sem fim...* ... 211

[62A-25^{r}] Ms. 7-7-1934.

334 *Não digas nada! Que hás me de dizer?* ... 211

[33-31^{r}] Ms. 8-7-1934.

335 *A casa foi deixada,* ... 212

[62A-26^{r}] Ms. 8-7-1934.

336 *No Beco do Fala-Só* ... 213

[62A-27^{r}] Ms. 9-7-1934.

337 *Beco do Fala-Só...* ... 213

[62A-28^{r}] Ms. 9-7-1934.

338 *Cor-de-rosa vago* ... 214

[62A-28a] Ms. 9-7-1934.

339 *Lágrimas que não chorei,* ... 214

[62A-28a^{v}] Ms. 9-7-1934.

340 *Veio um corvo negro, negro,* ... 215

[17A-20^{r}] Ms. 11-7-1934.

493 *Azul, azul, azul, o mar fraqueja* ... 310

[63-8^{r}] Ms. 9-4-1935.

494 *A paz do dia, a luz que faz a paz –* ... 311

[63-9^{r}] Ms. 19-4-1935.

495 *O meu sentimento é cinza* ... 311

[63-28^{r}] Ms. 12-6-1935.

496 *Já estou tranquilo. Já não espero nada.* ... 312

[63-30^{r}] Ms. 20-7-1935.

497 *Começa a ir ser dia.* ... 312

[16-48] Ms. 23-7-1935 (a.m.).

498 *Através da radiofonia* ... 313

[63-31^{v}] Ms. 28-7-1935.

499 *Há quanto tempo isso foi!* ... 314

[63-35^{r}] Ms. 10-8-1935.

500 *Este nó no lenço é* ... 315

[63-37^{r}] Ms. 18-8-1935.

501 *Sei bem que não consigo* ... 315

[120-30^{r}] Ms. 18-8-1935.

502 *Se eu pudesse não ter o ser que tenho* ... 315

[120-30^{r}] Ms. 18-8-1935.

503 *Aquilo que a gente lembra* ... 316

[63-40] Ms. Data no poema seguinte, escrito no verso da folha, onde, aliás, o poema termina: 2-9-1935.

504 *Desce a névoa da montanha,* ... 317

[63-40^{v}] Ms. 2-9-1935.

505 *Já não me importo* ... 317

[63-41^{r}] Ms. 2-9-1935.

506 PEDROUÇOS

Quando eu era pequeno não sabia ... 318

[63-45^{r}] Ms. 22-10-1935.

507 *Triolet, rondeau, balada –* ... 319

[63-46^{r}] Ms. 28-10-1935.

508 *Teus olhos entristecem.* ... 319

[16-51^{r}] Dact. 29-10-1935.

POEMAS SEM DATA E ALGUNS DATADOS

Sentenças e aforismos

521 *Faz de ti um mistério, porque o és* 330

[66B-51r] Ms. A inspiração, sentenciosa, é de Ricardo Reis, mas não a forma rimada.

522 *O abismo é o muro que tenho* 330

[120-14r] Ms. Escrito no verso do rascunho para a evocação de Sá-Carneiro, publicada nas pp. 41 e 42 de *Athena*, nº 2, Novembro de 1924. Sendo o suporte o mesmo e a caligrafia idêntica, é de crer que o poema date da mesma época.

523 *Dizem?* 330

Não foi encontrado o testemunho autógrafo no EBN. Publicado por Carlos Queirós, em *Homenagem a Fernando Pessoa*, Coimbra, 1936.

524 *Se já não torna a eterna primavera* 331

[61B-21r] Dact. 15-9-1933.

Novo paganismo

525 *Ó Juliano apóstata, que laço* 332

[42-26] Ms. 3-6-1916. Pessoa concebe o ambicioso projecto de escrever dele uma «Biografia» (42-26v). No lado recto da folha: «Os vãos esforços de um reformador, de um homem que deseja trazer de volta para o mau presente o bom passado, o passado de reis para o presente dos escravos». Acrescenta em inglês o plano dessa vasta obra: «1. My invocation» / 2. «A vision of Julian in Antiochia» / 3. «Conclusion».

526 Outrora
No crepúsculo do Império, ... 333

[42-26v] Ms. 3-6-1916.

527 Juliano em Antioquia
No azul da tarde o hino cristão se mexe 334

[42-47r] Ms. 23-11-1918.

528 Juliano em Antioquia
Quem governa mais longe que só os gestos? 334

[43-13r] Dact. Provavelmente de 1919, como alguns dos poemas deste projecto.

Pessoa não datou este poema. Admito que a data seja a de outros poemas pertencentes ao mesmo projecto que aqui se adivinha mais vasto, ainda porque o título é precedido pela indicação «Legendas».

529 Juliano em Antioquia
Agir, sabendo 335

[43-47 a 48v] Ms. 22-5-1919.

530 JULIANO EM ANTIOQUIA

[I] *Mas ah que um ente vil e tão mesquinho,* 338

[II] *Se me amas, não me ames. Deixa só* 340

[44-5 e 6^{r}] Misto. O poema não traz data, mas creio que, como os outros semelhantes, deve datar de 1919.

531 NOS BONS TEMPOS

Nosso patrão é bom, ... 340

[66-16^{r}] Dact.

532 PRAÇA DA FIGUEIRA

SANTO ANTÓNIO

Nasci exactamente no teu dia – 341

S. JOÃO

Ó Precursor, fizeste-la bonita! 344

S. PEDRO

Tu, que Diabo!, és velho. 347

[63-18 a 21, 22 a 25, 26] Ms.; [63-27] Dact.; [133F-26] Misto. 9-6-1935. O título do tríptico vem no testemunho 133F-26^{r}.

Sobre este tríptico Pessoa escreveu, a 9/6/1935: «Ainda que escritos sobre o tema popular dos três Santos lisboetas de Junho, estes poemas não são, nem pretendi que fossem, populares. Baseados no obscuro sentimento pagão do nosso povo, pretendeu-se que o passassem para outro nível; que, sendo fiéis à emoção simples do povo lisboeta, a interpretassem, sem obscuridade desnecessária, com as complexidades naturais da inteligência.

Foram escritos, todos os três, no dia 9 de Junho de 1935. Cronologicamente, pois, não há neles erro, salvo se houver qualquer coisa de erro em toda antecipação.»

Fixei, no que respeita a «Santo António» (até «Tu és tu como nós te figuramos»), o testemunho 63-27, dactilografado, e os manuscritos no resto do poema.

533 À GRÉCIA

Não foram os teus deuses destronados, ... 350

[36-4^{r}] Ms.

534 MNEMOSYNE

A deusa da Memória é sempre triste. 351

[66C-98^{r}] Ms.

Sátiras

535 *Dizia o Guerra Junqueiro* 352

[61A-12^{r}] Misto. 24-5-1932.

Cancioneiro / Música

550 *Flor que não dura* 363

O testemunho autógrafo não foi encontrado no EBN. O poema figura contudo em PI, donde não terá regressado ao EBN. Não consta na EC.

551 *E, ó vento vago* 363

[119-54^{r}] Dact.

552 *O meu menino não dorme.* 364

[63-5^{r}] Ms. 19-1-1935.

553 *Onde, em jardins exaustos* 365

[33-54^{r}] Ms.

554 *Seja o mar um lago* 365

[36-41^{r}] Ms. A expressão «Marinheiro-monge» existe noutros poemas, nomeadamente num poema de 27-5-1909 (testemunho 34-36) que prefigura este.

555 *Chora-a, chora-a, chora* 366

[64-7^{r}] Ms.

556 *Ai vira que vira,* 366

[64-64] Ms.

557 A TRISTEZA PORTUGUESA

A tristeza lusitana 367

[65-37 a 38^{v}] Ms.

558 *Olhos verdes cor do mar,* 369

[65-69^{r}] Ms.

559 DANÇA DE FADAS

No círculo feito na erva ao luar, ... 369

[66C-16^{r}] Ms.

560 *Não há tormenta tão grande* 370

[66C-31^{r}] Ms.

No final, a indicação «Em bilhetes postais», seguida da assinatura F. Pessôa, com acento circunflexo no -o, que a partir de 1916 abandona. Este facto e a caligrafia idêntica à então por ele usada permitem admitir que o poema é anterior a 1916.

561 *Na quinta entre ciprestes* 370

Não foi encontrado o testemunho autógrafo no EBN. A versão transcrita é a publicada pela Ática, Lisboa, 1942, organização de João Gaspar Simões e Luís de Montalvor.

Diariando

562 *Nos jardins municipais* 371

[32-41] Ms.

563 *E que sossego feliz* 372

[46-41r] Ms. Escrito na folha arrancada a uma agenda já fora de uso, em que a data impressa é «Março 9 sábado», o que não pode servir de referência temporal. Pessoa guardava por longo tempo tudo o que lhe servia para papel de rascunho.

564 *Um cansaço febril, uma tristeza informe* 372

[38-21r] Ms. O poema deve datar dos primeiros tempos da relação de Pessoa com Teixeira de Pascoaes e com a revista *Águia* (de 1912 a 1914).

565 *Raças da cor do ouro ou cor do cobre,* 372

[66-48r] Dact.

566 *A noite desce tranquila,* 373

[43-10r] Ms.

567 *Na paz da noite, cheia de tanto durar,* 373

[33-53r] Ms.

568 *Meus dias passam, minha fé também.* 374

[119-28r] Ms.

569 *Aqui neste profundo apartamento* 374

O autógrafo deste poema não foi encontrado no EBN. Figura contudo em PI, donde não terá regressado ao EBN. Não consta da EC.

570 *Dormi. Sonhei. No informe labirinto* 374

[66-7] Dact.

571 *Eu tive um sonho* 375

[120-24v] Ms. Data no lado recto da folha, correspondendo a um mesmo momento de escrita: 3-8-1930.

572 *E toda a noite a chuva veio* 376

[32-33r] Ms. O poema foi escrito num envelope com carimbo do correio de 11-9-1930, mas isso não quer dizer que tenha essa data. Pessoa guardava por longo tempo, como já foi observado, tudo o que lhe servia para papel de rascunho.

573 *Olha-me rindo uma criança* 376

O testemunho autógrafo não foi encontrado no EBN. Figura contudo em PI, donde provavelmente não terá regressado ao espólio. Não consta, como usualmente nestas circunstâncias, na EC.

574 *Tempo houve quando prado, e bosque,* 377

[64-49r] Ms.

575 *Ó ódio, sê minha alma; ó raiva, sê meu braço!* 377

[65-33r] Ms. Escrito no verso de um começo de carta em inglês, datada de 11 de Junho de 1913, podendo, contudo, o poema ser bastante posterior, já que Pessoa conservava muito tempo todos os papéis que lhe serviam para os seus rascunhos.

576 *Que fiz da vida?* 378

[65-68^{r}] Ms. Pessoa numerou a página («2») em que o poema está escrito. Por isso excluo a hipótese de se tratar de um poema completo. Se não fosse a numeração, poderia, contudo, ser recebido como tal – pelo que o insiro neste volume.

577 *No amarelecer do outono* 378

[65-69^{r}] Ms. Esboço de um poema, aparentemente, do início dos anos 1910.

578 FUMO

Não sei porquê, estou triste... 379

[65-73^{r}] Ms.

579 *A luz do sol entra pela floresta,* 379

[66-61^{r}] Ms.

580 *O céu, azul de luz quieta...* 380

[118-56^{r}] Ms. 29-5-1934. Revista *presença*, ano 11, vol. 3, nº 53/54, Novembro de 1938, p. 11.

Fragmentos avulsos

581 *Entre o sossego e o arvoredo,* 381

[32-59^{r}] Ms.

582 *Tudo quanto sonhei se me volveu* 381

[38-1^{r}] Ms.

583 *Que órfão em mim dorme* 381

[39-19a^{r}] Ms.

584 *O relógio sonolento* 382

[39-37^{r}] Ms.

585 *Ó andorinha dos céus amante* 382

[41-19^{r}] Ms.

586 *Oscila a lâmpada vazia* 382

[44-27^{r}] Ms.

587 *Nas entressombras de arvoredo* 383

O testemunho autógrafo não foi encontrado no EBN. Figura contudo em PI, donde provavelmente não terá regressado ao espólio. Não consta, como usualmente nestas circunstâncias, na EC.

588 *E a extensa e vária natureza é triste* 383

[119-60^{r}] Ms.

589 *São velhas as estrelas, e elas são* 383

[64-14^{r}] Ms.

590 Navegadores
Na expressão clara e ao sol das velas pandas 383
[65-19r] Ms.

591 *Vercingetorix, eras* 384
[66C-13r] Ms.

592 *Reza, criança, reza* 384
[66C-22r] Ms.

593 *Um grande sol voga nos campos ledos.* 384
[66C-73r] Ms. Apesar de escrito no verso do folheto «Aviso por Causa da Moral», de 1923, isso não significa que essa seja a data do poema: Pessoa guardava durante muito tempo o papel para utilizar como rascunho.

594 *Muda, sozinha, a magna treva desce.* 385
[66C-100a] Ms.

595 *As podridões geram flores* 385
[66D-2r] Ms.

«Canções da criança adulta»

596 *Pia, pia, pia* 386
[17-64r] Dact.; [48E-36v] Ms. Data do poema «Maravilhosa paz», na mesma página e no mesmo momento de escrita: 19-11-24. A família detém um testemunho dactilografado com o título «Canções para acordar crianças», com este poema e outros dois: «Levava eu um jarrinho» e «Anti-Gazetilha». Transcrito por Carlos Queiroz, na «Carta à Memória de Fernando Pessoa», publicada em *presença*, ano 10, vol. 2, nº 48 (Jul. 1936), p. 11.

597 Canções da criança adulta
[I] *Ó borboleta de algumas cores* 386
[II] *Tanta gente a pensar, tanta gente a fazer* 387
[III] *Casas com gente, e gente na rua,* 387
[IV] *Boneca, quem sabe se és alguém?* 388
[59-48] Ms. 24-11-1924.

598 Anti-gazetilha
No comboio descendente 388
Existem no EBN pelo menos quatro testemunhos dactilografados e um duplicado a químico: de 17-59r; 60r, com o título «No comboio descendente»; 61r, com o título «Viagem» e assinado Fernando Pessoa; 62r, assinado e já titulado «Anti-Gazetilha», e 63r, aparentemente preparados para publicação, o que aconteceria pela primeira vez no diário *Sol*, de 13 de Novembro de 1926, na rubrica «Gazetilha», a qual terá inspirado o título definitivo.

612 O SOBA DE BIKÁ

TRA J ÉDIA

O soba de Biká, maravilhoso gajo, ... 400

[47-43r] Dact. Pessoa dactilografou-o, nitidamente para publicação.

613 *Quando os povos da Dalmácia* 401

[64-37r] Dact.

614 *Dá dois pulos de contente,* 401

[64-63r] Ms. Existe outro testemunho [64-60] manuscrito incompleto deste poema.

615 *O regedor de Pardelhas* 402

[66-36r] Misto.

616 *Um grande monstro que é ghe* 403

[66-63r] Ms. Mais um dos poemas de que o Íbis se consideraria autor, inspirado pelo sobrinho Luís Miguel, nascido em 1931.

617 *Na padaria lá de baixo* 403

[66A-2] Misto.

618 *Um animal industrial* 404

[66B-41r] Ms.

619 *Levava eu um jarrinho* 405

[17-65] Dact.

Poemas na fronteira

620 *Visitámos desertos, e os lugares* 406

[57A-10r] Dact. 10-5-1915. O poema, tal como o que se segue, pertence a uma série (1915-16) que se distancia tanto da poesia autónima como da de Campos. Por isso o coloquei na fronteira.

621 *Ela era rainha destronada...* 407

[57A-9r]; Dact. Correspondência de suporte e admissível correspondência a um mesmo ou muito próximo momento de escrita: 1915. Mesma observação que a respeitante ao poema anterior.

622 *Coa-se através da minh'alma* 408

[58-5r] Ms. 13-4-1916. Mesma observação que a respeitante aos dois poemas anteriores.

623 *Tenho um segredo que nem eu próprio conheço...* 409

[58-6r] Ms. 13-4-1916. Mesma observação que a respeitante aos três poemas anteriores.

624 1. *A do chale vago chegou à janela.* 409

2. *O casario de Lisboa vai por ali abaixo em degraus* 410

[144C- 17v e 18] Ms. 24-6-1916.

625 A casa branca nau preta

Estou reclinado na poltrona, é tarde, o verão apagou-se... 410

Não foi encontrado o testemunho autógrafo no EBN. Segui a versão publicada em *O Heraldo*, Faro, Julho de 1917, assinada «Fernando Pessoa, Director de *Orpheu*» e datada de 11-10-1916.

626 Marinha

O vento do Norte cheio de espuma e de frio 412

[58-23 e 24$^{v/r}$] Ms. 25-2-1917.

627 À la manière de A. Caeiro

A mão invisível do vento roça por cima das ervas. 414

[59-20^{r}] Misto. 30-1-1921.

628 *Quais milagres de Lourdes, meu amigo!* 415

[59-37^{r}] Ms. 26-9-1923.

629 *Há doenças piores que as doenças,* 415

[16-52^{r}] Ms. 19-11-1935.

630 À la manière de António Botto

Para quê tanta clareza? 416

[44-26a^{v}] Ms.

631 *Se a ciência não pode consolar,* 416

[66-61^{r}] Ms.

Poemas religiosos / esotéricos

632 Alli sim

Quando, por fim, o houvéramos achado, ... 417

[61-42^{v}] Ms. Data no lado recto da folha, correspondendo a um mesmo momento de escrita: 11-8-1931.

633 *Chamou uma voz do monte,* 420

[61-42^{r}] Ms. 11-8-1931.

634 Iniciação

Não dormes sob os ciprestes, ... 420

[16-43^{r}] Dact. 23-5-1932. Revista *presença*, ano 6, vol. 2, nº 35, Março/Maio de 1932.

635 Monte Abiegno

Estou só. Do alto supremo do ermo monte 421

[61A-19^{r} e 20^{r}] Misto. 26-9-1932.

636 *Na sombra do Monte Abiegno* 424

[118-1^{r}] Dact. 3-10-1932.

637 *Mas essa paz, que aqui não há,* 425

[118-2ʳ] Ms. O poema é nitidamente um acrescento a qualquer dos outros sobre o «Monte Abiegno», já que começa por «Mas». Por isso admiti que a data seja do mesmo ano, 1932.

638 *Do vale à montanha,* 426

[118-3ʳ] Misto. 24-10-1932.

639 *Que temes? A névoa desce* 427

[61A-25ʳ] Misto. 16-12-1932.

640 *Cabeça augusta, que uma luz contorna,* 428

[61B-2ʳ] Ms. 20-1-1933.

641 Eros e psique

Conta a lenda que dormia 428

O testemunho autógrafo não foi encontrado no EBN. Publicado, com a data de 8-7-1933, na revista *presença*, ano 8, vol. 2, nº 41/42, Maio de 1934.

642 *Depus, cheio de sombra e de cansaço,* 430

[61B-9ʳ e 10ʳ] Misto. 24-8-1933.

643 *O Mestre sacrificado* 433

[61B-72, 72a] Ms. 20-12-1933.

644 *A cruz do templo aberta em inocência* 434

[61B-73ʳ] Ms. 20-12-1933.

645 *Porque choras de que existe* 434

[62-11ʳ] Dact. 6-2-1934.

646 *Sangra-me o coração. Tudo que penso* 435

[62-28ʳ] Dact. 26-4-1934.

647 *Nunca os vi nem lhes falei* 437

[62A-3ʳ] Dact. 9-5-1934.

648 *Neste mundo em que esquecemos* 438

[118-36] Ms. 9-5-1934. Revista *presença*, série 2, ano 12, nº 2, Fevereiro de 1940, p. 80.

649 1. *Sonho sem fim nem fundo.* 439
2. *Não foi em cruz erguida* 439
3. *Só quando já descido* 439
4. *Desde que o mundo foi* 440
5. *O túmulo fechado* 440

[33-29 a 30] Ms. 2-7-1934.

650 O Rei

O Rei, cuja coroa de oiro é luz 441

[63-34ʳ] Ms. 31-7-1935.

651 *Mãe de Deus, porque a Deus tu o criaste,* ... 441

[63-34^{v}] Ms. Data no lado recto da folha, correspondendo a um mesmo momento de escrita: 31-7-1935.

652 Virgem Maria

Mãe de quem não tem mãe, no teu regaço ... 442

[63-38^{r}] Ms. 21-8-1935.

653 A velha (Maria)

Sou mendiga, e não tenho quem me veja. ... 442

[66C-58 a 60^{v}] Ms. Noutro testemunho, (66C-57), Pessoa previu com alguns versos este poema.

654 NO TÚMULO DE CHRISTIAN ROSENCREUTZ

I *Quando, despertos deste sono, a vida,* ... 445

II *Mas antes era o Verbo, aqui perdido* ... 446

III *Ah, mas aqui, onde irreais erramos,* ... 446

[118-62^{r} a 65^{r}] Dact. O tríptico foi dactilografado e assinado nitidamente para publicação.

655 *Porque pesa em meu corpo e minha mente* ... 447

[32-49^{r} e 50^{r}] Ms.

656 *Porque esqueci quem fui quando criança?* ... 447

[32-55a e 55^{r}] Ms.

657 *Abismo de ser muitos! Noite minha!* ... 448

[46-41^{r}] Ms.

658 *Segredo visível, Rosa crucificada, Mistério e Nome do Mundo,* ... 449

[53B-28^{r}] Dact.

659 *«És o Homem» disse, «eu sou o que, proposto* ... 449

[66-65$^{v/r}$, 68^{r}] Ms.

660 ISAAC LORIA

[1] *Em nós o Fogo reina, que primeiro* ... 450

[2] *Evoco, triste, a inolvidável hora* ... 451

[66A-70, 71 e 69 e 66C-18] Misto.

661 *São verde-deus as árvores e as ervas,* ... 454

[66A-91^{r}] Ms.

662 *Eu próprio sou* ... 454

[66B-31^{r}] Ms.

663 *Passo por mim... e a mim me desconheço* ... 454

[66B-39^{r}] Ms.

«Ficções do interlúdio»

Auto-apresentação / Auto-retratos

Homens e deuses, deuses e homens

Nós: 1 – Contra a guerra; 2 – Poemas políticos; 3 – Arredores de *Mensagem*

687 Canção interrompida pelo vento

Sob o luar, minha mãe, sob o luar 467

[36-11] Ms.

688 I *Que luz é esta, desolada e estranha,* 468

II *Que prodígio fatal de profecia* 468

III *Vai ser a hora, vai ser a hora* 469

IV *Vai ser este o sinistro e fatal dia* 469

V *Ó almas, preparai-vos... Vai raiar* 469

VI *Quando os impérios tremem ante Deus* 470

[65-64 e 65r] Ms.

689 Canções da derrota

Se uma dor que é nobre vale mais que uma pobre 470

[65-11r] Ms. A referência à batalha de La Lys, na primeira Grande Guerra, aponta para uma data igual ou posterior a 1918.

690 Ironia

Faz um a casa onde outro pôs a pedra. 471

[59-23] Ms. 10-1-1922. *Contemporânea*, 4, Outubro de 1922, poema VI do conjunto «Mar Portuguez», não integrado em *Mensagem*.

691 Monumento a António José de Almeida

Nobre a seu modo, e o modo não o era. 471

[65-49r] Dact.

692 Afonso Costa

O Afonso é miguelista, ... 472

[65-49r] Dact. Estas sátiras político-sociais deverão ser todas posteriores à morte de Guerra Junqueiro, em 1923.

693 Sidónio Pais

Há almas cuja vida é um templo. 472

[45-38] Ms.

694 À memória do Presidente-Rei Sidónio Pais

Longe da fama e das espadas, ... 474

Não foi encontrado no EBN o testemunho original do poema. Existem, contudo, dois rascunhos da primeira estrofe: um manuscrito [16-3r], datado de 2-3-1919, e outro dactilografado [16-4r], datado de 25-7-1919. Publicado pelo autor no jornal *Acção*, de 27 de Fevereiro de 1920.

695 *António de Oliveira Salazar.* 480
[92U-31 e 32] Dact.; [63-7] Ms. 29-3-1935.

696 *Este Senhor Salazar* 481
[92U-31 e 32] Dact.; [63-7^{r}] Ms. 29-3-1935.

697 *Coitadinho* 481
[92U-32] Dact.; [66-57^{r}] Ms. Mesma data dos dois poemas anteriores: 29-3-1935.

698 *Mata os piolhos maiores* 482
[129-52a] Ms. 4-4-1935.

699 *Vai p'ra o seminário* 482
[129-51^{v}] Ms. Poema não datado mas nitidamente pertencente à mesma série dos anteriores, todos de 1935.

700 À Emissora Nacional
Para a gente se entreter 483
[66-55^{r}] Ms. Embora não datado, o poema é posterior a 5 de Abril de 1935, quando a lei para condenar as associações secretas, projecto de José Cabral, foi aprovada.

701 *Solenemente* 484
[66-58^{r}, 59^{r} e 60^{r}] Ms. Poema não datado mas nitidamente pertencente à mesma série dos anteriores, todos de 1935.

702 *O Rei reside em segredo* 485
[66-54^{r}] Ms. Poema não datado mas nitidamente pertencente à mesma série dos anteriores, todos de 1935.

703 *E o Salazar, artefacto* 485
[66-56^{r}] Ms. Esta é uma das estrofes concluídas das muitas escritas ou apenas esboçadas contra Salazar e o Estado Novo, nitidamente pertencente à mesma série das anteriores, todas de 1935.

704 *Salazar é mealheiro.* 485
[66C-81^{r}] Ms. Poema não datado mas nitidamente pertencente à mesma série dos anteriores, todos de 1935.

705 *Sim, é o Estado Novo, e o povo* 486
[92U-30] Dact. Poema não datado mas nitidamente pertencente à mesma série dos anteriores, todos de 1935.

706 *Dizem que o Jardim Zoológico* 487
[63-37^{r}] Ms. 18-8-1935.

707 Poema de amor em Estado Novo
Tens o olhar misterioso 488
[63-51^{r} a 53^{r}] Ms. 8/9-11-1935.

708 Fado da censura

Neste campo da Política 490

[46-26r] Dact. Composto muito provavelmente em 1935, data em que Pessoa escreveu militantemente vários poemas no mesmo espírito de denúncia do Estado Novo e suas instituições. Está dactilografado para possível divulgação, em várias folhas de papel de cópia, como aconteceu com outros poemas do mesmo teor.

709 *Odiosamente*

Imortais todos nós? E 491

[65-49r] Dact.

710 AO CABO DA BOA ESPERANÇA

[I] *Três vezes te fitei... Primeiro vi* 492

[II] *Mil vezes te relembro em mim, ó Vulto,* 492

[III] *Foi quem te descobriu que te criou,* 493

[IV] *Quem Deus escolhe, nunca fez felizes...* 493

[37-20 a 21v] Ms.

711 *Sou o seu maior grito,* 494

[46-6r] Ms.

712 Elegia na sombra

Lenta, a raça esmorece, e a alegria 495

[63-10r a 16r] Ms. 2-6-1935.

713 *Azul ou verde ou roxo, quando o sol* 499

[16-46 e 47r] Ms. 9-6-1935.

714 *Vibra, clarim, cuja voz diz* 500

[16-6r, 7r e 8r] Dact. 21-3-1934.

715 *De leste a oeste comandámos,* 504

[65-2r] Ms. Publiquei este poema, então inédito, na *Revista Hispano-Portuguesa de Poesia*, I, Teresa Rita Lopes, Hablar / Falar de Poesia (Madrid – Lisboa, Outono de 1997), frisando que neste poema com o sopro épico dos de *Mensagem* refere os «Três Povos» da «mãe Ibéria»: Espanha, Portugal e Catalunha.

Haikai

716 Haikai

Flutua na noite, ... 505

Ninguém recupera. 505

Aurora que me dão, ... 505

[64-89r] Ms.

Eco de antigos ismos

Circunstanciais

«E ainda é uma grande coisa a ironia»

Afectos / Amor / «O Outro Amor»

784 Elegia da morte perfeita

Ser teu cavaleiro, ó casta e doce... 569

[66C-67^{r}] Ms.

785 Corpos

O meu corpo é o abismo entre eu e eu. 569

[40-12^{r}] Ms.

786 *Para além do porto* 570

[40-16^{r}] Ms.

787 *Os teus olhos azuis são cor do céu* 570

[42-40^{r}] Ms.

788 Soror Mariana

Porque a maior vontade é não-querer. 571

[43-15^{r}] Ms. O poema, não datado, foi escrito numa folha timbrada do escritório da firma F.A. Pessoa, que existiu entre 1917 e 1918, embora pudesse ter sido escrito bastante mais tarde. Como já foi dito, Pessoa conservava durante largo tempo os seus papéis para rascunho.

789 *A tua carne calma* 571

[120-27^{r}] Ms.

ÍNDICE DE TEXTOS POR ORDEM DE APARECIMENTO

ÍNDICE ALFABÉTICO DE TÍTULOS E INCIPIT DOS TEXTOS

1ª Edição, Global Editora, São Paulo 2023

Jefferson L. Alves – diretor editorial
Gustavo Henrique Tuna – gerente editorial
Flávio Samuel – gerente de produção
Nair Ferraz – coordenadora editorial
Amanda Meneguete – assistente editorial
Maria Clara Seabra, Aline Araújo e Vanessa Oliveira – revisão
Fabio Augusto Ramos e Taís do Lago – execução de capa e diagramação
Homem de Melo & Troia Design – projeto de miolo e capa
(sobre manuscrito de Fernando Pessoa)

Dados Internacionais de Catalogação na Publicação (CIP)
(Câmara Brasileira do Livro, SP, Brasil)

Pessoa, Fernando, 1888-1935
Poesia autónima : volume 2 / Fernando Pessoa ; edição Teresa Rita Lopes. 1. ed. – São Paulo : Global Editora, 2023.

ISBN 978-65-5612-243-4

1. Poesia portuguesa I. Lopes, Teresa Rita. II. Título.

22-103253 CDD-869.1

Índices para catálogo sistemático:

1. Poesia : Literatura portuguesa 869.1

Cibele Maria Dias - Bibliotecária - CRB-8/9427

global editora

Global Editora e Distribuidora Ltda.
Rua Pirapitingui, 111 – Liberdade
CEP 01508-020 – São Paulo – SP
Tel.: (11) 3277-7999
e-mail: global@globaleditora.com.br

globaleditora.com.br
@globaleditora
/globaleditora
@globaleditora
/globaleditora
/globaleditora
blog.grupoeditorialglobal.com.br

Nº de Catálogo: **4576**